以终为始

不困于当下

杨一溪

从战略制定到战术执行

全域增长

杨一溪 著

公域规模化　私域提效

增长全域地图

数据驱动　精细化运营　AI赋能　数智化

电子工业出版社
Publishing House of Electronics Industry
北京·BEIJING

内 容 简 介

本书从宏观角度出发，详细拆解如何在公域做规模、私域做提效。将完整的增长战略融入一张微观的战略地图，同时结合具体案例帮助读者找到解决问题的思路，掌握数据驱动增长的关键点。

本书适合具有 0~10 年经验的产品、运营、数据分析、市场等互联网从业人士，以及寻求增长工作数字化转型的非互联网人士阅读。

未经许可，不得以任何方式复制或抄袭本书之部分或全部内容。
版权所有，侵权必究。

图书在版编目（CIP）数据

全域增长：从战略制定到战术执行 / 杨一溪著. -- 北京：电子工业出版社，2024.2
ISBN 978-7-121-47198-8

Ⅰ. ①全… Ⅱ. ①杨… Ⅲ. ①企业发展战略 Ⅳ. ① F272.1

中国国家版本馆 CIP 数据核字 (2024) 第 018156 号

责任编辑：张月萍
印　　刷：中国电影出版社印刷厂
装　　订：中国电影出版社印刷厂
出版发行：电子工业出版社
　　　　　北京市海淀区万寿路 173 信箱　　邮编：100036
开　　本：720×1000　1/16　　印张：17.75　　字数：397.6 千字
版　　次：2024 年 2 月第 1 版
印　　次：2024 年 2 月第 1 次印刷
定　　价：118.00 元

凡所购买电子工业出版社图书有缺损问题，请向购买书店调换。若书店售缺，请与本社发行部联系，联系及邮购电话：（010）88254888，88258888。

质量投诉请发邮件至 zlts@phei.com.cn，盗版侵权举报请发邮件至 dbqq@phei.com.cn。
本书咨询联系方式：faq@phei.com.cn。

前　言

为什么要写这本书

增长一直都是企业发展要解决的核心问题，也是企业的首要战略目标，上市公司的市值及创业公司的估值，其实都取决于增长速度。就像强生公司前执行总裁拉尔夫·拉森所说："增长就像纯净的氧气，是解决一切企业问题的入口。"

但当下很多增长从业者对增长前途感到悲观。一方面，整个移动互联网流量见顶，而且流量成本变得越来越贵；另一方面，后疫情时代，全球经济下行，从业者难以寻觅新的增长机会。

纵观国内，2021年上半年，随着人口红利降低，中国移动互联网用户规模的变化趋势出现重大拐点。根据易观公开数据，截至2021年第一季度末，中国移动互联网用户规模达10.3亿人，与去年同期相比增长0.78%，但环比上季度下滑0.19%。近年来，虽然移动互联网用户增速不断放缓，但出现负增长尚属首次，这标志着各行业对存量用户注意力时长的争夺会更加激烈。具体表现在大厂间的业务重合度越来越高，增长的指标压力越来越大，员工之间竞争越来越激烈，让增长人深深体会到一种无力感、焦虑感——一直全力以赴做增长却很难再取得优异成绩。不论是个人疯狂研究流量、学习各种"打法"和"模式"，还是企业内部不断优化组织架构，都无功而返。

看似这是做增长最坏的时代，但对于优秀的增长人来说，这也许是做增长最好的时代，因为优秀的增长人具备看清本质的"千里眼"。人口红利减少，但是具体到你所属的行业就一定没有机会吗？我们以娱乐行业举例，整个互联网的娱乐内容生态才刚刚建立起来，渗透率不过60%，长视频的渗透率就更低了。我们还有技术红利：5G、Web 3.0、AI等技术正在蓬勃兴起，元宇宙很可能在今后二三十年内逐渐落地。

在战术执行上采取全域增长策略可以在最好的时代开出最绚烂的增长之花。全域增长策略即公域多渠道流量提效和私域精细化承接后进行用户价值养成的公域和私域相结合的模式。多渠道公域投放可以解决企业规模化的问题，私域免费多次触达用户可以增加用户的价值，降低获客成本。单做公域用户，资产不能沉淀，会陷入不停拉新的流量焦虑；单做私域用户，不从大的流量平台获取流量，用户规模上限有限。

为了让大家适应这个时代，对未来的互联网增长充满信心，并通过学习本书不断武装自己成为稀缺人才，笔者把十多年一线大厂增长工作经历和自己创业的增长经验进行沉淀并编纂成书。本书以增长作战全域地图作为增长体系的框架，从三大方面进行分享：

第一，从宏观角度介绍增长战略，帮助读者从全局出发洞察增长机会。

第二，从微观角度讲解具体战术执行及增长能力沉淀，帮助读者结合增长全域地图，找到解决问题的思路。该地图可以帮助你了解不同业务在企业不同的发展阶段和不同资源条件下如何灵活选择增长战术。

第三，从案例角度呈现大量一线大厂的增长实操经验，帮助读者结合增长全域地图学会从成功的企业中学到新的增长战术并洞察本质，从而不断建立新的增长认知并最终落脚于增长业绩的提升。

通过学习这三个方面的分享后，你可以结合书里全面的增长理论、丰富的增长案例和包含了笔者通过操盘日活千万甚至过亿的产品独创的增长策略，画出适合你自己业务的增长全域地图。本书是可以直接应用于增长工作的"百科全书"。众所周知，仅有操作层面的方法只是"授人以鱼"，一旦市场环境出现变化，方法就会失效，读者就会陷入不停学习不同门派新的增长招式的循环中，学了又好像没学，那是因为你没有掌握底层逻辑。本书力图做到"授人以渔"，告诉读者方法论形成背后的本质是什么，帮助读者做到任世界变化，依然乘风破浪！

希望不管对于刚入门的小白还是资深增长专家，本书都能成为增长领域里的"易筋经"，让读者常读常新。

本书适读人群包括所有具备 0～10 年经验的产品、运营、增长和市场等互联网领域从业人士；对增长感兴趣的传统 IT 行业从业者；想要了解增长的知识体系和增长思维，寻求增长工作数字化转型的非互联网人士，等等。

本书可以满足不同能力阶段的读者需求。对于入门学习者，本书可以帮助他们解决工作中遇到的一个又一个零散的增长任务，建立自己的增长方法论和增长底层认知。对于进阶学习者，让他们学到全局、宏观的增长战略和思维方式，具备拆解复杂问题的能力，从而选择正确的增长方向，集中优势资源摆脱当下增长困境。

勘误和支持

一本书就是一个产品，再好的产品也不能满足所有人，但本书是我的诚心之作。在写作期间，我每天下班回到家从深夜 12 点开始写作，至少写到凌晨 3 点。随着自己思维的迭代升级，我也在不停地修改内容甚至推翻重来，仅"拉新投放"这个章节我就重写了 8 遍。写书就和做增长策略一样，总有优化的空间。在此，我希望读者能通过公众号"增长次元"与我交流切磋，以弥补书中不足之处。

致谢

首先感谢成都道然科技有限责任公司的姚新军（@长颈鹿 27）老师，如果没有他此书便不会问世，他的专业深度、对待专业的热情、对待事业的投入让我折服，谢谢龙雨和伍晓倩老师等追求极致的修改。感谢我成长路上的每一位同事和领导。感谢家里十一只高颜值小狗在我写作时候的陪伴，最后感谢为本书作序和推荐的每一位朋友。

读者如有增长问题需要咨询，可以与我联系，我的 E-mail：653850189@qq.com。

目 录

第 1 部分　建立增长大局观

第 1 章　增长地图：带你走出增长误区 / 2
1.1　破除七大误区，缓解企业增长焦虑 / 2
1.1.1　误区一：透支未来产品价值，追求短期业务增长 / 2
1.1.2　误区二：一味追求业务增长，忽略组织建设 / 3
1.1.3　误区三：伪数据驱动，忽略了增长背后真正的原因 / 4
1.1.4　误区四：一味追求局部最优解，而不是全局最优解 / 5
1.1.5　误区五：不拥抱变化，故步自封 / 7
1.1.6　误区六：评估用户价值时，没有着眼于未来 / 8
1.1.7　误区七：学习增长只注重"术"，不注重"道" / 9
1.2　增长作战全域地图 / 10

第 2 章　增长战略制定三步走 / 12
2.1　第一步：找到关键事实 / 13
2.2　第二步：结合增长画布进行逻辑推理 / 13
2.2.1　宏观环境四要素 / 14
2.2.2　市场情况 / 17
2.2.3　产品/用户生命周期 / 19
2.2.4　产品类型 / 20
2.2.5　企业核心优势和制约条件 / 22
2.2.6　像间谍一样洞察竞争对手 / 22
2.3　第三步：形成战略房子图 / 26

第 3 章　北极星指标的制定和拆解 / 29
3.1　第一步：明确行业增长上限 / 30

- 3.2 第二步：产品全生命周期北极星指标的制定 / 31
- 3.3 第三步：拆解北极星指标 / 33
  - 3.3.1 多维度因子拆解北极星指标 / 33
  - 3.3.2 案例：交易型产品的北极星指标拆解 / 35
  - 3.3.3 案例：流量型产品的北极星指标拆解 / 36
- 3.4 第四步：量化北极星指标 / 39
  - 3.4.1 方法一：正向推算法 / 39
  - 3.4.2 方法二：逆向推算法 / 40
  - 3.4.3 方法三：参照系法 / 42
- 3.5 北极星指标应用一：制定增长目标 / 45
- 3.6 北极星指标应用二：建立完整的增长数据监控体系 / 46
  - 3.6.1 增长数据监控体系解决四大难题 / 46
  - 3.6.2 增长数据监控体系搭建四阶段 / 47

第二部分　用户生命周期

第 4 章　七大模型和一张地图 / 51

- 4.1 归因框架设计 / 52
  - 4.1.1 六大归因模型 / 52
  - 4.1.2 四种归因方式 / 54
  - 4.1.3 灵活归因框架设计 / 55
- 4.2 漏斗模型 / 57
- 4.3 用户精细化运营模型 / 59
  - 4.3.1 RFM/RFA 模型 / 60
  - 4.3.2 用户生命周期理论 / 64
  - 4.3.3 关键用户分群 / 67
- 4.4 用户体验地图 / 70
- 4.5 BJ Fogg 用户行为模型 / 72
  - 4.5.1 要素一：动机 / 73
  - 4.5.2 要素二：能力 / 73

4.5.3　要素三：触发 / 73
4.5.4　案例：头部股份银行大幅提高绑卡率 / 74
4.6　游戏八角模型 / 75
4.7　新 ICE 模型 / 78
4.8　A/B 实验模型 / 79
4.8.1　A/B 实验的四种应用场景 / 79
4.8.2　A/B 实验的常用工具、模型和方法 / 80

第 5 章　增长作战地图之拉新四大方向 / 84

5.1　用户拉新要解决的五大问题 / 84
5.2　拉新的顶层设计 / 85
5.3　北极星指标制定与拆解 / 86
5.3.1　北极星指标制定 / 86
5.3.2　北极星指标拆解 / 87
5.4　拉新方向一：自然量拉新 / 88
5.4.1　影响自然量的三大因素 / 88
5.4.2　提升自然量的四大策略 / 89
5.5　拉新方向二：投放拉新 / 98
5.5.1　北极星指标制定和拆解 / 101
5.5.2　五要素做好信息流投放 / 101
5.5.3　做好 KOL 投放的秘诀 / 113
5.5.4　搭建广告投放系统四大阶段 / 115
5.6　拉新方向三：社交裂变之场景化拉新 / 124
5.6.1　关键策略一：用户分层匹配 / 126
5.6.2　关键策略二：场景选择 / 126
5.6.3　关键策略三：分享动机的刺激和包装 / 127
5.7　方向四：社交裂变之活动拉新 / 128
5.7.1　北极星指标的制定与拆解 / 129
5.7.2　关键要素 / 130
5.7.3　基础玩法 / 149
5.7.4　智能裂变中台搭建方法论 / 161

5.7.5 顶级活动 SOP 画布 / 164

5.7.6 活动复盘模板 / 166

5.7.7 活动检查单助你打造爆款活动 / 167

5.8 产品生命周期不同阶段的重点拉新方向 / 168

第 6 章 增长作战地图之提高用户留存率 / 171

6.1 让用户愿意留存"一辈子"的顶层设计 / 172

6.2 北极星指标的制定 / 172

6.3 北极星指标的拆解 / 174

6.4 底层模型 / 175

6.4.1 动力 / 176

6.4.2 能力 / 177

6.4.3 触发 / 177

6.5 振荡期：实现新用户激活的两大策略 / 178

6.5.1 策略一：Aha 时刻 + 触达用户四个手段 / 178

6.5.2 策略二：优化核心体验，减少用户流失 / 184

6.6 选择期：低活跃度用户升级为中活跃度用户的六大关键策略 / 189

6.6.1 策略一：优化产品功能 / 189

6.6.2 策略二：精细化运营 / 191

6.6.3 策略三：提高用户参与度 / 193

6.6.4 策略四：社交关系链 / 193

6.6.5 策略五：情感驱动用户留存 / 195

6.6.6 策略六：利用活动提高用户留存率 / 196

6.7 稳定期：提升高活跃度用户的两大策略 / 197

6.7.1 策略一：提高用户参与度 / 197

6.7.2 策略二：激励体系 / 199

6.8 稳定再突破期：用户持续高活跃 / 218

第 7 章 增长作战地图之用户价值提升 / 219

7.1 提高付费用户价值的顶层设计 / 219

7.2 北极星指标的制定与拆解 / 219

7.3 提升用户价值的七大武器 / 220
7.3.1 武器一：新的商业模式 / 220
7.3.2 武器二：收入模式 / 223
7.3.3 武器三：营销 / 232
7.3.4 武器四：提高全链路转化率 / 233
7.3.5 武器五：精细化运营 / 237
7.3.6 武器六：付费会员 / 239
7.3.7 武器七：情感化 / 243

第 8 章 增长作战地图之用户召回四步走 / 244
8.1 召回的顶层设计 / 244
8.2 召回用户四步走 / 244
8.2.1 第一步：召回用户选择 / 246
8.2.2 第二步：流失原因分析 / 249
8.2.3 第三步：进行 A/B 实验优化召回策略 / 250
8.2.4 第四步：召回效果 / 256
8.3 召回增长中台搭建方法论 / 256

第 9 章 B 端产品和 C 端产品增长异同 / / 258
9.1 B 端产品增长模式的变迁 / 258
9.1.1 销售主导的 SLG 模式 / 259
9.1.2 产品主导的 PLG 模式 / 259
9.2 B 端用户和 C 端用户的差异 / 260
9.3 如何将 C 端产品的增长套路应用到 B 端产品中 / 262
9.3.1 B 端用户增长之拉新 / 262
9.3.2 B 端用户增长之留存 / 267
9.3.3 B 端用户增长之付费用户增长 / 268
9.3.4 B 端用户增长之用户召回 / 271

尾 声 / 273

第一部分
建立增长大局观

由于缺少全局的思考框架，有些增长人只在做局部最优解的微观业务优化，并没有意识到宏观增长大局观的重要性。这就导致在做具体增长策略的时候，自己的数据指标在涨，大目标却没有增长，更导致了自认为做了很多对数据效果很棒的事情，但是老板偏偏不买账的尴尬，甚至有的人在做策略时都不知道自己做的策略对企业大目标的作用，只是一味学习竞品，但不知道如何用体系化的思考框架分析竞品为什么要这样做。长此以往，在业务上只能沉浸在现有的局部增长死循环中，无法突破增长瓶颈，个人成长也会停滞不前。

为了解决上述问题，第一部分分为以下三章：

第1章：介绍90%的人几乎都会陷入的增长误区，去伪存真，并提供战略和战术相结合的思维框架——增长作战地图。

第2章：介绍从增长作战地图建立增长大局观的方法，结合作者自身的产品增长经验，提供可借鉴的增长思路，帮你拆解全局最优解。

第3章：介绍北极星指标的制定和拆解，通过北极星指标与拆解和量化指标的四种方法，帮你更好地制定能够协调企业大目标的增长策略，帮你排除DAU（Daily Active User，日活跃用户数量）下跌的困扰。

第1章
增长地图：带你走出增长误区

本章以企业中负责增长业务的决策者和执行者处理增长工作的一些常见误区为出发点，通过真实案例帮助读者建立正确的增长认知，并在此基础上引入"增长作战地图"。该地图能指导我们更好地开展增长工作，帮助增长从业者更从容地达成增长指标，帮助企业抓住时代机遇或平稳度过行业危机。

1.1 破除七大误区，缓解企业增长焦虑

面对存量竞争、面对长期持续增长的困局，企业只有不断修正增长认知，才可能破局。真正解决企业增长的难题不是靠解决一个又一个增长策略和执行中出现的问题，而是靠建立正确的增长认知。

企业对增长的认知常常有七大误区，如图1-1所示。

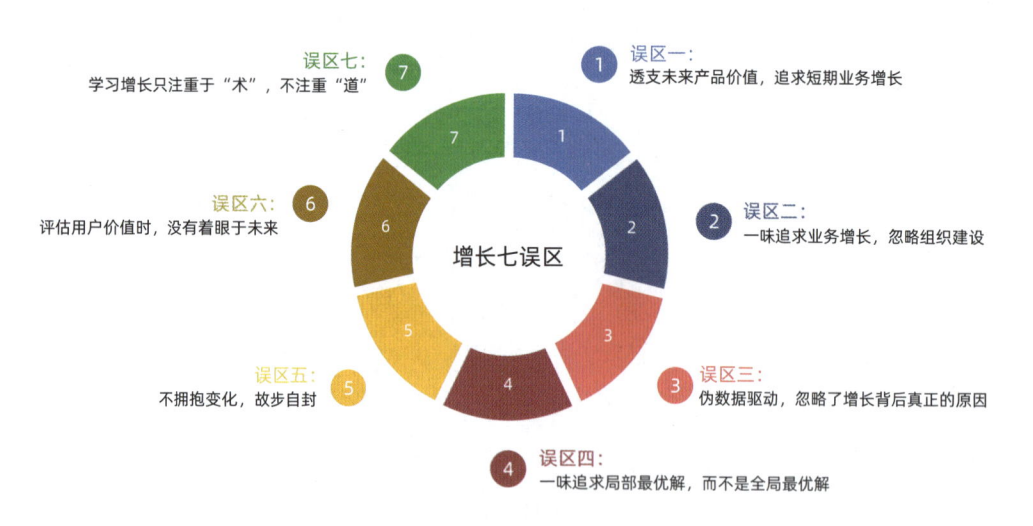

误区一：透支未来产品价值，追求短期业务增长
误区二：一味追求业务增长，忽略组织建设
误区三：伪数据驱动，忽略了增长背后真正的原因
误区四：一味追求局部最优解，而不是全局最优解
误区五：不拥抱变化，故步自封
误区六：评估用户价值时，没有着眼于未来
误区七：学习增长只注重于"术"，不注重"道"

图 1-1 企业对增长认知的七大误区

1.1.1 误区一：透支未来产品价值，追求短期业务增长

增长不是追求数据的短期增长，而是追求用户需求的可持续增长，不应该透支未来产品增长的潜力。企业需要怕的不是增长停滞，而是不良发育式的增长。

曾经风光无限的某资讯产品公司，上市速度比拼多多还快，现如今股价暴跌，裁员60%，留下一地鸡毛。该公司的产品所使用的"金币体系"确实能加速用户数增长，但是忽略了作为内容型产品核心的价值是资讯内容本身，这种没有在核心功能上深耕的增长都是不持久的。良性的增长应该是企业以用户价值为核心，放弃短期的利益来换取长期的可持续增长。

在2011年"千团大战"最白热化的阶段，美团忽然推出"过期退款"功能，即用户账户里的团购券过期后，系统自动退款。这在当时令人不可思议，因为团购主要盈利来自用户过期不可用的团购券，但是美团CEO王兴坚持以用户价值为中心——这也是美团的价值观。结果这个策略非常有效，给美团带来了长期的用户增长。此举让美团的团购市场占有率大幅提升，为它在"千团大战"中的彻底胜出奠定了基础。

所以，真正的增长是以企业为用户创造独特的价值增量为核心的，价值先于数据指标。

1.1.2 误区二：一味追求业务增长，忽略组织建设

许多互联网企业只顾追求业务的快速增长，而忽略了内部组织建设，造成内部的组织管理跟不上日益增长的业务需求。这个问题会随着企业发展而突显，因为当企业处于增长红利期，其业绩的飞速增长可以掩盖管理的不足，但一旦增速放缓，管理中的各种问题：例如各部门边界不清、同一部门权责不清晰、资源内耗严重和信息不同步等问题都会逐渐显现。严重的会让企业的业绩一直徘徊不前，难以突破增长瓶颈，而原本增长放缓的企业则更是雪上加霜。下面说一下四个管理问题的具体表现。

部门边界不清。比如，当某个项目对业务的增长作用明显时，会有很多团队抢着做，理由是"公司业务没有边界"；当该项目对业务的增长作用没那么明显时，团队就开始各种推诿，即使它本身就是某个团队的职责，这时他们又要求"明确边界"。如果企业每天发生这样的"扯皮"，就会造成资源的内耗。

同一部门权责不清晰。能晋升的员工通常情况下都很优秀，但是也有不少员工拿着别人的业绩去汇报，造成这个现象的原因是数据指标有重合、权责不清晰。于是"干得好不如会汇报"，这会让干活的人寒心，进而造成人才流失。

资源内耗严重。当大家只顾部门内部的利益（"部门墙"现象），甚至只顾个

人的利益时，将会导致大家推进事情的效率低下甚至阻力重重，最终无法实现业务目标。

信息不同步。"对内保密，对外透明"的现象，指的是管理者的目标和业务信息没有有效传达到执行者，导致执行者选取的策略和大的目标相背离。管理者认为执行者的执行力和思考深度不够，执行者则认为管理者没有想清楚未来的发展方向。

只有外部的增长战略和内部的组织管理相结合，才能真正搭建企业的增长引擎。

1.1.3　误区三：伪数据驱动，忽略了增长背后真正的原因

有效的增长不在于你分析了多少数据指标，而在于你能否洞察数据变化背后的动机。当我们陷入无休止的数据分析、归纳增长，最后发现怎么计算和分析结果都找不到最优解。而当我们把分析数据的视角切换成用户视角，去思考造成现象背后的动机是什么，以及我们要解决什么问题时，你会惊奇地发现最优解就在眼前。

所以，一味迷信数据或让数据优于决策的方式，我们称之为伪数据驱动。下面对这两种伪数据驱动方式进行详细分析。

1.1.3.1　一味迷信数据

举个例子，某头部大厂 A 的视频 App 日活一直是行业第一，但是有一个思路不一样的公司 B 也做了一款视频 App，大厂 A 的商业分析团队经过数据分析，得出结论：这个竞品 App 的出现对我们现在的产品认知度是起到促进作用的，数据表明用户使用我们 App 的总时长反而增加了，不用担心。结果这个竞品 App 现在成为该领域的第一名。伪数据驱动是不是很可怕？

我们来看一下上面这个例子中数据分析存在的问题，当时短视频行业正处于爆发期，各家的数据都在增长，大厂 A 误把这一数据表现判断为行业的红利，以为是公司 B 帮忙培养了用户使用视频的消费心智。实际上，竞品 App 现在成为该领域的第一名，是因为视频消费侧能给用户提供全屏、高清的体验，同时在创作者侧能提供丰富的滤镜和音乐库。

短期看数据表象，竞品 App 确实是对大厂 A 的 App 起到了促进作用，但是从本质上，以及从长期来看，大厂 A 和竞争对手比拼的是用户的持续选择和使用，比拼的是用户更习惯哪种视频消费形式。所以我们不能只看数据的表象，要透过数据看本

质，特别是要关注竞品在满足用户需求方面哪些地方做得比我们好。

1.1.3.2 让数据优于决策的方式

举一个例子，某活动运营团队为了争取更多的资源，证明某个类型的营销活动的价值，就只找活动中漂亮的数据作为评判标准，假设发现GMV（Gross Merchandise Volume，商品交易总额）比平时高x%，便以活动GMV为活动价值的唯一衡量标准，这是非常不客观的。评估一场活动的价值还要看ARPU（Average Revenue Per User，每用户平均收入）值以及活动本身真正带来的增量，公式如下：

一次活动的价值评估 = 营销活动GMV - 日常GMV - 日常GMV延后 - 长期损益

其中，日常GMV是来自用户的自然需求，而不是活动本身激发的需求。日常GMV延后是指活动提前预热，导致之前有计划进行购买的用户延后到活动当天购买，结合预热时间段的数据，很有可能活动当天带来的用户数量没有增加，但单个用户贡献的价值却因为活动补贴降低了。长期损益是指营销活动在举办之后一个较长的周期内给企业带来的收益和损失值。长期损益的值有时是正向的，因为低价的活动带来了更多的产品传播的机会，激发了潜在用户需求；但也可能是负向的，因为常年做活动，损害产品高价值的用户心智，让用户只在活动期才进行购买。

所以，增长工作切忌想当然。在增长中，伪数据驱动的案例还有很多。增长是定性+定量双引擎驱动的，不能一味靠数据。我们可以在基于定性的用户洞察的基础上使用数据，优化机会成本，找到策略的最优解，但是在未知增长方向上的探索还需要更深刻地理解用户。数据只会告诉你已知的影响因素A和B与指标的变化有相关性，但是无法告诉你还有个未知的影响因素C，它对指标的影响也许更大，并且它自身的存在需要你先去发现。

所以，真正的增长应该回归问题本质，理解数据背后一个个鲜活个体的动机，客观看待数据，而不是反过来只看重数据表面。

1.1.4 误区四：一味追求局部最优解，而不是全局最优解

从事增长的小伙伴都遇到过这样的情况——做了很多增长策略，但都没有达到预期的增长效果。在完成指标考核的压力下，业务越没有增长，自己的工作对企业越没有帮助，我们自然也就越焦虑，不禁怀疑自己是不是不够努力，进而可能会做更多

的增长策略来追求增长，眉毛胡子一把抓，生怕错过任何一个可能的机会。这样往往会导致失败策略越来越多，陷入恶性循环。其原因往往是我们当局者迷，没有找到最关键的那件事。那我们如何应对这种局面呢？

首先是心态，我们要正确地看待增长的失败。尽管公司会采用很多不同的增长战略，但最好的机会往往来自1~3个增长策略。从全局来看，大多数增长策略是失败的，但每次失败都是为下次有效的增长策略积累成功势能，所以不要沮丧。

其次是策略，找到目标方向很重要，越失败越要找到"做什么"，这比"怎么做"更重要。

没有找准真正的增长方向，就会让自己的增长策略一团乱麻，陷入恶性循环。举个头部外卖公司的例子，该产品团队用了很长的时间研究方案，想要提高用户日活。如图1-2所示，团队需要在骑手当前运力供给不足的情况下，在天平互斥的两端找到最优的平衡点，其中一端是下单的规模影响，另一端是配送体验对留存的影响（配送体验尤其对新用户的留存影响更大，老用户相对于新用户容忍度较高，体验稍微差一些不会对留存造成很大的影响）。

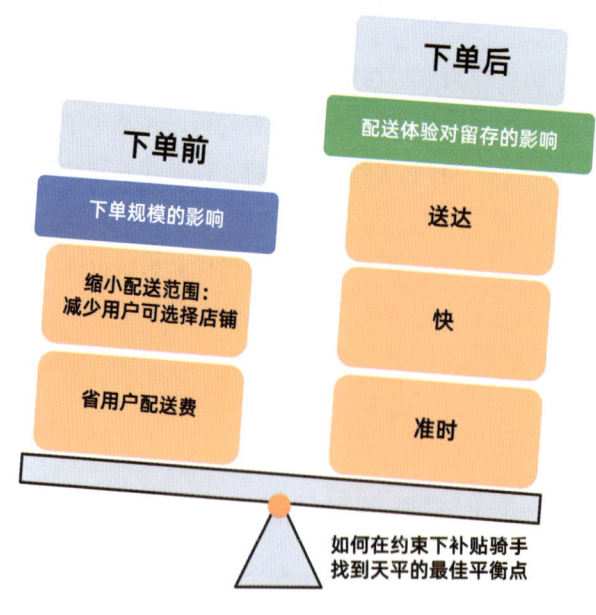

图1-2 在下单前转化与下单后配送体验之间权衡

为了加强配送快、配送准时的用户体验从而提高留存，产品设计会采取缩小骑手可配送范围的策略，但这样就会造成用户可选择的外卖店铺变少，从而造成用户下单规模变小。此时就想提高下单规模，就会进一步通过加大骑手补贴的方式再适当扩大骑手配送范围，结果配送超时的订单变多了。如果你又想通过缩小配送范围来提高留存，就会陷入无限寻找最佳平衡点的死循环中。

这就是上文所说的没有一个真正的对全局帮助最大的增长方向作为主心骨，不停在局部进行优化，就会让自己的增长策略一团乱麻。

对做增长来说，定义当前要解决的问题比起解决问题本身更重要。大家思考一下，我们能不能用新的策略解决现在纠结的问题，为什么要等运力不足的时候才采取策略？真正要解决的问题是避免运力不足！那我们是不是可以通过提前利用数据进行运力的规划和组织的升级，提高给骑手派单的效率来解决问题，而不是等到天平失衡时再去天平两端找平衡做实时供需调节策略。

越焦虑越要决定"不做什么"，这比"可以做什么"更重要。增长要根据第一性原理洞察本质。"第一性原理"是一种看待世界的方式，一层一层剥开事物的表象，直到发掘出事物的本质，然后面对本质问题寻找根本解。如果不专注最根本的问题，就会被周遭多个不自洽的需求推着走，就会陷入内卷，白白浪费资源。解决内卷的方式就是找到自己目标中的"第一"，心无旁骛。

所以，真正的增长不在于你做了多少件事，而是抓住真正要解决的一个问题。

1.1.5 误区五：不拥抱变化，故步自封

真正巨大的增长，一定来自巨大势能的推动。

在 19 世纪到 20 世纪这段时间，法国的国力达到一个高峰，民众开始热衷于消费和旅行。LV 品牌创始人发现，行李箱的材质全部是沉重的皮质，并且是圆柱体，不利于工人搬运与堆放。于是他推出了一款长方体帆布制的行李箱，帆布面料轻，长方体的设计易于堆放。考虑到行李总是放在马车外面，他设计的行李箱还特别加上了防雨水渗透的功能。这款解决用户旅行需求的产品让皇室和贵族眼前一亮，一经推出便迅速热销。LV 借助这股劲得到了快速发展。后来 LV 能持续增长更是抓住了新的趋势和机会，率先抓住全球化的巨大趋势，在全球铺开直营门店，成长为一个价值巨

的集团。

也有些公司故步自封，不肯真正拥抱变化。比如在智能手机开始盛行的时候，诺基亚固守自己以往的优势，没能在智能化手机的浪潮中抢得先机；而苹果手机一进入历史舞台便开始了它在手机市场上的统治。诺基亚始终以 GSM（全球移动通信系统）为标准，以硬件为核心，手机 70%～80% 的附加价值都基于硬件。但苹果将数字化内容和手机设计绑定在一起，开发了 iTunes 软件商店，利用软件收费。抓住时代的机遇大胆创新是苹果的制胜法宝；故步自封服从于以往的增长惯性则是诺基亚衰落的原因。巅峰时期，诺基亚的市场份额曾占到 50%，其地位最终依旧被颠覆。

所以，真正的增长是基于企业目标或理念，抓住当下的趋势去创造更大的未来，要顺势而为，敏锐察觉时代的变化和机遇，及时调整方向。

1.1.6　误区六：评估用户价值时，没有着眼于未来

大家怎么计算一个用户价值的贡献呢？是不是都用 ARPU（Average Revenue Per User，平均每个用户贡献的收入）值进行衡量？ ARPU 值的计算公式为：

$$\text{ARPU 值} = \text{总收入} \div \text{总用户数}$$

ARPU 值还有时间属性，可以考量 7 日 ARPU 值、月 ARPU 值等，不指明时间周期时一般默认为月 ARPU 值。

但是通过 ARPU 值估算用户价值会带来什么问题呢？因为它是用实际产生的收入金额进行计算的，所以并不能直接代表用户未来潜在的价值。这样的估算方式可能会使企业错过真正的增长机会。

快手在解决这个问题上就做得特别好，特别注重内容对生态的助力，会根据用户的行为数据建模，计算出每个用户在生命周期内会在快手平台上产生多大的价值，即 CLV（Customer Lifetime Value），也叫 LTV（Life Time Value）。这个指标是对客户未来利润的有效预测，用来衡量一个用户在整个生命周期在与产品所有的互动中为平台贡献的全部经济收益的总和。

一般电商估算 GMV 的公式是：

$$\text{GMV} = \text{UV} \times \text{转化率} \times \text{客单价} \times \text{复购次数}$$

而快手电商使用的公式是：

GMV=UV（私域稳定 UV+ 公域投放 UV）× 内容消费时长 × 单位时长订单转化率 × 客单价 × 复购次数

从公式中可以看到，快手非常注重用户内容行为的价值，这就是 CLV 估算用户价值的思路。为了衡量用户行为数据，评估用户生命周期总价值，企业的关注维度从时空关系上都进行了升级。时间上，计算维度涵盖了从用户接触到产品到用户永远流失前整个周期内的价值；空间上，不再局限于当前用户付费的转化，而是站在全局的生态视角计算用户在该产品上全生命周期的所有互动。

快手用 CLV 的方式来衡量用户价值，不仅能看到当下的营业收入，更能看到产品未来拥有的价值，更好地兼顾当前的商业变现和用户长期的忠诚度体验，实现短期和长期收益的平衡。除了能让企业找到持续健康增长的战略，还能激发团队的激情，更能给投资人以信心。

所以，真正的增长是以终为始的，而不是困于当下的。

1.1.7 误区七：学习增长只注重"术"，不注重"道"

有经验的人容易陷入经验主义的错误，在制定增长策略时形成了路径依赖，犯了刻舟求剑的错误。我的一个朋友是头部视频公司的高管，一直在做海外视频项目，取得了非常好的成绩。当他在印度市场创业时，仍用惯有的成功经验，做媒体属性的短视频，通过广告盈利。他的商业模式在国内及拉美地区都已经成功了。印度人口明明很多，效果却惨不忍睹，因为他只进行了"术"的迁移，忽略了"道"。原来，印度这个国家人均 GDP 比较低，消费水平低，整体广告业的收入就不高。我这位朋友及时调整策略，了解当地的风土民情，在街上发现卖宝石的生意很不错，于是开始尝试在线卖宝石等的直播，现在收入非常好。

同理，大部分国外的公司很少在中国取得成功，即使它们是叱咤全球的公司，高层战略决策能力强，资源不少，团队执行力也不差，但依赖"术"的直接迁移让他们无法在中国取得成功。有的产品经理甚至不调查本地用户的使用习惯，直接照搬国外用户使用习惯，比如某国外电商平台没有设计购物车。

许多人热衷于听有经验的操盘手分享干货，然后希望学会后能立刻解决工作中遇到的问题，但是能指导工作的方法往往具有一定的前提条件和局限性，会遇到迁移难的问题。这也就能解释为什么同样的玩法不同的项目完全跑不通，同样的玩法不同人操盘效果完全不同。增长不在于你向竞品学习了多少花里胡哨的玩法，而是要深挖每个增长案例背后的动机，去思考这个玩法适不适合你的产品，适不适合你的用户。掌握基础原理才能真正升级你的增长思维，才能让增长效果有所提高。

所以，真正的增长要了解背后真正的动机"道"，而不是"术"的简单迁移和模仿。

1.2 增长作战地图

前面讲解了企业最容易产生的增长认知上的误区，那么什么才是真正有效的增长呢？增长是指对内增长和外增长有机地组织。内增长是指培养适合当前业务的组织力，外增长是指基于产品核心价值观成功拥抱每一次变化，洞察真正的增长机会，满足用户需求，在一系列资源制约条件下集中优势力量，健康可持续地用最小的成本、最快的方法，不限产品运营等策略，完成企业短、中、长期的阶段性战略目标。

对于增长战略的制定者来说，最大的问题不是如何做，而是到底应该把有限的资源投到何处。要想确定当前阶段需要做的增长项目，就要明确当前的战略目标是什么，通过全局视野找到用户增长的方向，借助数据驱动找到策略切入点。做增长切忌平均用力，需要建立全局视角，找到不同阶段的增长发力点并合理分配精力，实现企业可持续增长。

做增长的员工，是不是经常有如下这些困惑：自己的增长体系很散，怎样才能建立增长系统性的全局观呢？无论怎么做，数据就是不增长，究竟是什么问题？刚跳槽到一个新单位，如何争取到更多的资源、更多的信任、更多的支持去做增长？得不到支持的时候如何快速做出业绩，并以此为起点争取更多的资源？

我的回答是，你需要一个连接战略和执行的地图，也是将企业估值或者市值和业务执行挂钩的地图——增长作战地图。增长作战地图的理论和模型是笔者的心血，它包含了 C 端产品的增长策略和 B 端产品的增长策略。

增长作战地图的核心是基于产品核心价值观的增长，分为两大部分，分别是战略的制定和战术的执行，具体内容参看本书拉页。

战略的制定

战略主要是基于产品事实现状，进行逻辑推导形成的。对于企业来讲，增长要顺势。最影响企业增长的是宏观经济，影响宏观经济的重要因素有政治、经济、社会和技术等，而产品运营的战术执行带来的增长却只是影响大盘的最小要素。

战术的执行

战术的执行主要分为以下五部分：

第一部分是北极星指标的制定和拆解，帮助团队明确增长方向。北极星指标是公司上下一心要完成的目标。不同的产品阶段会有不同的北极星指标；同一公司不同团队也会有北极星指标层层拆解后的小北极星指标。

第二部分是增长策略的落地执行，笔者总结了主要的40多种增长策略及相应的注意事项和关键要素。

第三部分是底层模型，面对增长的复杂性和增长玩法的多样性，要找到增长背后的本质原因，就需要这个底层模型思维。

第四和第五部分分别是支持增长策略落地执行的增长中台和能力基座。能力基座主要包含技术能力和数据模型。

第 2 章
增长战略制定三步走

前面我们已经对增长作战地图有了一个基本认知，而增长战略的制定是增长作战地图中至关重要的一环。因为战略不仅决定我们做什么，更重要的是决定我们不做什么，一个好的战略能让我们清楚地知道未来的目标及当前面临的挑战。从短期来看，制定战略能让我们聚焦当下对增长最有价值的事情；从长期来看，能让我们形成在未来竞争中有价值的能力。故而对增长高阶人才来讲，排在第一位的能力就是战略思维能力，战略制定越清晰，企业和从业者在面对低谷的时候才能越有信心。

本章我们将展开讲解制定增长战略的方法。一个好的增长战略制定过程，主要分为以下三步，如图 2-1 所示。

图 2-1 战略制定过程

（1）找到关键事实，主要基于业务关键要素模型找到增长战略方向。

（2）逻辑推导，结合增长画布进行逻辑推导，利用演绎和归纳将现状事实推导成结论。

（3）战略形成，利用战略房子图实现战略落地。

制定了成熟的战略，我们就不会轻易摇摆，我们的增长工作就拥有了不受外部因素变化影响的抗干扰能力，也让我们能在长期、复杂的形势下，善于把握事物发展的本质规律和基本趋势，克服短期困难，抵御各种诱惑，瞄准长期目标和主要矛盾。在 2017 年，神州专车疯狂补贴，而滴滴坚决不补贴，其背后的定力就源自高层制定了充分的增长战略。

下面，将分别对增长战略制定的三个步骤详细进行说明。

2.1 第一步：找到关键事实

深刻认识业务本质，找到关键事实，是梳理战略逻辑和设计增长策略的前提条件。如何找到真正高价值的事实帮助我们进行战略推导呢？那就要用到如图 2-2 所示的基于事实洞察机会的模型工具。

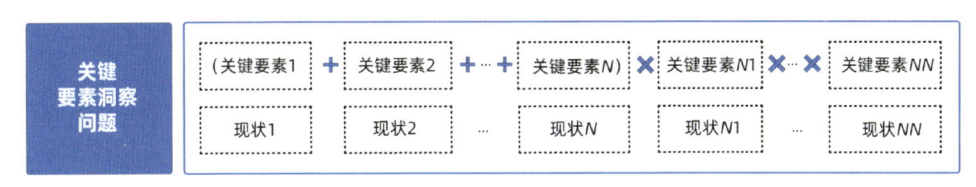

关键要素洞察问题	(关键要素1	+	关键要素2	+…+	关键要素N	✕	关键要素N1	✕…✕	关键要素NN
	现状1		现状2	…	现状N		现状N1	…	现状NN

图 2-2 基于事实洞察机会的模型工具

这个模型工具的应用分为三步，步骤一是找到影响业务的经济模型中的关键要素，明确关键要素是业务关键点、差异化点、优势点还是劣势点。业务关键点，通常是指互联网规模效应中的临界规模点，该点的规模效应能降低成本或者提升用户体验，一旦一家公司先到达临界点会迅速和后面的同行拉开差距。

步骤二是确定关键要素间的连接关系是"乘"还是"加"。乘的关系是指关键要素之间是增强回路的关系，关键要素一和关键要素二互为循环加强，带来复利效应。例如快手上创作者越多，内容消费者就越多，越多的内容消费者就会带来越多的创作者。加的关系是指要素之间是单次的增强关系。消费者使用产品的时间越多，广告效果越好，但是广告效果变好不会带来消费者使用时间的增加。

步骤三，根据关键要素的现状并结合数据找到要重点解决的问题。

2.2 第二步：结合增长画布进行逻辑推理

不同的宏观环境、复杂多变的市场情况、自己的产品所处阶段的变化和竞争对手情况等，均会让增长战略的制定变得非常具有挑战性。为了攻破增长战略这件具有挑战性的事情，笔者抽象出了增长画布工具，它以产品类型为核心，宏观环境为催化剂，帮助你在步骤一的事实论据的基础上，有条不紊地进行逻辑推导从而制定行之有效的战略，如图 2-3 所示。

图 2-3 增长画布

下面将针对产品落在增长画布不同区域的各方面情况，分别展开讲解如何制定增长策略。

2.2.1 宏观环境四要素

宏观经济增长红利是最有效的增长杠杆，也决定了增长的天花板。孙子兵法有云："顺势而为、借势而进、造势而起、乘势而上。"这句话告诉我们，要懂得认清形势、选择时机、顺势而为，才能把事情做好。社会、经济、政治和技术的大变化，形成很慢，但一旦形成，将影响我们 7 至 10 年，甚至更长时间。趋势不可逆，不像风口会停，趋势是企业未来稳定的增长引擎。

我们采用 PEST 模型对宏观环境进行分析，由于自身特点和经营需要，不同行业和企业分析的具体内容会有差异，但一般都应对政治、经济、社会和技术这四大影响企业的主要宏观环境因素进行分析，如图 2-4 所示。

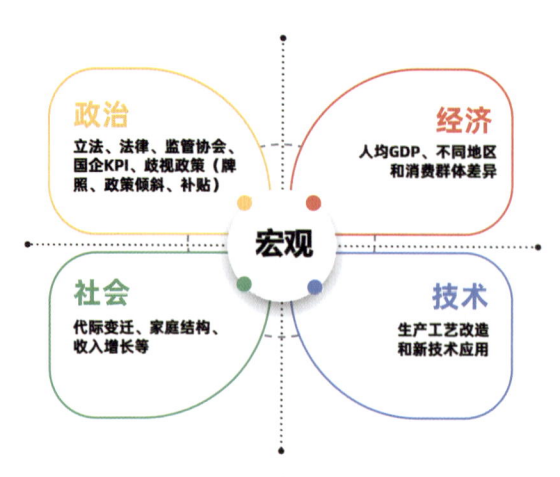

图 2-4 PEST 宏观环境分析模型

1. 要素一：政治

我们可以把它的范畴延伸到政治、法律、监管协会等因素，作为企业或者个人，一方面可以通过研究"十四五"规划等政府文件，把握住新的机会红利，例如Club-factory把握住"一带一路"倡议的出海红利，新能源汽车把握住碳中和红利等；另一方面要针对海外政府为企业发展制定的政策或行动做好风险识别。

2. 要素二：经济

经济环境主要包括宏观和微观两个方面的内容。宏观经济环境主要指一个国家的经济增长趋势。国民收入、国内生产总值及其变化情况等指标能够反映国民经济发展水平和发展速度。微观经济环境主要指企业所服务地区的消费者的收入水平、消费偏好、储蓄情况、就业程度等因素，这些因素直接决定着企业目前及未来的市场大小。

为了及时察觉经济环境的变化，宏观上需要重点关注人均GDP，微观上重点关注不同地区和消费群体间的收入差别。这两个变量发生波动的时候就是机会来临的时候。

3. 要素三：社会

社会文化环境包括一个国家或地区的人口结构、代际变迁、家庭结构、收入增长、教育文化水平、价值观念及突发的自然环境的变化等。

代际变迁，主要是指人口流动引起的社会结构变化。从2017年开始到现在，新人群代际的变化带来城镇年轻人口数量上升，消费力大幅提升，新零售一直很火热。如图2-5所示，2010年和2020年相比，尽管"95后""00后"总人口在下降，但是相同人群搬到城里的人却多了，进城后的消费能力是在农村消费时的好几倍。

突发的自然环境的变化等，比如类似2020年的新冠肺炎疫情，对于移动办公、医疗等相关领域带来了红利，钉钉就借新冠肺炎疫情的影响暴增一亿多用户，但也有线下餐饮行业等被疫情搞得苦不堪言。

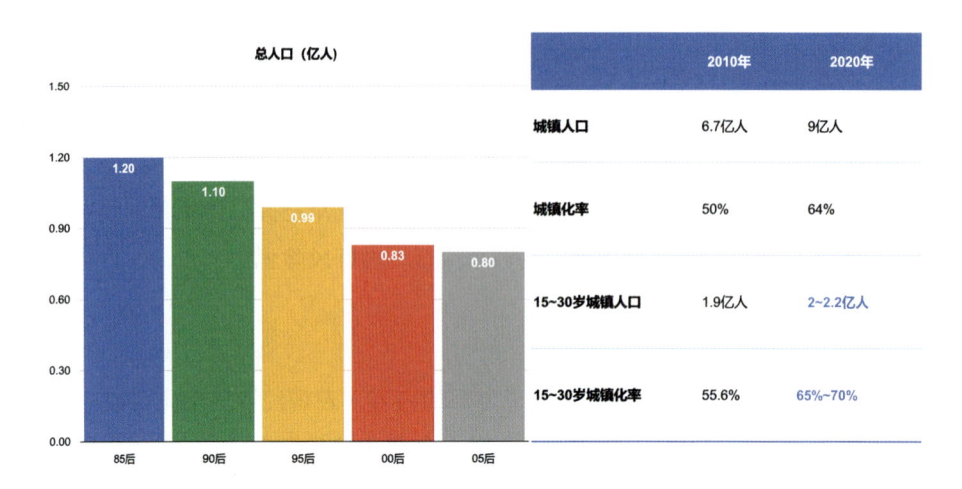

	2010年	2020年
城镇人口	6.7亿人	9亿人
城镇化率	50%	64%
15~30岁城镇人口	1.9亿人	2~2.2亿人
15~30岁城镇化率	55.6%	65%~70%

总人口（亿人）：85后 1.20，90后 1.10，95后 0.99，00后 0.83，05后 0.80

图 2-5 新人口结构（数据来源于国家统计局）

针对以上变量，我们可以进行组合分析。将人口结构和家庭类型的变化进行组合后我们发现，2020 年中国 65 岁以上人口占比为 13.5%，社会已步入老龄化。同时，自 2014 年以来，我国结婚率连年下降而离婚率不断提高，人口出生率连续四年下降，2020 年我国新生儿出生率仅为 8.5‰，进入"少子化"阶段。2021 年我国的独居成年群体规模将接近 1 亿人，养宠物的人群数量达 6300 多万人，对宠物陪伴的需要，催生了千亿元的宠物市场。

4. 要素四：技术

技术的创新进步能提高生产力水平，建立起效率更高的生产体系，增强企业的核心竞争力，但是随着越来越多的后来者学习和模仿，技术的竞争力被稀释，从而削弱企业的竞争优势，所以我们要提前通过以下四个主要的变量把握技术趋势：国家对科技开发的投资和支持重点；该领域技术发展动态和研究开发费用总额；技术转移和技术商品化速度；专利及其保护情况。

2020 年，快手直播电商促成的电商交易商品总额为 3812 亿元，对比 2019 年的 596 亿元，同比增长 540%。其背后的原因就是国家对 4G 的重点投资带来网络的普及。2016 年，中国移动建成 4G 基站 151 万个，成为全球最大 4G 网络，2017 年，中国行政村宽带覆盖率达到 88%，正是由于有了网络基建做保障，才产生了近几年下沉市场的增长红利。

如果技术不普及，人家直播中经常会遇到延时卡顿，比如主播说抢红包，你连红包的影子都没看到；你明明抢到了商品，平台告诉你超售了。这些问题导致大量客户投诉，用户体验极差。

放眼未来，笔者认为 5G、AI、物联网、元宇宙、Web 3 等都是很好的技术要素驱动增长的机会。

2.2.2 市场情况

市场情况主要通过市场渗透率和市场占有率来判断。

（1）市场渗透率决定增长潜力

市场渗透率 = 产品的现有需求量 ÷ 产品的潜在需求量。它反映用户对该行业的认知情况，决定了用户规模的大小和行业的增长潜力。根据市场渗透率，我们一般将市场阶段分为增量市场和存量市场。

增量市场是指市场渗透率整体不足 10%，企业处于巨大的增量市场阶段，这个时候企业的增长重点是拉新，随着市场渗透率越来越高，就会进入存量市场阶段。存量市场是指市场渗透率整体超过 30%，行业增速放缓，甚至出现了负增长，此时增长的重点就是存量用户的运营，通过不断优化产品和服务，做好留存和变现，从而达到在每个用户身上获得更多价值的目的。美团 2022 年要发力海外外卖，就是因为国内外卖的市场渗透率已经超过 30%，但是东南亚和美国市场渗透率是 12%，拉美地区是 6%，有着广阔的增量空间。

（2）市场集中度

看完市场渗透率情况，了解了行业红利、未来增长潜力和增长天花板的情况，下面将用行业集中度（Concentration Ratio，简称 CR）来看竞争终局。行业集中度是指某行业的相关市场内前 N 家最大的企业所占市场份额的总和，是对整个行业的市场结构集中程度的测量指标，用来衡量企业的数目和相对规模的差异，是市场实力的重要量化指标，即行业的终局将会有多少家企业。这个终局的判断，取决于产品所处的规模效应类型。规模效应类型一般分为三类：指数增长、线性增长和对数增长。指数效应是指互联网的价值和节点数的平方成正比，互联网行业马太效应明显，企业间互斥性很强，往往只能有一家企业，所以基于规模效应做增长就应该快速到达临界点。那你会问了，社交软件行业是指数增长类型，除了微信不是还有 QQ？造成这样双峰对峙的局面主要原因是微信与 QQ 的用户有一些文化隔阂，导致他们处在两个不同的社交网络里。所以如果你在指数增长类型的行业就要做好差异化，找到属于你的产品的行业生态位。线性增长是指每增加一个用户，产品就增加一点价值，用户之间没有竞争，典型的例子就是淘宝。如果用户之间有竞争，产品服务 A 用户就不能服务 B 用户，那么这就是对数增长，是指随着规模的上升，达到一定水平后增长放缓了，常有一些副作用出现，即"双边网络且至少同边变负效应"，最典型的例子就是滴滴，大家都在西单打车，你打到车就会对你身边的用户产生影响。同样的，司机都在等到西单的订单，你抢到单子就会对身边的司机产生影响，滴滴是"双边网络且双边负效应"。外卖属于"双边网络且单边负效应"，因为配送员可以一次送多个订单，商家服务的弹性也比较大。对数增长类型往往是竞争最惨烈的，不像指数增长类型具有那么强的网络效应，市场上通常有两三家在竞争，相对来说也比较同质化，所以你看美团和饿了么一直在比拼服务体验指标，比如配送时长、商家规模和产品服务体验等。

（3）市场占有率

那我们如何判断自己的行业地位呢？下面再通过市场占有率看看公司产品的竞争力，它帮助我们确定公司在行业的所处地位是领先企业、落后企业，还是群雄纷争中的一员——地位不同的企业所采取的策略也不尽相同。

市场占有率 = 产品所占市场份额 ÷ 市场同类产品总份额，它是指一种产品或服务在市场上的覆盖程度。领先企业的市场占有率根据兰切斯特法则，进一步细分：

73.9% 市场占有率 = 目标值上限 = 压倒性的 NO.1；

41.7% 市场占有率 = 稳定的目标值 = 只有一人胜利，真正 NO.1 目标值；

26.1% 市场占有率 = 目标值下限 = 成为强者的最低条件，当前的 NO.1 目标值。

市场占有率还可以根据区域等维度进一步进行细分，比如一家企业在某座城市是行业第一，但不一定在每一个城市都是行业第一。

如果市场占有率低于 26.1%，处于相对落后地位。

如果市场占有率在 26.1% ~ 41.7% 之间，处于群雄纷争当中，如果不是指数增长类型，基本达到了竞争前三的可能，但是要尽快达到 41.7% 的拐点，这也就是美团和饿了么竞争的时候，要"狂拜访、狂上单"（美团曾经的战略目标之一）的本质原因，因为美团外卖有一个关键认知，在不同城市率先达到拐点，第二名的获客成本将变为第一名的 5~10 倍。如果是指数增长类型，要快速建立增长壁垒，尽快达到领先的阈值。

如果市场占有率高于 73.9%，无论是哪种增长类型，你都处于绝对领先，但也不能高枕无忧，因为根据诺威格定律，当公司的市场占有率大于 50% 时，就无法再翻番了，所以为了保持增长，应该开启第二曲线，找到新的增长点。

2.2.3　产品 / 用户生命周期

2.2.3.1　产品生命周期

我们可以把产品生命周期分为五个阶段，不同时期都有相应的重点。一般根据市场渗透率为可以将产品生命周期划分为：种子期（市场渗透率低于 1%）、初创期（市场渗透率为 1% ~ 10%）、成长期（市场渗透率为 10% ~ 40%）、成熟期（市场渗透率高于 40%）、衰退期（市场渗透率开始下降，一般下降到 20% 左右）、流失期（市场渗透率下降到 10% 以下）。

2.2.3.2　用户生命周期

用户生命周期模型也是用户分层的一种模型。用户主要包括四大类，分别为潜在用户、健康活跃用户、流失风险用户和流失用户。

潜在用户是指一定时间内有过访问行为但未产生核心行为的用户。针对该用户增长的重点是用户激活。

健康活跃用户指一定周期内完成关键事件的频次达到 N 次的用户，我们对这部分用户的运营重点是持续保证其留存并让其创造价值。定义健康活跃用户有两个关键点，分别是时间周期（活跃周期）和 Aha 行为（关键行为，即用户发现产品价值时刻的行为）。一般为了更加精细化的运营，根据健康活跃用户完成 Aha 行为的次数，能将其进一步分成低活跃度用户（已经完成 Aha 行为的激活用户）、中活跃度用户（Aha

时刻完成一定频次且达到核心行为持续产生相对稳定的关键拐点）、高活跃度用户（达到留存行为频次的拐点）。

流失风险用户是指曾经处于健康活跃用户的状态，但近期累计在一定周期内完成关键事件次数小于 N 次，不再像以前那样活跃了，是可能会流失但目前还没有流失的用户。这部分老用户往往是大家做增长时忽略的部分，但其实他们是最重要的，因为拉新的成本至少是维护老用户成本的 3~5 倍。而对这部分用户的运营重点是提前进行预警干预，使用针对性的策略把他们重新变回健康活跃用户。根据用户完成关键事件的间隔又进一步将有流失风险的用户依次细分为沉默用户和流失预警用户。

流失用户曾经也是健康活跃用户，但目前他们已超过一定天数停止活跃或付费，需要对其重点召回。

流失期根据召回的次数和是否被召回，还进一步分为流失期—轻度，仅处于第一个流失期（第一次召回期间）；流失期—中度，当前及上一个周期都处于流失期（第一次召回未成功，继续第二次召回）；流失期—重度，当前及大于两个周期都处于流失期。

明确了用户生命周期模型的划分后，结合产品生命周期，我们就可以明确当前重点运营的用户了。这里引入一个增长指数的概念，它用于衡量产品增长是否健康，其公式是（新增潜在用户 + 有流失风险用户 + 健康活跃用户）÷ 流失用户。如果产品处于成长期，增长指数大于 1，说明活跃用户数净增长。如果产品处于成熟期，增长指数应无限趋近于 1 但不等于 1。1 是一个转折点，也是峰值，但是巅峰往往代表衰落的开始，所以在趋近于 1 之前就要开启第二曲线。如果产品处于流失期，则增长指数小于 1，活跃用户呈负净增长。

2.2.4　产品类型

不同产品类型，在整个生命周期的侧重点不同，把握住不同产品类型的差异化就是赢得增长效率的关键。我们根据客单价和用户使用频次（一周使用 1~4 次或者一个月使用 1~4 次我们都定义为高频，周期性使用 1~2 次的产品被定义为低频），将市面上的产品分为两大类型：高决策产品和低决策产品，如图 2-6 所示。其中影响最大的是频次，其次是客单价，我们根据频次和客单价两个维度将产品按四个象限进行划分。低决策产品是指高频低客单价的和高频高客单价的产品，主要集中在第一和第四象限。低决策产品一般指资讯、社交、外卖、生活服务等产品。高决策产品是指低频高客单价和低频低客单价的产品，主要集中在第二和第三象限。高决策产品一般包含二手车和房屋交易等。

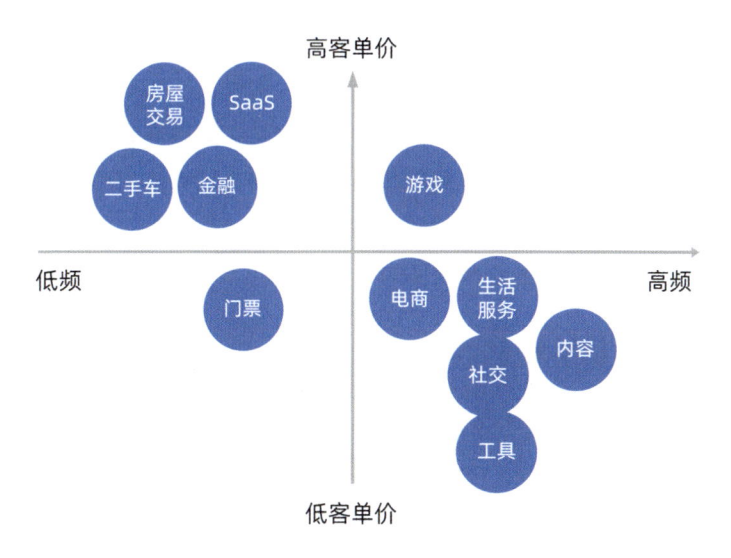

图 2-6 不同产品的价频模型

金融、SaaS（Software as a Service，软件即服务）、二手车等高决策交易型产品，用户的需求具备相对低频和排他性两大特点。由于低频所以服务机会有限，比起健康活跃用户，拉新更重要。再加上具备排他性，当你这购买产品时就不能在别处购买，所以要快速进行首单付费用户的拉新转化，首单付费用户越多，你就越有充足的"弹药"进行更多首单付费用户拉新，形成正向飞轮。如果你还能在适当的时间内对未及时转化的用户进行召回，你的产品在增长效率上和竞争对手相比就会很有优势。所以用户生命周期的工作重点依次是：潜在用户拉新并激活（首单付费用户拉新转化）>流失风险用户的预警干预和流失用户召回 > 提高健康活跃用户的留存和价值提升。

工具、内容等（低决策产品）非交易型产品不像交易类产品有天然的变现模式，一般要先不断提高活跃用户数再探索商业模式，所以用户生命周期的工作重点依次是：提高健康活跃用户的留存 > 潜在用户拉新并激活 > 有流失风险用户的预警干预和流失用户召回 > 提高健康活跃用户的价值提升。但工具型产品容易遇到一个问题，就是用户有问题要解决的时候才会想到产品，导致用户使用频次或者使用时长不高。那这个类型的产品该如何提高呢？需要建立高频和产品相关联的场景，让用户更多想到该产品。以 Keep 为例，之前用户只有锻炼的时候才会想到使用它，后来 Keep 尝试在广告中增加了对课程场景的描画，比如睡觉前练个瑜伽舒缓疲劳，从而扩展了受众，在 App 内也增加了助眠场景相关的课程，从而提高了产品使用的频次和用户使用时长。

类似生活服务和电商等低决策交易产品很容易低成本获取用户，故重点在提高用户复购从而提高付费用户价值。因为客单价低，如果复购次数不高，很难承担单次用户获取成本。所以用户生命周期的工作重点依次是：提高健康活跃用户的价值提升和留存 > 潜在用户拉新并激活 > 流失风险用户的预警干预和流失用户召回，但外卖和出行等生活服务产品不像电商等类型的产品，用户消费受到时间、地点等场景因素驱动，要多基于场景进行增长策略的思考。

2.2.5　企业核心优势和制约条件

基于核心优势做增长往往能事半功倍，这些优势可以是产品、技术、运营或者组织迭代速度等。比如字节跳动的核心优势是运营能力和增长中台组织能力建设强大；快手则是产品算法强大；而创业公司往往沟通成本低、产品迭代速度更快。对于创业公司来说，勤能补拙，如果一般产品增长实际的胜率是 40%，也许创业产品的胜率是 20%，但是该产品的迭代速度是其他产品的 3 倍，因此理论上创业产品输出成功的概率更大。

我们要找到当前增长的制约条件。制约条件是阻碍你完成增长的关键要素，尤其是对多边业务来说。比如受到全球油价持续上涨的影响，海外出行产品的司机收入下降，进一步造成网约车司机流失越来越严重，面对这一市场环境的转变，海外头部出行公司调整策略，以用户增长为核心转变成以司机增长为核心。

2.2.6　像间谍一样洞察竞争对手

正所谓知己知彼百战不殆。美团的方法论中很强调"对标"竞品，但是对标不是大家理解的抄，而是建立标准的过程，标准定义了什么是可实现的最好，以行业里公认的领导者作为标准，引导自身采取下一步行动。通常主要从四个方面分析竞争对手的情况：一是竞品的用户情况，我们的用户和竞品的用户有什么不同，有多少重合度，是否具备抢夺用户的条件；二是竞品不同时期的增长策略是什么，我们可以用生命周期模板重点分析不同产品类型的制胜策略；三是自己推出增长策略后竞品可能的应对措施；四是竞品增长的优势和制约条件是什么。

2.2.6.1 竞品的用户情况

调查竞品的用户情况主要是为了了解产品目标用户群体的诉求，找到产品新的人群增长空间及分析存量竞争阶段现状。竞品有没有首先开始抢夺你的产品的用户，或者你主动发起进攻后是否具备从竞品抢夺用户的能力？为了更好地回答上述问题，我们根据不同产品安装情况把用户分为四类：自己产品单端用户、竞品单端用户、先安装竞品的双端用户和先安装自己产品的双端用户。下面以头部外卖平台为例，帮助你正确分析竞品的用户情况。背景是竞品比我们的产品先存在于市场，自己产品的目标用户主要来自下沉市场，现在想看看和竞品的用户重合度是否变高，如果进入存量用户争夺时期，我们的产品是否更有优势，下面按四类用户依次进行分析。

自己产品单端用户：主要用户对象更偏向于增量市场（下沉市场）用户，该类用户心智更在意省钱。

竞品单端用户：主要用户仍是消费能力比自己产品用户强的白领，更在意配送的确定性，即快速准时送达。

先安装竞品的双端用户：是外卖行业的老用户，因为确定性／价格敏感等原因，选择自己尝试产品，由于用户具备强需求等特点，理想情况应该是点外卖的频次高于自己产品单端用户，但实际情况是明显低于自己产品单端用户，说明竞品用户的单量并没有很好地转化到自己产品上，更认同竞品的价值。

先安装自己产品的双端用户：较了解自己产品的价值，且需求相对较高，目前这部分用户占比不足10%，竞品还没有针对下沉用户开展进攻。

通过以上四类用户的对比我们得出结论：自己产品的用户主要来自下沉市场，结合渗透率数据得知用户数量已经快达到用户规模的天花板了，但通过抢占竞品相对高端的白领用户，还能有很大的增量空间，不过我们目前还不具备满足竞品用户群体诉求的产品能力，应在重点夯实配送的产品能力后再进行用户的抢夺。

2.2.6.2 竞品增长策略分析

当你刚负责一款产品的增长时就遇到了瓶颈，如何快速找到思路呢？一般分两步：第一步是找到可借鉴的产品；第二步是应用"生命周期模型"快速还原增长要素，寻找可借鉴的方向。

（1）调查：找到可借鉴的产品

可借鉴的产品一般指两大类型的产品，一类是可借鉴的竞品，另一类是可借鉴的非竞品。可借鉴的竞品一般包含市场份额领先的头部竞品和有特色的差异化竞品；可借鉴的非竞品包含目标用户相同但品类不同的产品，或品牌调性类似的产品。

（2）工具：用户生命周期增长策略模板

拆解和还原竞品的增长要素，主要分为以下两个层面。一是找到在生命周期中增长效率的关键方向上我们和竞品的优劣势。比如外卖行业产品竞争力是复购，但早期百度外卖的会员策略复购力强，LTV 比美团外卖更高，在获客方面的成本上限就高一些，美团在关键方向上处于劣势地位，要迎头赶上。二是通过生命周期增长策略模板更加细致地了解对手的关键动作。为了让读者更好地理解该工具，我们通过美团 B 端支付的案例讲解增长策略模板工具，如图 2-7 所示，该模板自上而下拆解为五部分。

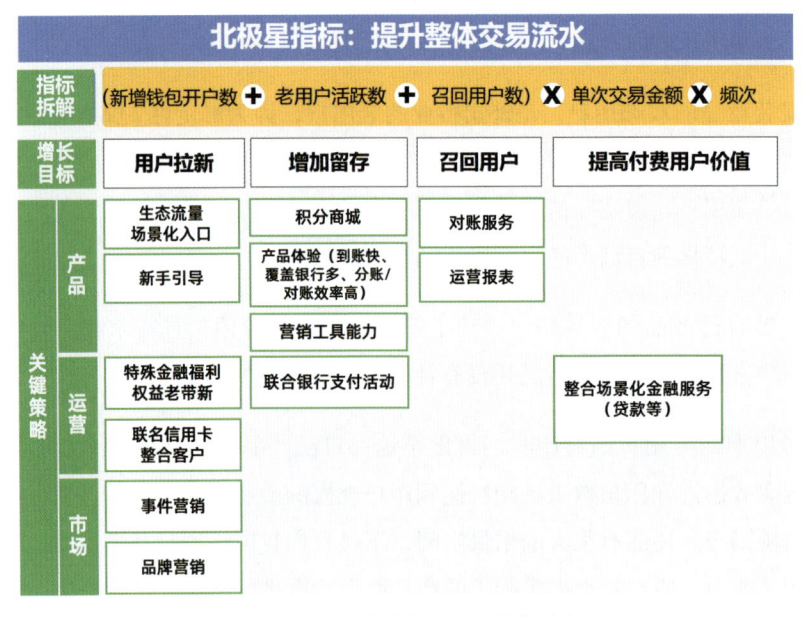

图 2-7 美团支付生命周期理论模型应用

第一部分北极星指标为提升整体交易流水，第二部分将北极星指标拆解为"（新增钱包开户数 + 老用户活跃数 + 召回用户数）× 单次交易金额 × 频次"，第三部分是基于生命周期制定增长目标，由于商家钱包属于 B 端 SaaS 类产品，所以其增长目标依次为首单付费用户拉新转化、召回用户、提高付费用户价值，最后是增加用户留存。紧接着我们看第四部分，针对一个目标制定三个最有效的策略，由不同团队角色合作完成。

先看新增钱包开户数的策略，主要是通过借力美团内部生态，实现共赢。基于内部生态流量快速建立认知，先在自己内部的金融话费业务推广商家钱包完善核心体验，再依次借力酒旅、美团外卖等业务线，在外卖商家开通外卖账户时自动开通美团支付钱包。

再看老用户活跃数的提高，提高的手段主要依靠差异化的分账等功能，美团支付根据钱分给谁、什么时候分（结算账期）、分多少，设计了三种模型满足不同类型商户的需求。针对连锁企业解决统一把钱收到集团账户进行资金的统一管理和调拨的需求；加盟企业希望钱是按合同约定好的时间自动分给被加盟企业和加盟企业；个体商户的钱就完全分给自己。连锁企业用美团支付只需对一次总账，但用其他产品需要每个分支机构都和总部对一次账，故而美团支付对账效率自然得到了用户的好评，资金归集功能实现了资金的快速调拨，很好地满足了需求，优质的体验自然将商家的资金流和交易流都留在了平台上，更促进了活跃。不仅如此，美团商家钱包还和各个业务线的积分商城打通，提供到账快的权益，促进大美团生态建设的同时进一步提升自己产品的留存。

然后是召回用户的策略，主要利用基于商家常用的核心对账功能和运营报表进行用户促活召回。

最后是提高付费用户价值的策略，主要是将金融服务场景化整合在钱包里。

2.2.6.3 竞品应对策略

决定使用一个增长策略时，一定要问自己两个问题，一是站在行业共创的角度此举是否会带来恶意竞争，另一个是该策略将如何改变市场占有率情况。

行业共创驱动增长是通过合作共赢做大行业市场增量，增加生态参与者的收益。从盲目追求企业单体利益最大化，变成价值共造，只有这样才能找到新的行业增量。愿我们都有这三种勇气：追求行业生态价值的勇气，追求用户长期价值提升的勇气，累积企业产品价值的勇气。笔者相信未来企业竞争比拼的不单单是自身的实力，还有企业创造更大的行业合作生态网的能力，该网络会给生态网中的每一家企业都增加反脆弱能力。

下面我们来看第一个问题，从行业共创的角度来分析增长策略。

如果我们使用的策略，让行业没有受益，即使短期的增长数据好看，从长期来看也不是一个好的策略。所以我们做增长策略的时候一定要降低同行恶意厮杀，形成行业默契，但这需要慢慢建立，不能一蹴而就。良性的竞争能更好地驱动公司增长，尤其是市场份额占比低的行业，可以和竞品一起共同培养用户。

再来看第二个问题，评价一个策略的好坏——就是看你和竞争对手市场份额的变化。假如你的产品能额外提升 10% 的单量，其中一半单量来自竞品，你就可以在市场占有率 45% 的情况下，提升 3.5% 的市场占有率，而相应的，对手就会少 3.5% 的市场份额。

2.3 第三步：形成战略房子图

我们可以参考美团、滴滴等互联网大厂的房子图来制定战略了。房子图是一种思维工具，让你用全局的视角分析手中的业务，最终解决"如何做"的问题。房子图分为五个层面。

1. 使命：做这个事情最初的原动力。

2. 愿景：希望事情达成的理想状态。

3. 目标：制定企业的短中和长期目标。

4. 方向/关键策略：主要根据影响产品的关键要素拆解方向，再基于方向制定关键策略，关键策略是解决现有问题的实现路径。

5. 组织：一个好的增长战略必须有一个高效的组织来执行。

下面用滴滴专车的例子详细讲解如何利用增长战略三步法进行战略制定，同时教会你房子图的应用。

一个好的专车业务带给用户的体验是极高的效率、极致的服务和尊贵的身份感这三个方面。基于此，我们梳理出当年的滴滴专车的关键要素模型，如图 2-8 所示。

第 2 章 增长战略制定三步走

关键要素洞察	(平台派单效率 + 乘客交易体验 + 司机供给规模) × 权益体系 × 增长模型
现状事实分析	目前滴滴处于优势地位 | 1.专车市场服务体验大于价格影响要素 2.神州专车服务强于滴滴 | 够用，目前主要缺乘客 | 成本结构优于神州，但有持续优化的空间 | ・市场地位:神州二线渗透率高且持续增长 ・生命周期:潜在用户场景激发是新的增长点 ・竞争对手:神州专车准备上市，盈利压力大

图 2-8 滴滴专车现状分析

基于影响业务核心关键要素，我们发现滴滴专车现状主要如下：

（1）平台派单效率（业务关键点和优势点）：目前滴滴处于优势地位。

（2）乘客交易体验（劣势点）：神州专车服务强于滴滴。

（3）司机供给规模：目前处于运力够用但缺乘客的阶段。

（4）权益体系：成本结构虽然优于神州专车，但是通过乘客的补贴模型、司机收入模型可以看出，均有提升空间，而且司机收入模型会影响司机的留存从而影响其规模。

（5）增长模型：对于滴滴专车产品的增长模型，我们结合增长画布围绕以下五个方面进一步分解：

① 市场阶段和地位。滴滴专车产品处于对数增长类型的市场结构中，市场为三分天下的局面。神州专车在二线城市的渗透率高，且渗透率在持续增长。

② 产品生命周期。处于成熟期，利润是我们主要关心的点，而利润主要取决于服务时间和行驶距离，故对于专车来说，接送机场景和长距离订单是主要的盈利点。

③ 用户生命周期。在不同人不同时间用车需求不同的情况下，即使是平时上下班打快车的用户，周末也会有打专车约会的场景。潜在用户的场景激发会是新的增长点。

④ 核心优势。滴滴有很强的技术沉淀，派单效率比较高。

⑤ 竞争对手情况。神州专车当时要冲击 A 股上市,如果上市成功,就会有充足的资金疯狂抢占市场,所以在神州专车上市前面对增长和盈利双重压力时就要给予阻击。

分析完现状后,再基于现状进行逻辑推理形成战略方针。根据专车市场服务体验大于价格影响因素,总结出"服务先行"策略;基于派单效率滴滴占优势、神州专车服务口碑强于滴滴的现状,总结出"扬长避短"策略;基于增长模型的事实要实现"二线反攻和精准打击"目标,利用神州专车冲击 A 股上市的时间段,在二线城市快速补贴。

最后,如图 2-9 所示,滴滴专车根据十六字增长方针"服务先行、扬长避短、二线反攻、精准打击",利用增长战略房子图制定实现路径。

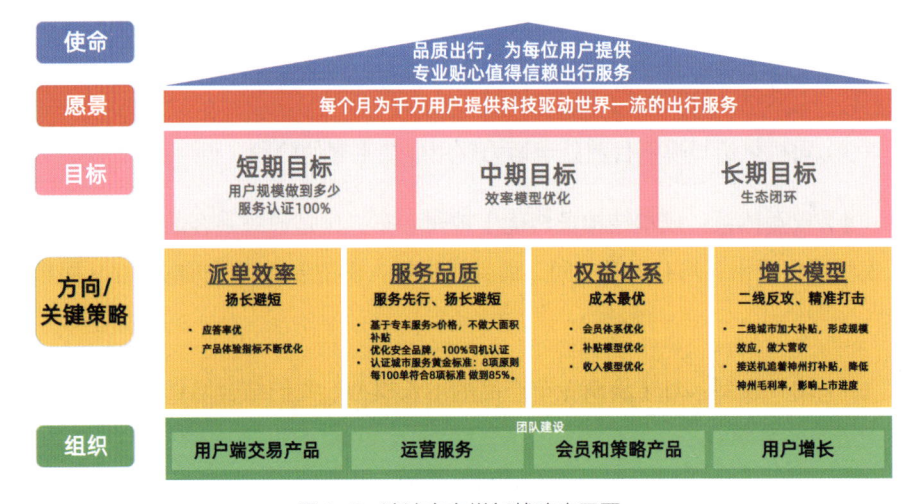

图 2-9 滴滴专车增长战略房子图

第 3 章
北极星指标的制定和拆解

要想让战略很好地执行下去，让要做的每一件事情都聚焦于企业当下最重要的事情，就需要了解本章要讲的北极星指标，用来指引企业前行的方向。

我们先了解什么是北极星指标，所谓北极星指标也叫唯一关键指标（OMTM，One Metric That Matters），即产品现阶段最关键的指标。北极星指标一旦确立好就需要团队上下同欲共同完成，因为它反映了高层的意愿，表达了企业将在哪些方向重点投入资源，从而避免目标不一致，造成团队协作成本高。

如果你是管理者，可能经常会有这样的困惑：在业务的不同时期如何制定北极星指标？北极星指标明确后如何拆解到不同的团队中并量化成合理的指标？指标定得太高，员工没有完成的动力；指标定得太低，员工没有完成的激情，完成指标后就开始"划水"。

如果你是执行者，如何对老板做好预期管理，制定自己的 OKR（Objectives and Key Results，目标与关键成果）？

针对以上问题，下面讲解北极星指标制定和拆解的四步法，如图 3-1 所示。如果你做一个新的业务，你会完整经历拆解的四步法。如果你的业务已经有了产品，可以跳过第一步，直接从第二步开始，找到产品在生命周期的某个阶段的北极星指标。

明确行业上限	北极星指标制定	北极星指标拆解	北极星指标量化
市场测算模型	按产品生命周期 保证企业底线制约条件	四级指标体系拆解	正向推算法 （需求导向、基于供给、供需拟合） 逆向推算法 参照系法

图 3-1 北极星指标量化与拆解四步法

3.1　第一步：明确行业增长上限

我们做增长业务，首先要判断增长价值，即测算市场规模，它决定了我们的增长上限，也就是我们常说的"天花板"。只有成功估算市场体量，管理者和员工才能在巨额亏损下对企业未来长期发展和自身职业发展有信心。

那行业的体量如何正确估算呢？过去很多失败的企业都是因为在这个环节就掉进"坑里"了，要么把行业规模估得过大，要么估得过小。例如外卖业务，大家一度认为会亏损得很厉害，因为要一边"补骑手"一边"补用户"，多少投资人都曾认为美团不行，甚至认为美团即使融资到 Z 轮也上不了市。但 2022 年外卖业务在美团的估值里大概占 1000 亿美元，美团外卖历史亏损总额不到 20 亿美元。所以投入的合理性取决于对市场体量的判断，如果判断对了且尽早投入了，就获得了战略先机。

如今美团的业务里除了团购之外都不是中国最早的，甚至比先行者晚很久，比如猫眼电影比格瓦拉晚好几年入场，当时格瓦拉 App 的电影票体验非常好，但为什么它没有抓住这个机会呢？格瓦拉做了一段时间电影票选座业务之后又去做了羽毛球馆预订业务，没有准确判断电影票选座是个足够大的市场。猫眼电影已在港股上市，市值大概 140 亿元。

对市场天花板的估算是非常难的，我们如果在这个行业的第一天就将其判断准确，简直可以媲美股神巴菲特了。

测算市场上限可以用斯坦福大学兼职教授 Steve Blank 在《创业者手册》中提到的模型，把一个行业分成三个市场层级，如图 3-2 所示。

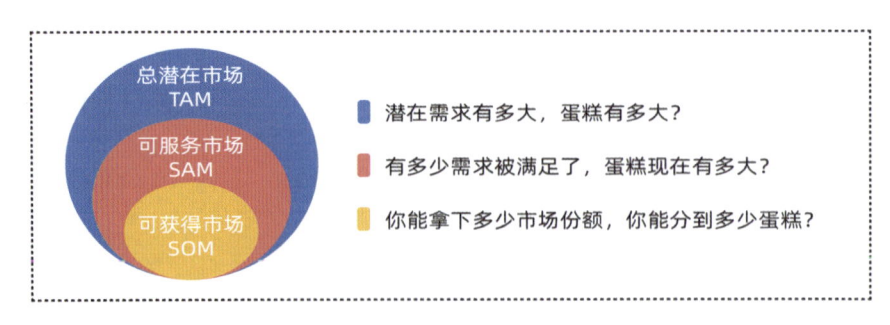

图 3-2　市场测算模型

- TAM（Total Addressable Market，总潜在市场）是指产品可以达到的潜在用户总规模，决定产品增长的天花板。

- SAM（Served Available Market，可服务市场）是指产品所在的行业已经覆盖的用户。

- SOM（Served Obtained Market，可获得市场）是指产品能拿下的市场份额，竞争对手的强弱决定了你获得最大市场规模的难度。

TAM 减去 SAM 是行业增量，往往代表了更大的增长空间，而大部分"增长人"却还在抢占存量市场中 SOM 与 SAM 的比值（自己产品占行业覆盖用户的比例），导致了增长越来越"内卷"。

3.2 第二步：产品全生命周期北极星指标的制定

北极星指标的制定一定要符合企业当前战略，因为北极星指标不是一成不变的，它会随着产品进入生命周期的不同阶段而发生变化。

产品生命周期主要有五个阶段，分别是种子期、成长期、成熟稳定期、衰退期和流失期。不同时期都应该有不同的产品侧重点，这样才能使产品的生命周期更长久。图 3-3 在产品生命周期的基础上加上了各阶段适用的北极星指标。

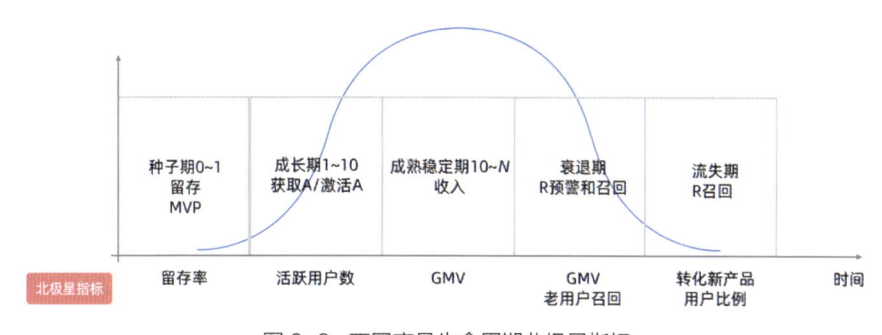

图 3-3 不同产品生命周期北极星指标

1. 种子期

该阶段的重点是验证产品是否已经被市场接纳，那如何验证产品是否已经满足当前市场用户的需求了呢？一般我们主要看留存率。留存率是产品对用户是否有价值的最重要的指标，留存率高代表产品能够给用户提供价值，满足用户需求。只有达到一定的留存率，才能进入下一阶段，不然再多的新用户最终都会离去。

2. 成长期

产品模式得到市场验证后会进入成长期，该阶段的重点是企业要投入更多资源抢占市场份额，同时扩大高质量的用户群体。判断成长的好坏可以用指标 DAU。因为该指标既能反映当天的新增用户数（代表拉新的规模），又能反映产品之前的留存情况（代表用户的质量）。

3. 成熟期

随着业务的日渐成熟和市场份额的不断增加，企业的复合增长率会慢慢下降，市场逐渐进入饱和阶段，可拉新的用户变得越来越少，获客成本还变得越来越高。在增量市场有限的情况下，提高存量用户的价值就变得尤为重要，通常来说购买频次高，以及每次购买的客单价高的用户就可以称为高价值用户。一般我们考核的指标是交易额，该指标既能反映有多少用户对产品有购买意愿，又代表了不同用户的消费水平，还反映了其消费频次。

4. 衰退期

衰退和细胞更新一样不可避免，随着时光的流逝，用户需求的不断变迁，新旧产品的换代导致产品的销售量和利润逐渐下降。每日新增用户数已经少于每日流失的用户数。过了成熟期，拉新的潜力就变得很小了，我们不能开源，只能节流，尽可能减少高价值用户的流失。所以该阶段的主要目标是召回已经离开的老用户，考核指标就是召回用户产生的交易额占整体交易额的比例。

5. 流失期

根据 TOC（Theory of Constraints，瓶颈理论），没有瓶颈的情况下一个系统可能会无限产出，但是任何系统都至少存在着一个制约发展的瓶颈，所以任何企业都会走到流失期。由于用户的不断流失，最终流失用户大于新增用户，导致销售额呈现下降趋势，企业利润逐渐减少。该阶段的重点目标就是要加速将现有用户逐渐往新产品上迁移，该阶段指标是老用户中转化为新产品用户的比例。

下面请你思考一下，在成熟期交易是一个好的北极星指标吗？答案是否定的，因为大家为了追求指标的完成会导致一些增长动作的"变形"，比如贷款公司为了追求交易额，对贷款用户进行贷款利率补贴，交易额是增加了，但是对企业却带来了毁灭性的打击，把钱借给了错误的用户，不但损失了获客成本，而且连借款都损失了。所以一个好的北极星指标不仅要考虑当前最重要的业务指标，更要考虑其制约指标，制约指标是保证企业长期健康良性增长的底线，要从成本、质量和产品核心价值体验三方面进行考虑。因此，成熟期的北极星指标应该制定为在 LTV>CAC 的前提下企业的交易额。

3.3 第三步：拆解北极星指标

产品类型不同，用户群不同，融资阶段不同，所处团队不同，其指标体系的建设都是不同的。虽然指标体系建设并没有标准答案，但是指标体系的框架是通用的。下面我们就详细分享指标体系框架搭建的核心思路。

3.3.1 多维度因子拆解北极星指标

多维度拆解北极星指标就是建立指标体系的过程，如图 3-4 所示。建立该体系有三大好处：一是能建立统一的指标语言体系，方便团队的目标制定和业务决策；二是能让大家做的增长策略都能和企业大的北极星指标关联起来，让员工清楚对企业的贡献，否则实验结果再好，哪怕是超过了行业标准数据，也会让领导认为你只是提供了局部最优解；三是清晰的指标体系是决定一个公司的齿轮能否快速运转的重要因素，因为有了清晰的指标才能更好地确定分工和责任权限。

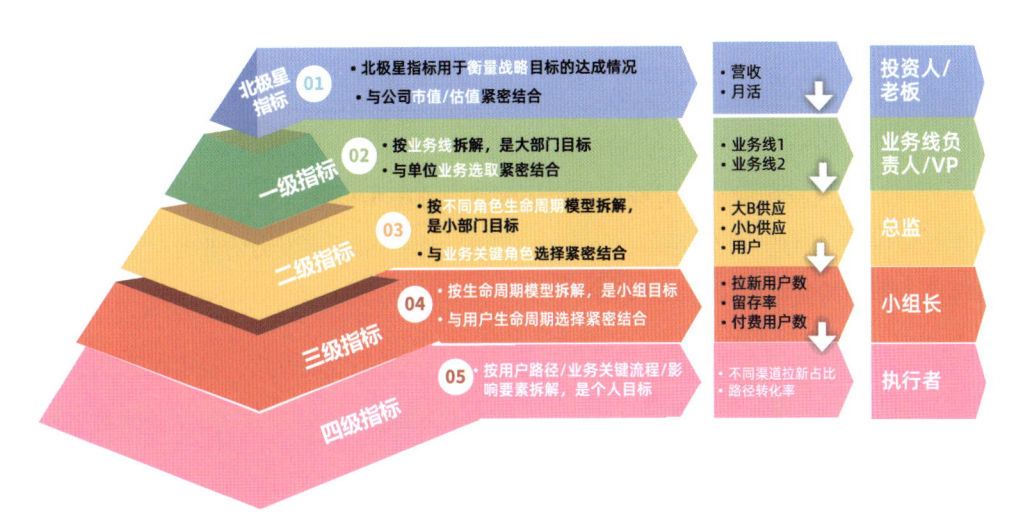

图 3-4 指标体系

做指标体系拆解的时候要遵守三个原则：一是同级指标之间不能存在交集，要制定好不同组织间的制约关系；二是不能追求所有数据增长，首先要追求一级指标的达成情况；三是拆解的指标是可量化的。基于以上原则，我们将指标体系拆解为一级、二级、三级、四级这样的层级结构，下面逐层进行讲解。

北极星指标通常根据产品生命周期制定，与公司战略紧密结合，指标不宜多，一个指标即可。

一级指标是针对北极星指标的第一层拆解，通常按业务线拆解，是部门的大目标，比如美团按业务会拆解为美团外卖+优选+酒旅等，美团外卖还可以继续拆解为跑腿+药品+餐饮等，酒旅还可以继续拆解为住宿+门票+机票/火车票等。所以美团的一级指标可以拆解为跑腿+药品+餐饮+优选+住宿+门票+机票/火车票等。如果发现单位的北极星指标GMV（Gross Merchandise Volume，商品交易总额）发现了变化，可以根据各业务线所占GMV的比例先定位到造成数据波动的业务线，再进一步进行排查。

二级指标是对一级指标的拆解，通常按不同用户生命周期模型进行拆解，即参与业务的角色有哪些。以美团外卖为例，要拆解为骑手、商户和用户这三个角色的不同生命周期。

三级指标是对二级指标方向的拆解，根据不同生命周期用户提升的目标进行拆解。

四级指标是对三级指标的实现策略的分析拆解，通常按全链条的用户路径或对关键指标影响的相关因素进行拆解，最严谨的找寻相关因素的方法是数据分析团队通过数学上求导的方式进行，如果没有团队的话也可以通过A/B实验的方式找到相关因素以及影响比重。

在进行四级指标拆解的时候读者可能困惑于业务指标非常多，穷举的话指标体系会非常庞大。对此，我们采取抓大放小的策略，将当前重点发力的业务或者能对大目标产生影响的指标放在指标体系中。

为了让指标体系能和实际更好地结合，我们根据核心变现方式，将市面上的产品分为交易型产品和流量型产品。交易型产品核心的变现方式以交易为主，例如生活服务类、电商类、金融类、大型游戏类等；流量型产品核心的变现方式以流量变现为主，例如内容类、社交类、小游戏类等。下面分别以这两个产品类型为例给大家讲解北极星指标的拆解。

3.3.2 案例：交易型产品的北极星指标拆解

下面以成熟期的电商产品为例，对其北极星指标进行拆解，如图 3-5 所示。游戏、生活服务、教育等交易类产品的北极星指标拆解都与之类似。

因产品处于生命周期中的成熟期，故制定北极星指标为在 ROI>1 约束下的 GMV。

一级指标的制定，根据业务线拆解为图书业务 GMV、服装业务 GMV，一直到业务线 N GMV。

二级指标按不同用户生命周期模型拆解为用户端和供应端。

三级指标用户端按生命周期中用户提升的目标拆解为"新用户首单""老用户购买活跃""流失风险用户""流失用户购买召回"。其中"新用户首单"可以进一步细分四大拉新方向，分别为各种投放渠道首单拉新数、自然量首单拉新数、场景化首单拉新数和各种活动购买拉新数；"老用户购买活跃"拆解为三大方向，分别为留存方向、人均客单价 ARPU 方向和复购频次方向。"流失风险用户"和"流失用户购买召回"拆解为不同渠道购买召回用户数。供应端拆解同用户端的部分就不再描述了，下面会针对不同部分进行说明。

新用户首单拉新四大方向的各种渠道转化率进一步拆解为"广告曝光量 × 点击率 × 下载转化率 × 首单转化率"，自然搜索转化率拆解为"曝光量 × 转化率"，各种活动转化率/场景化拉新拆解为"渗透率 × 点击率 × 分享率 ×K× 受邀者点击率 × 受邀者首单转化率"。除此之外，还不能忽视影响补贴金额的要素，它们是影响转化的重要因素。

留存方向上，根据影响的关键要素分别拆解为四级指标的 Push/ 短信等各种渠道的转化率，进一步拆解为"发送量 × 送达率 × 点击率 × 转化率"、供应链、服务质量、体验和社交关系链、会员等级分布等。

ARPU 方向上，按关键要素拆解为四级指标，分别为交叉引流转化率、会员购买转化率、高价值用户转化率和满减券领取率等。

复购方向上，按关键要素拆解为任务转化率、激励体系转化率、充值活动等转化率和券包购买/使用率等。

不同渠道购买召回用户数按路径进一步拆解四级指标的"发送量 × 到达率 × 点击率 × 下载 / 打开率 × 购买转化率"。

基于供应端和用户端不同的部分是老用户活跃的四级指标拆解，其分别拆解为供应链（商品丰富度、商品质量、商品库存、补货时长）、服务（商品评价、店铺得分、服务质量和配送时间）和激励体系转化率。

3.3.3　案例：流量型产品的北极星指标拆解

讲解完交易型产品，下面以高速成长期的某个以内容为主的流量型产品的指标拆解作为案例进行讲解。

如图 3-6 所示，因为产品处于生命周期的不同阶段，所以拆解的维度不同。如果是在成熟期前，在三级指标拆解的时候通常拆解为三个方向，分别为拉新方向、留存方向和召回方向。如果是在成熟时期，在此基础上再加上一个价值方向，四级指标拆解对应新增变现模式占比。由于业务不同，所以流量型产品和交易型产品在做四级指标拆解时也有所区别。

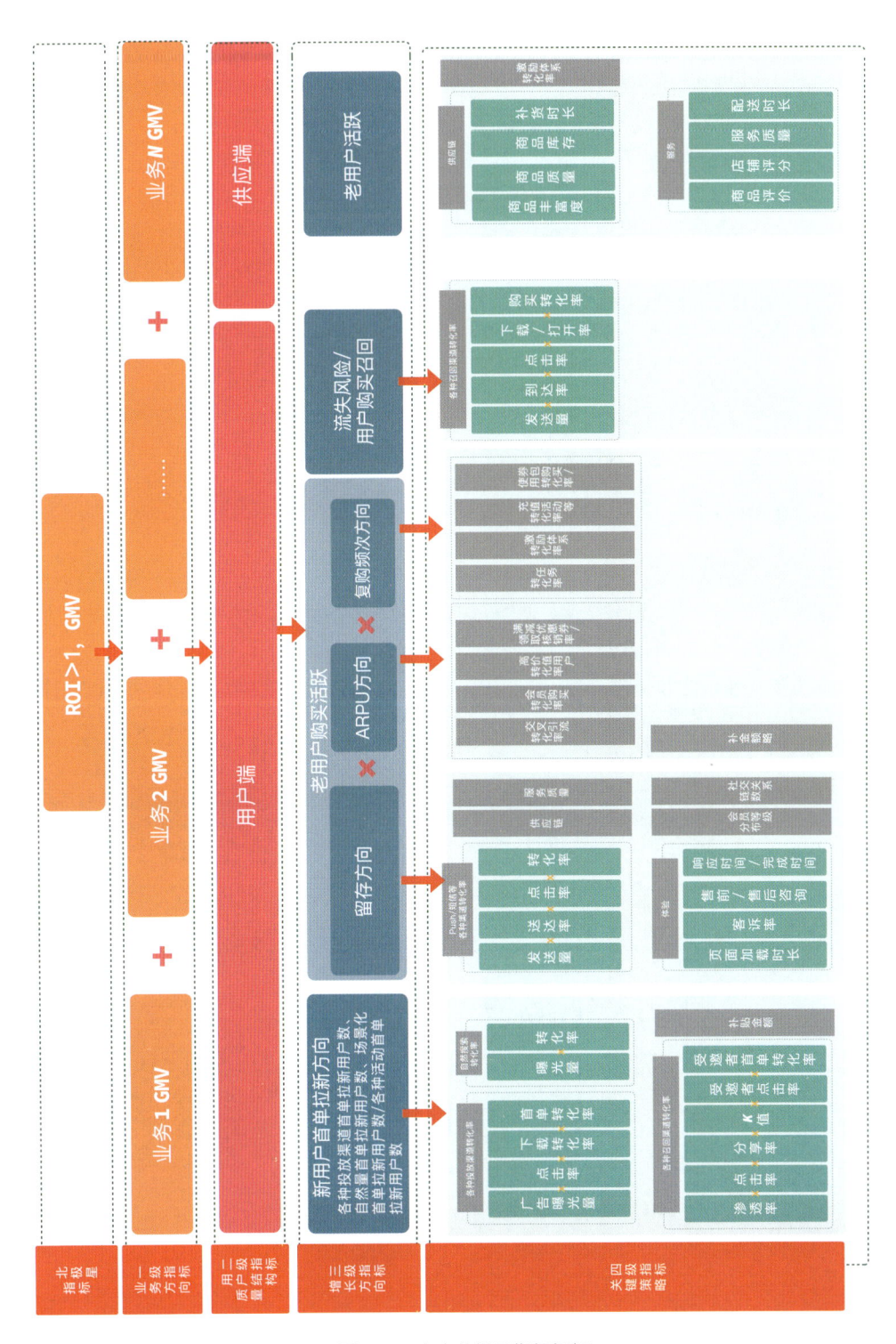

图 3-5 电商北极星指标拆解

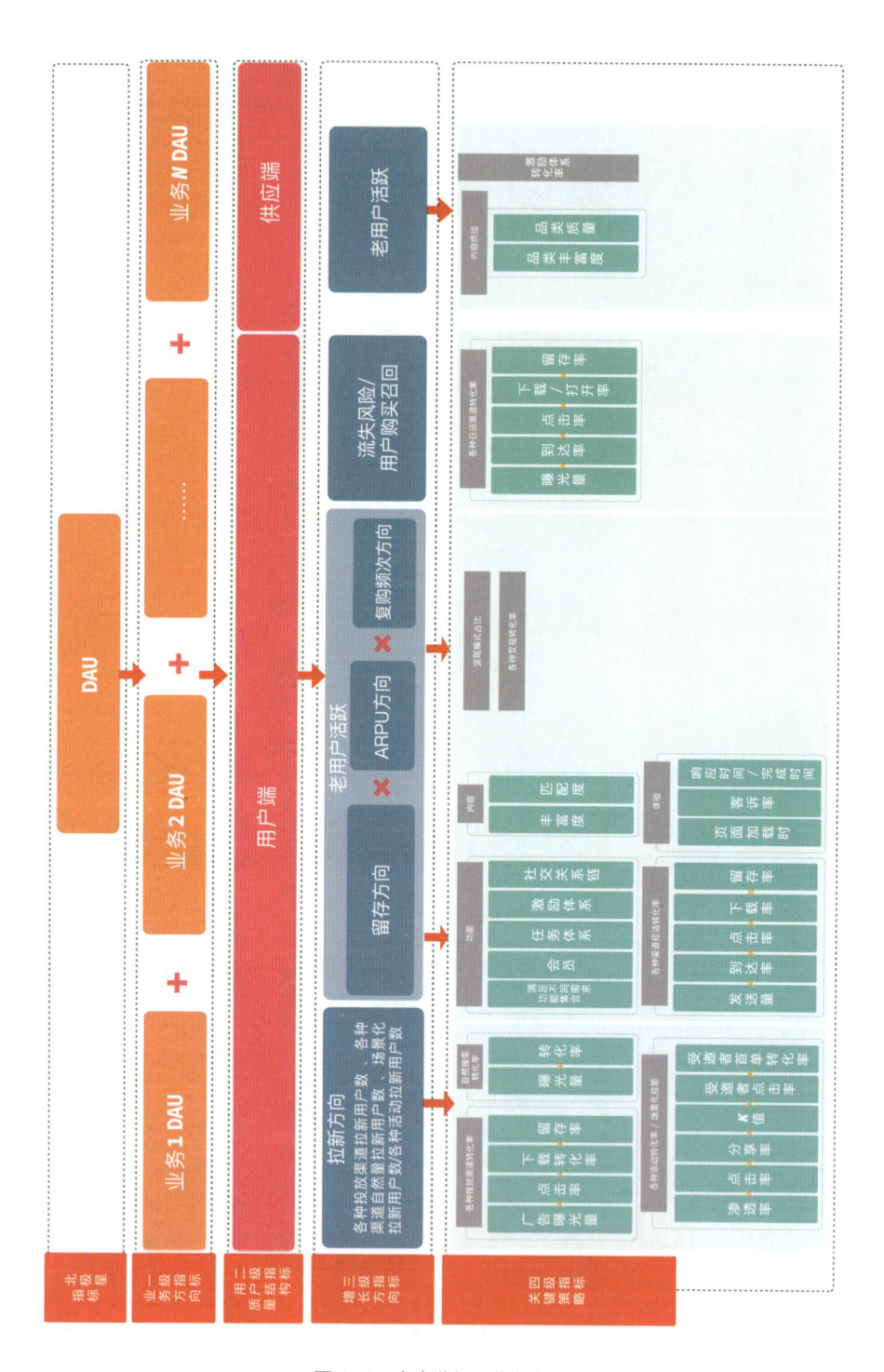

图 3-6 内容北极星指标拆解

3.4 第四步：量化北极星指标

很多企业拆解完北极星指标后，都为这样一个问题苦恼过：一个需求上线前如何准确地评估业务价值？下面教大家量化北极星指标的3种方法以及常见的估算误区，如图3-7所示。

方法	应用场景
正向推算法 • 用户需求导向 • 基于供给关系 • 供需拟合	企业处于产品生命周期的初创期或者成熟企业遇到增长瓶颈重新定位
逆向推算法	竞争比较激烈 企业要上市
参照系	最常见的一种方式 竞争对手已经上线

图 3-7 数据指标量化方式

3.4.1 方法一：正向推算法

正向推算法是企业根据过去的经验或者供需关系推演出未来的业务价值。我们一般根据供需关系的状态选择下面三种不同的推算方法。如果处于供大于求的状态，我们以用户需求为导向进行推算；如果供小于求，我们基于供给关系进行推演；如果供需相匹配，我们用供需拟合的方式进行计算。

3.4.1.1 供大于求：用户需求导向

从个人或者家庭实际需求出发估算业务价值的方法即供大于求的情况，适用于成熟企业遇到增长瓶颈需要重新定位的情况。下面以可口可乐为例为大家进行讲解。

20世纪80年代，可口可乐市场占有率是35.9%，这个时候其增长几乎停滞，如果你是可口可乐的CGO（首席增长官），你会认为这到了可口可乐的"天花板"了吗？增长指标的增速制定会不会很低？我们按用户需求重新评估，每个人每天平均消耗64盎司（1盎司约为28.3克）的水，这里面可口可乐仅占2盎司，仅仅占消费者日常饮用份额的 3.13%，还有很大的增长空间，有着广阔的未来，基于可口可乐新的用户需求导向，可将市场占有率的目标制定为 10%。结果是可口可乐不断在消费者饮用水这个场景下进行人群拓展，先后做了纯净水、橙汁、能量饮料等多款新品。2021 年底，可口可乐全球市场份额占有率 46.9%，在中国的市场占有率为 59.5%，实现了新的增长。如果可口可乐没有科学地按用户需求进行指标的测算，是不会取得这么好的结果的。

3.4.1.2　供小于求：基于供给关系

基于供给关系的估算方法适用于供小于求的场景，例如企业处于产品生命周期的初创期时。我们尝试用这种方法估算开一家奶茶店一个月能挣多少钱。

基于供给关系的方式进行目标制定，最重要的是找到供给能力的瓶颈。以一家蜜雪冰城门店为例，我们发现在门店中有一个人负责收银点单，三个人负责饮品制作。假设一个人收银的时间是 30 秒，一个人制作一份饮品的时间是 120 秒，但是店里总共有三个人负责饮品制作，满负荷的情况下平均 40 秒制作一杯饮品，仍旧比收银人员慢 10 秒，所以饮品制作效率成为这家门店供给能力的瓶颈，决定了门店一个月最多能挣多少钱。

3.4.1.3　供需相匹配：供需拟合

供需拟合指的是我们根据自己所在的行业的体量和历史增速进行拟合，但这需要行业处于成熟期，达到供需比较平衡的市场状态，否则会拟合得不准确，在发展的过程中需要不断地"对齐"拟合，拟合得越准越有竞争力。

美团早期调研发现饿了么以不亏钱的方式经营着，业务量年增长率 200%，当时一天几万单，如果一个业务不亏损且增速还这么快，说明这个业务的市场需求非常强烈。市场体量和增速有一种默认的关系，在一定体量下有增速的话，基本就可以拟合出市场体量来了。美团拟合完后发现市场应该是一天一千万单左右，但在当时还不够准确，随着外卖行业越加成熟，再进行拟合会更准确，现在这个行业一天五六千万单，年增速 20%～30%，保守估计未来每天有 1 亿单交易。

3.4.2　方法二：逆向推算法

逆向推算法就是根据最终的战略目标来反向推算当前应该完成的目标。这个方法主要应用于两个场景：

是竞争比较激烈的场景，比如企业合并以及产品市场快速竞争的场景。

二是企业要上市时。将市场估值拆解到财务指标，再将财务指标拆解到业务指标，根据业务指标去逆推要盈利多少，现有订单是多少，还需新增多少订单。当然，这种情况下除了根据自身情况制定目标之外也要观察竞品情况。

下面我们以锅圈食汇从市值反推增长目标的案例对逆向推算法进行详细解释。

首先按照千亿元市值的消费公司的标准来拆解，过程如图 3-8 所示。消费公司正常的市盈率大约是 25 倍到 30 倍，由"市值 = 市盈率 × 净利润"公式得出市值要做到 1000 亿元净利润就要做到 30 亿到 40 亿元，因为锅圈食汇主打好吃不贵，其市盈率大约是 6%，由"净利润 = 销售额 × 净利润率"公式得出业务大概要达到 600 亿元销售额。倒推回去，600 亿元的 6% 是 36 亿元净利润，36 亿元乘以市盈率差不多有千亿元市值了。

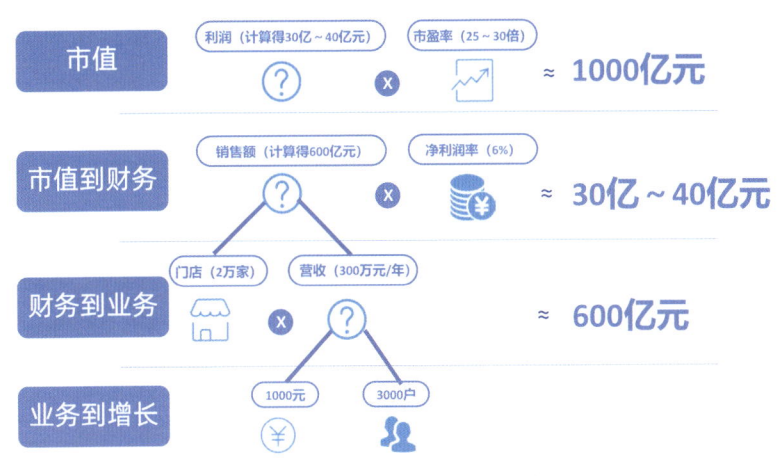

图 3-8　市值到市场逆向推算过程

确定了业务销售额目标后，再将目标拆解到具体执行的指标。按照"营业收入 = 门店数 × 单门店收入"公式，定目标时锅圈食汇每一家门店的年营业额大约为 100 万元，50 平方米的小店，坪效是 2 万元，算是行业里做得很不错的。将 600 亿元的销售额拆解得出，每个店年收入 100 万元，需要 6 万家店。你想一下这个目标合理吗？全国净利润最多的连锁店品牌正新鸡排也只开了 2 万多家，第二名蜜雪冰城 1 万多家，这个需要 6 万家店的推理结果经不起市场的验证。

在最多能开 2 万家店的情况下，需要单店的年收入达到 300 万元。得到单个门店收入目标后，再通过公式"单门店收入 = 消费用户数 × 年用户消费金额"，把 300 万元继续拆解，得到两个指标：1 个门店服务 3000 位用户，每位用户在门店 1 年消费 1000 元。

然后我们再来验证这两个指标是否合理。现在，一两年的门店基本上会员已经达到 3000、4000 位了，所以 1 个门店服务 3000 位是合理的。那每位一年在这里消费 1000 元合理吗？火锅旺季 9 月 ~ 12 月没有问题，人均花费 100 ~ 200 元，但是在 5 月 ~ 8 月，人均消费不足。不过，可以推出夏天的烤串等业务将人均消费提升起来。

所以最终确定当前要完成的增长目标分为两个：目标一，利用增长策略将人均消费提升起来；目标二，开 2 万家店。

3.4.3　方法三：参照系法

参照系法可以让我们找到合适的参考标准。参照系选取的核心标准是用户需求相似度，选取相似度高的产品或者业务进行类比，再根据自己产品的用户需求对选取的参照系数据进行系数调整，切忌盲目选择同行业的直接进行类比。美团外卖的同行到家美食会由于参照系选取错误导致不敢投入而走向了被收购的命运。到家美食会于 2010 年创立，到 2013 年在北京日均有一两万单，2014 年美国的外卖网站 GrubHub 历经 10 年终于上市了，市值大概 29 亿美元，日均 20 万单左右。到家美食会以 GrubHub 为参照系从而不敢投入。毕竟如果一个市场只"值"20 亿美元，怎么能投入 20 亿美元呢？

造成偏差的原因是到家美食会没有看到当前市场用户需求的特点。美国有一种开车自取文化，约 60% 的用户开车自取，只有 10% 的用户有网上订外卖的习惯。事实上，在估计外卖市场体量时，美团早期也犯了类似错误，把美国的模式复制到中国来，甚至作为美团当时的一个方法论来践行，理所当然把美国的 GrubHub 作为参照系，不过后来美团及时将参照系变为饿了么，才没有错失掉外卖业务。

参照系法是增长领域最常用的一种方法，适用于竞争产品已经上线但是自己的产品还未上线的情况，我们能根据竞争产品上线后的情况了解到很多常用数据，比如 GMV、DAU 等，并且迭代策略带来的关键数据也可以通过第三方找到。如果竞争产品所属企业已经上市，最有效地收集信息的办法就是看它的年报和招股说明书。笔者为大家总结出信息收集的各种途径，如表3-1所示。

表3-1 信息收集的途径

信息维度	收集数据的目的	信息搜索途径及其特点
行业分析	1. 了解行业市场规模和市场份额	● 券商报告：（基于当下的公司及行业深度调研）优点是全面系统，但口径也会不一致，获取途径是慧博智能策略终端或者乐晴智库App。衡量券商报告质量可以看新财富分析排名，优先关注排名靠前的
	2. 把握行业趋势，摸清行业产业链中的关键角色以及不同公司的核心竞争力	● 市场调查类咨询公司：艾瑞咨询（互联网）、易观智库（电商）、欧睿咨询、凯度咨询、尼尔森（消费品）、益索普、盖洛普 ● 战略运营类咨询公司：麦肯锡MG、波士顿咨询、贝恩观点（消费品、奢侈品、金融）、罗兰贝格（汽车、工业制造）、德勤、普华永道、毕马威、埃森哲、怡安约翰威特
	3. 机会洞察，市场上有没有新的机会	● 其他：TalkingData移动观察台、第一财经、亿欧、阿里研究院、腾讯研究院、IT桔子（创业公司信息）
	4. 行业走向，垂直行业的趋势	● QuestMobile、阿拉丁（小程序） ● 上市公司财报：权威准确，但不会详细披露产品情况、供应链和市场占有率等非公开信息。 获取年报途径： 公司官网中的投资者关系板块； 对应的证券交易所/监管机构； 相关数据库：巨潮、新浪财经 ● 付费用户：万得、彭博、Choice、iFinD、Capital IQ
竞品分析	1. 用户分析：用户规模、服务用户画像	● QuestMobile：DAU、留存、卸载去向、TGI和投放效果追踪等 ● 百度指数：用户年龄、区域等 ● 艾瑞App指数：用户人群、年龄和区域等 ● 运营商数据：用户兴趣
	2. 产品分析：竞争对手的最新动向	● App Annie：用户规模、付费数据 ● 七麦：查看版本迭代记录、用户反馈等

续表

信息维度	收集数据的目的	信息搜索途径及其特点
宏观分析	找到新的未来机会点	● 专业数据库：人口、地区GDP、经济结构常用数据源 ● 国家统计局 ● 工业和信息化部：较多数据在此发布，尤其是工业及信息化相关数据 ● 中国海关：中国进出口相关数据 ● 中国人民银行：中国金融市场政策以及运行相关数据 ● 银监会、银监局

除了上面找参照系的方法，还有以下三种途径。

途径一：搜索页面数据（比如销量）。

途径二：找"万能小伙伴"打听，如果不认识竞争公司的小伙伴，可以通过脉脉等职业线上社交工具进行联系。

途径三：个人经验观察和积累。下面是笔者和在不同行业工作的小伙伴交流沉淀的不同行业的留存率，如表3-2所示，给大家参考。

表3-2 不同行业留存率参考

产品类型	7日留存率	30日留存率
社交类	70%	50%～60%
电商类	—	70%
内容类	60%	50%～60%
教育类	30%～50%	—
旅行类	40%	—
游戏类	30%～50%	20%～40%
SaaS类	40%～80%	—
工具类	20%～40%	10%

需要特别说明的是，对于非官方网站或报告的数据，需要进行数据交叉验证，通常使用多家研究报告或者进一步拆解数据来进行比对，从而提高数据的准确性。

北极星指标的制定和拆解的三个方法就全部分享完了，但它只是手段，更重要的是它在三大场景中的应用，下面详细讲解。

3.5 北极星指标应用一：制定增长目标

北极星指标应用的第一大场景就是制定增长目标，找到正确的增长战略方向。我们需要找到优先突破的增长方向，在这个方向上不断做增长策略的尝试。增长的起点是发现问题，进而精确地找到增长方向，再顺藤摸瓜地解决问题。笔者分享一个"GAP值法"，帮你找到对北极星指标帮助最大的增长目标，该方法一般分为四步。

第一步，制定北极星指标。

第二步，拆解北极星指标，加入我们要确定的红包拉新的阶段目标，我们可以列出如表3-3所示的表格。

表3-3 红包拉新阶段目标制定

指标拆解	行业标准	自己的数据	GAP值（和优秀最低值比）	GAP值百分比
邀请活动触达率	<40%：失败 >80%：优秀	60%	20%	25%
活动参与率	<25%：失败 >50%：优秀	20%	30%	60%
活动分享率	15%~20%：正常 >30%：优秀	25%	5%	16.7%
K值	>2.2：成功 裂变级数>6：成功	1.8	0.4	18.2%
被邀请人转化率	60%	60%	0	0

第三步，根据这个表格用"GAP值法"计算提升的幅度。提升幅度的计算一般有以下两种方式：一是将自己的数据和行业数据相比较，二是结合自己历史数据估算预计的提升幅度。我们以红包拉新活动为例，将其拆解为五个关键指标，分别为"邀请活动触达率""活动参与率""活动分享率""K值"和"被邀请人转化率"，将下列表格中自己的各项数据分别和行业标准数据进行比较，得到表格第四列的GAP值。

第四步，我们定义的整体北极星指标是："活跃用户数 × 邀请活动触达率 × 活动参与率 × 活动分享率 × K 值 × 被邀请人转化率"，我们可以进一步计算出第五列 GAP 值百分比（GAP 值 / 行业标准的优秀最低值 × 100%），第五列的 GAP 值百分比越大，对北极星整体指标的贡献度越大，我们通过这个 GAP 值百分比，可以一目了然地看出下一阶段最重要的增长目标是提高活动参与率。

3.6 北极星指标应用二：建立完整的增长数据监控体系

增长数据监控体系是将用户全链路行为数据以及业务数据采集过来，通过"数据指标"将业务策略和管理流程结合起来，来实现业务上"发现问题""定义问题""拆解问题""问题责任到人""探寻问题发生的原因""提出解决方案""效果追踪""反复迭代沉淀策略效果""业务未来预测"，从而实现完整闭环。

3.6.1 增长数据监控体系解决四大难题

增长数据监控体系能帮助我们解决以下四大类问题。

1. 实时问题排查与解决

通过关键指标的变化快速发现问题、定位问题、解决问题，保证日常业务的稳定性，从而在将波动的损失降到最低的同时提高问题处理的人效。比如 GMV 下降了30%，这时需要判断原因是拉新增长带来的用户质量变差了，是优惠券策略调整带来的影响，是产品改版带来的技术 Bug，是竞争对手做了大规模的活动，是正常的季节性数据波动，还是某类商品库存不足没有及时发现。

2. 业务诊断

产品自动以一定的周期（日、周、月、季、年）来评估业务的状态和进展，从而解决业务效率低和工作效率低两大问题。解决业务效率低问题是指让业务相关人员清楚地了解业务发展现状，及时调整策略来改善业务状态，实现业务增效。要解决工作效率低问题，可以通过周期系统定时推送和生成的业务诊断报告对业务进行快速的了解，无须人工手动重复计算大量数据，从而提高工作效率。

3. 策略效果评估和策略沉淀

当策略上线后，就可以解决实际业务数据与项目预期不一致的问题了，比如通过政策略分析就能发现业务的核心问题以及对应的策略调整建议。实际业务数据超出项目预期时，进行认知沉淀。比如在拉新策略中发现奖励的丰富性对用户拉新转化有很大帮助，就可以将此认知应用到老用户提频上。一次实验可以得到多次认知沉淀，比如美团外卖老用户提频实验测试，可以验证哪种手段更有效，是原来的优惠券还是现在的专区，完成实验后得出专区比原来的优惠券对于用户的转化刺激更加显著，还可以得到更多沉淀，例如什么样的用户适合优惠券，什么样的用户适合专区的认知等。

4. 业务预测

根据过去积累的正向数据和负向数据带来的经验和教训及竞品情况，预测未来要面临的风险，未来新的机会点以及相对应的增长策略。预测未来的能力是监控体系最大的价值。

3.6.2 增长数据监控体系搭建四阶段

建立完整的增长数据监控体系能够基于数据理解业务发生了什么、将要发生什么、为什么会发生，以及如何将风险降到最低、如何沉淀经验、如何行动等。

实现这样的监控体系需要以下四大阶段。但真正能把监控体系做好的前提主要有两个：一是正确的方法论基础，主要取决于你对业务的理解和认知情况；二是公司基础数据是否充足，能否帮助你能从历史中发现规律。

1. 搭建数据基础体系

此阶段为后续数据洞察、诊断与决策打下基础，分为以下三个步骤。

（1）北极星指标制定。

（2）将北极星的一级指标细分为四级指标。

（3）数据埋点，主要通过埋点追踪用户的行为轨迹，构建分析数据的基础。

埋点一般有两种情况：一种是已有基本埋点，需要再对埋点按主次进行查漏补缺；另一种是数据基础建设完全没有的情况，需要从头开始埋点。但埋点是个浩大的工程，我们应该做到小步快跑，由主到次进行埋点，先进行核心路径主干埋点，再进行核心路径埋点，最后是分支路径埋点，这样就不用等到埋点全部完成才能看见数据。为了让大家更好地记录每个埋点的信息，我整理了一个埋点的标准模板，如表 3-4 所示。

表 3-4 埋点模板

ID	1
名称	购物车加购埋点
目的	了解用户购买产品的喜好
需求	统计购物车点击的人数，加购产品类别的占比
事件	Product_added
属性	产品
属性值 Key	品类 Products.$.category	名称 Products.$.name	购物车 ID cart_id

埋点一般有两种方式，即客户端（前端）埋点和服务端（后端）埋点。前端埋点是指记录用户前端操作行为，如提交订单、点击支付等，主要通过代码埋点。前端埋点的优点是真实记录产品内用户行为和路径，不需要请求服务器数据；缺点是不能记录业务结果，属于过程指标，网络慢时可能导致数据不完整或者延迟，修改埋点需要重新发版，页面一变化就需要重新埋点，故而大家埋点的时候一定要多思考业务目标以及相关影响指标，以免造成漏埋点。后端埋点指记录用户特征变化及前端埋点导致的业务结果，如付款成功的订单数据，主要方法是接口调用后端数据。后端埋点的优点是时效性好，能够记录业务的最终结果，数据更准确更可信，页面改动无须重新埋点；缺点是不能收集无须请求服务器的数据，比如用户点击等行为数据。

2. 第二阶段：数据指标和组织架构打通

通过将数据指标和组织架构打通，能快速发现数据的波动并及时通知相关方，其分为以下两个步骤。

（1）设置关键指标波动预警。波动预警的设置主要基于历史经验来判断异常变化的值，一般日环比、周同比上升或下降超过 5% 可以判定为异常。但要特别注意这个异常要考虑周期性，例如产品周末的 DAU 和平时的 DAU 就会有所差异。娱乐型产品的用户在周末就比工作日更活跃，这样从周末到工作日，数据降 20% 就很可能是正常的波动，但是工作日之间的数据突然降了 20% 就要重点排查。所以我们算波动预警的时候一定要考虑周期性。

（2）将拆解的北极星指标和管理架构相关联。

3. 第三阶段：问题排查和业务诊断

第三阶段主要是梳理影响各个指标的关键要素，将数据指标和策略相关联，从而能找到数据波动背后的具体原因，实现从对结果的定量统计到对数据波动背后原因的定性洞察。

4. 第四阶段：智能决策

智能决策主要是指两个方面，一是基于定位问题快速提供增长解决方案，二是智能化预测。

快速提供增长解决方案是指在第三阶段的基础上，将沉淀的策略设置成规则，从而在数据指标异常的时候，给出对应的增长策略建议，帮助我们回答领导的问题。比如发现裂变分享率在降低，那我们是采取新的活动玩法还是更换奖励的奖品呢？经验会告诉我们是用户对该玩法产生了"抗药性"，针对该原因采取新的活动玩法最有效。以此循环往复，沉淀的解决方案效果库会越来越丰富且提升效果也会越来越明显。

智能化预测主要是指未来增长潜力和增长方向的预估。根据业务数据情况告诉相关人员，目前哪个指标提升对业务贡献最大，当前指标能够提升的最大空间是多少，建议的解决策略是什么，从而找出最迫切需要解决的问题，起到提前发现问题的作用。

第二部分
用户生命周期

在第一部分我们了解到如何制定增长战略,但增长战略设计本身不构成公司的核心竞争力,真正的核心竞争力是增长运营能力和战略执行能力。第二部分是提高核心竞争力的重点,我们将开始分享如何利用增长作战地图,围绕战略高效地进行增长战术落地。

本部分会以生命周期理论为顶层思考框架,讲解在全生命周期中如何有质量地增长。有质量地增长是追求成本、规模和用户终生价值最优解的过程。另外,本部分也会和读者分享笔者工作中做全周期增长的心得。比如:

拉新要先考虑清楚用户为什么选择你的产品,基于存量用户特征来不断拓展类似用户群;

留存是不断强化核心价值、优化核心体验来减缓用户期望和产品体验间的矛盾,以及构建沉没成本(社交关系、时间和用户数据等)的过程;

召回是针对用户流失的原因积极改正,让用户重新爱上产品的过程,找到用户离开的原因往往比找到用户留下来的原因更重要;

付费是因为产品的价值被认可,用户愿意回报产品,我们要不断对产品价值进行包装,获得更多忠诚用户并不断提高忠诚用户的购买频次。

第 4 章
七大模型和一张地图

从事增长业务的读者都会觉得增长这个行业变化太快了，具体表现在增长领域每年都会淘汰一些旧的玩法，再补充一些新的玩法，但这些增长玩法和策略的底层模型是固定不变的，如图 4-1 所示。因此，我们如果能把握底层模型，就把握住了千变万化的玩法和策略。

图 4-1 七大模型和一张地图

首先，确认增长方向的前提条件是归因框架体系的基础建设，借助漏斗模型和用户精细化运营模型定位问题。其次，借助用户体验地图和同理心地图进行原因找寻。然后，通过 BJ Fogg 模型和游戏八角模型进行数据背后的原因洞察，再结合 ICE 模型进行增长实验排序。最后，通过 A/B 实验进行验证。下面我们开始讲解增长作战全域图中的七大模型和一张地图。

4.1 归因框架设计

从站外归因到站内归因，本质上都是为了评估哪个用户触点对总体转化目标做出的贡献最大，将贡献最大的触点作为重点的增长方向进行优化，帮助我们明确增长战略方向。除此之外，科学合理的归因体系，还能帮助我们解决以下三个常见问题：

- 如何筛选出优质的渠道加大投放力度，实现低成本高质量拉新？
- 如何对新用户实现端外拉新和端内承接的一致性，提高留存率？
- 如何了解关键目标行为贡献的背后的用户行为路径？

评估触点价值并解决上述三个常见问题，需要兼容多个业务和单个业务的多场景的归因框架，它包含两大部分，分别是六大归因模型和四种归因方式。

4.1.1 六大归因模型

六大归因模型是渠道贡献价值的衡量标准，如图 4-2 所示。其中应用最普遍的是首次归因和末次归因这两种模型，具体选择哪个模型需要企业结合高质量历史数据积累情况、技术投入成本、业务类型、用户决策周期、产品生命周期进行选择。先看企业高质量历史数据积累情况，如果高质量历史数据积累到一定程度且有技术资源投入，则首选自定义归因模型；如果高质量历史数据积累不足，则根据品牌的定位以及认知程度去选择归因模型。假设业务类型为新零售行业等以品牌战略为导向的业务，则从线性平均、位置归因以及时间衰减这三种模型中任选一种即可。其次看业务的用户决策周期，如果用户面对的是转化周期为 30～90 天的高决策产品，则选择末次归因；如果决策周期小于 30 天，需要再看产品生命周期，如果产品生命周期处于成长期，需要快速获取用户，则首选首次归因，如果产品进入成熟期，以存量用户的拉活为主，则首选末次归因。即便如此，目前也不能保证归因 100% 准确，因为每个模型均美中有不足，但我们也应该找到目前最合适的归因方式，并不断进行对比、测试、验证，找到最好的归因方式。

模型	计算模式	意义/场景	不足
末次归因	多个"待归因事件"对同一个"目标转化事件"做出贡献时，认为最后一个"待归因事件"的功劳为100%	产品进入成熟期/低决策产品	会过于强调品牌效应、再营销、兴趣客户唤醒，不利于拉新
时间衰减	多个"待归因事件"对同一个"目标转化事件"做出贡献时，认为越靠近"目标转化事件"做出的贡献越大	效果导向分析各渠道贡献，加速突破效果瓶颈	等同于强调末次效应，会突出再营销等，不利于拉新
线性平均	多个"待归因事件"对同一个"目标转化事件"做出贡献时，认为每个"待归因事件"平均分配此次功劳	适用于平均分配的场景	易忽视关键渠道
位置归因	多个"待归因事件"对同一个"目标转化事件"做出贡献时，第一个和最后一个"待归因事件"各占40%功劳，其余"待归因事件"平分剩余的20%功劳	适合决策周期长的产品	易忽视中间渠道
首次归因	多个"待归因事件"对同一个"目标转化事件"做出贡献时，认为第一个"待归因事件"功劳为100%	适合成长期高速获取用户	过于强调兴趣客户覆盖，对直接效果导向帮助不大
自定义（数据驱动）	大数据机器学习，按劳分配	灵活评估每个渠道的价值	需DMP/CDP技术投入/赋能

图 4-2 六大归因模型

在归因模型的应用中除了根据当前业务阶段进行选择外，还要定义好两个关键事件和归因窗口期。两个事件分别是"待归因事件"和"目标转化事件"。待归因事件是归因的主要分析对象，主要分析来自哪个投放渠道、哪个素材，站内是指来自哪个运营位等。目标转化事件是我们希望用户完成某种转化行为的事件，比如订单支付完成。确定归因窗口期，是指用户从触发待归因事件开始到触发目标事件为止，完成一次目标转化的时间限制。设置窗口期的目的有两个，一个是在端外投放广告的时候和广告主把钱结清，另一个是摸清业务真实转化周期。和广告主把钱结清是因为用户看广告和实际发生转化有时间差，比如周日在抖音上看到了外卖广告，但是到工作日的中午才想起点外卖。如果不考虑时间差，这部分转化就算入了自然转化当中而不是广告转化当中。摸清业务真实转化周期才能准确地评估触点贡献，例如在7天的时候80%左右的用户完成了转化，可以将7天设置为归因窗口期，详见图4-3。

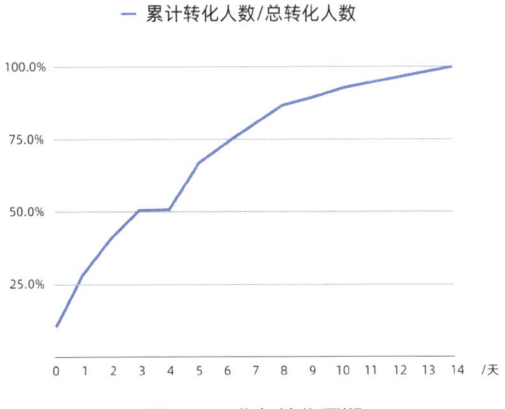

图 4-3 业务转化周期

4.1.2 四种归因方式

仅有归因模型还不够，还需要通过归因方式将"事件"和"渠道转化贡献"通过唯一标识关联起来。这个唯一标识可以是设备相关信息，也可以是渠道包信息，还可以是剪贴板信息，选用哪种作为唯一标识取决于应用场景。

1. 渠道包归因：自然渠道补充

渠道包归因主要应用场景是在安卓端，将事先定义好的"渠道号"写入 APK 安装包，然后投放到指定渠道，当用户下载和激活 App 后可以从安装包中读取渠道号，以此来进行归因。但该归因方式有一大弊端，应用商店为了提高自身下载量，会改变原有渠道路径，强制用户去应用商店下载，导致最终的转化效果都被归因于应用市场的安装包。

2. 设备号归因：广告投放

设备号归因是通过 App 设备的唯一标识——Android 的 IMEI（International Mobile Equipment Identity，国际移动设备识别码）和 iOS 的 IDFA（Identifier for Advertising，广告标识符）——进行归因，是目前最为成熟的归因方式。

当用户产生交互行为（点击、下载、激活）时，App 通过监测链接将设备号回传给广告主。当用户在广告主侧完成转化行为时，广告主的数据分析平台可以基于设备号来匹配用户在投放渠道中发生的广告行为，以此来衡量和分析不同渠道的投放效果。

这里笔者特别说明一下，在 iOS 14 版本发行之后，苹果公司出于对用户隐私的保护，IDFA 的获取需要由用户明确授权，导致 IDFA 的获取率变低，但是采用 IDFA 和 IP+UA 的方式其准确率能到 80%～90%。

3. 剪贴板归因：裂变场景

剪贴板归因目前是 Out-App 场景下最有效的归因方式，可以将包含唯一标识的信息写入剪贴板，作为 H5 场景无法获取设备号的替代方案。

剪贴板归因方式作为 H5 场景无法获取设备号的替代方案时，将所需信息写入剪贴板，后续有用户下载并激活 App 后，通过读取剪贴板内容（用户访问来源、阅读内容、点击位置）和设备信息等来判断用户是否为新增用户。但该归因方式存在一大弊端，就是用户隐私问题。工信部一直在严查涉及用户隐私的相关操作，有些手机会被禁止读取剪贴板，导致目前行业剪贴板归因效率上限仅为 70%。

4. IP+UA：兜底场景

IP+UA 归因用于没有唯一标识的情况，属于模糊归因，是获取不到设备号时用作补充的一种归因方式。它的归因原理与设备号归因类似，是在用户与设备发生交互时，采集用户的 IP 地址和 UA（User-Agent，包含用户的操作系统、手机型号、浏览器信息等），与转化时用户的 IP 地址和 UA 进行匹配，以此达到转化归因。这种方式有两大弊端，一是归因效率低，不同设备在相同公共网络环境下 IP 地址相同，就会难以区分用户。二是信息价值低，即使归因成功，能够带来的价值也非常有限。

4.1.3 灵活归因框架设计

有了归因模型和归因方式作为基础，就可以设计符合自己业务的归因框架了，该框架设计主要有三个关键要素，分别为埋点、多归因方式协同和归因数据清洗，如图 4-4 所示。由于针对设备号归因的场景目前行业内已经有非常成熟的方法，在此不再赘述，以下仅针对 App 端外场景的归因框架进行分享。

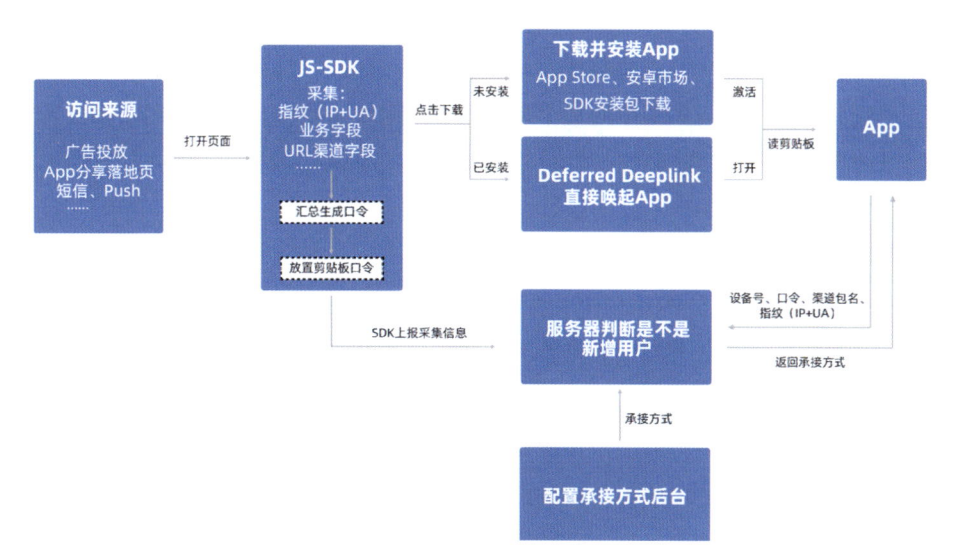

图 4-4 渠道归因框架

当用户通过投放广告打开了页面，我们就通过这个页面采集用户的 IP+UA、定义的业务字段和 URL 渠道字段，汇总生成口令放到剪贴板里面，同时将采集的信息上传到服务端，服务端判断用户是否安装应用，如果安装了就通过 Deferred Deeplink 唤起 App，如果未安装则引导用户去应用市场或者下载 APK 安装包进行安装，在安装激活后用 App 读取剪贴板。剪贴板的内容包括设备号、口令、渠道包名和 IP+UA，将这些上报给服务端，服务端通过设备号判断出是新用户之后，通过后台承接方式进行匹配。需要做一个配置不同分层用户的承接方式的后台，比如对于通过内容引来的用户，需对其定制推送一些内容，对于通过活动引过来的用户，需继续引导其在 App 里参加活动。

1. 埋点

在访问来源—访问行为—点击行为—激活 App 的整个链路上都要进行埋点，并且其行为都要带上访问来源的参数进行上报，这样就知道用户是通过 App 分享落地页来的还是通过 H5 活动页来的。

2. 多归因方式协同

因为端外场景下取不到设备号信息，故以剪贴板归因为主，渠道包归因为辅，IP+UA 归因作为最后兜底的方式。同时还要设计一个 SDK 去采集用户访问页面的 IP 地址、UA、URL 的渠道字段、业务字段（活动 ID、内容 ID）等其他信息，从而将这些信息汇总成一个口令放入剪贴板，相当于"唯一标识"，并将这些信息上传到服务端。然后用户点击访问来源里的某个模块，如果用户未安装就进入应用市场或者直接通过 APK 进行下载安装。

3. 归因数据清洗和分析

归因数据清洗和分析是三个关键要素中最难的。用户启动 App 时，App 将剪贴板内容传给服务端，服务端判断是否为新增用户。这时行业通用的做法是看设备首次启动时间，第一次启动肯定是新增用户。如果最后一次启动 App 是三个月以前，我们就可以将其定义为一个召回用户。如果是一个新增用户，我们就看剪贴板是否有口令。若剪贴板有口令，就解析剪贴板口令并通过后台配置承接方式进行展示，达到在端外看到的是活动在端内承接的时候就显示的活动效果。具体如图 4-5 所示。

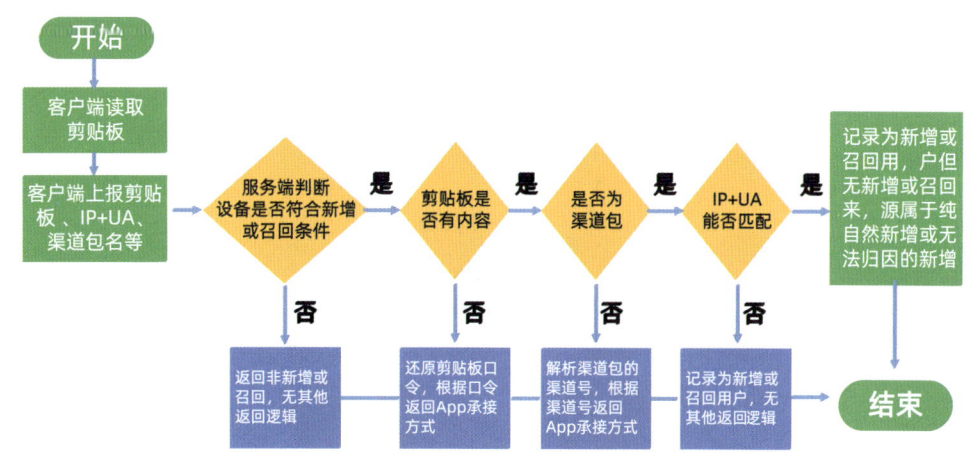

图 4-5 数据清洗

若无口令，则判断是否为渠道包，若为渠道包则解析渠道信息进行记录；若无口令且非渠道包，则将 IP+UA 与 SDK 采集的 IP+UA 进行匹配，如果匹配成功，关联出来的剪贴板口令就是我们需要的口令。

这里要特别注意，由于 IP+UA 是模糊匹配，就需要设计时间阈值解决归因不精准的问题，即前面 SDK 上报的 IP+UA 和 App 上报的 IP+UA 之前的时间间隔在 5 分钟或者 10 分钟之内，就认定为一个连贯的行为，这时关联出来的剪贴板口令认为是正确和有效的，但可能关联出多个剪贴板口令，这时就需要决策使用哪一个。由剪贴板归因最大概率能归因出 70% 的用户，其余不能准确归因的就算作自然新增用户。

4.2 漏斗模型

明确了对当前帮助最大的增长方向后，就需要找到该方向中最需要解决的问题，先借助漏斗模型进行业务诊断，找到增长中的关键问题，从而实现全链条全生命周期业务增长。找到用户的阻力点是进行漏斗分析的关键。如图 4-6 所示，精细化漏斗的策略，纵向地将用户漏斗进一步拆解，得到 B-1 和 B-2 的子漏斗，横向拆解的维度一般有用户画像（完成行为和未完成行为对比）、获客渠道、设备平台、产品线等。其中用户画像还可以按基础、行为和业务的人群维度进一步细分，这一过程考验的是产品经理对当前业务用户的理解力。

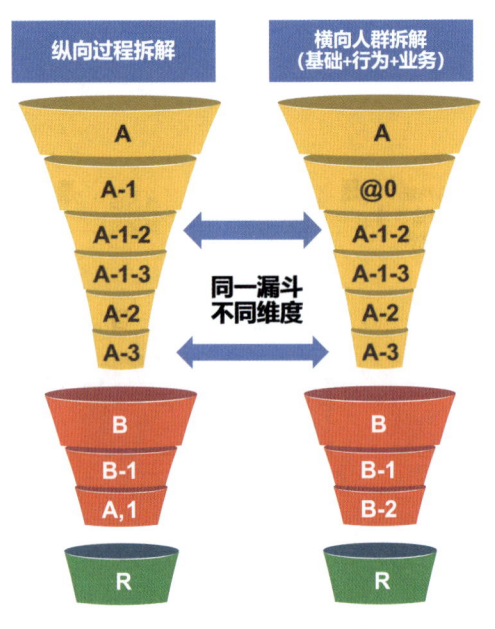

图 4-6 精细化漏斗模型拆解

案例：美团酒旅纵向漏斗拆解

美团机票业务经过一段时间的打磨，访购率逐渐稳定在 2% 左右，具备了提升票量的基本条件，并定下了提升 20% 订单量的目标，通过分析漏斗中的关键节点，找到提升交易订单的关键，从而达成目标。

1. 找到重点优化的中间指标

基于交易订单拆解漏斗，并且和行业数据进行对比，发现整体大漏斗中下单转化率（用户支付成功的订单数 ÷ 用户提交订单数）等指标和竞品差距大。

2. 定位漏斗关键问题

第一，漏斗细拆。我们将下单转化率的漏斗进行纵向拆解，找到流失的关键原因并制定相应的策略，如图 4-7 所示。

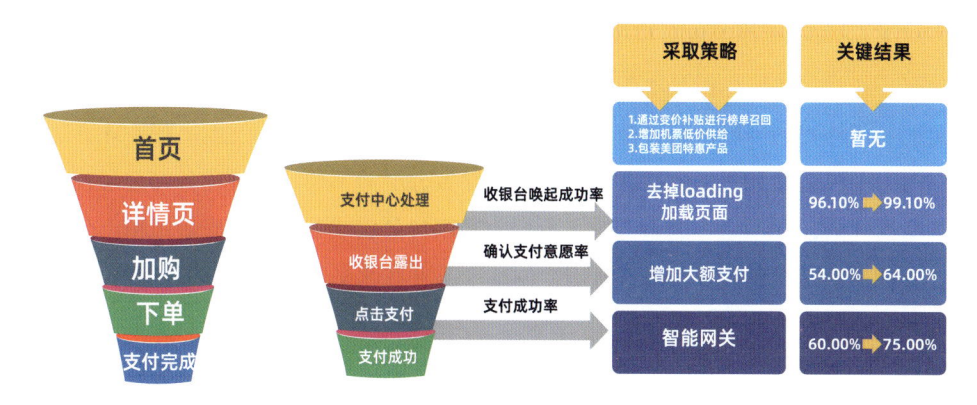

图 4-7 美团酒旅支付漏斗提升

第二，原因找寻。先通过分析数据发现体验问题占比 86.01%，风控截拦问题占比 13.99%，得出我们需要重点优化体验问题的结论。根据用户调研和数据分析找到影响体验的最主要原因是价格高于竞品，用户的行为路径更能佐证这一点，如短时间内多次（≥ 3 次）退出 App 后台进行比价，由于低价机票供给不足，大部分用户最终都从其他平台进行交易。第二个原因则是大额支付失败。

第三，采取策略。针对价格高于竞品的问题，采取的策略是短期内进行让利，一定时间内对提交订单未支付的用户进行捞单补贴召回，长期则提高机票的供给能力，增加低价机票供给量，打造美团酒旅品牌的特惠产品，建立"不仅低价还能快速出票"的用户心智。针对大额支付失败问题，完善平台大额支付能力。

完成上述步骤后，结合 4.7 节的 A/B 实验方法，观察采取的策略对优化后带来的正负向收益。

4.3 用户精细化运营模型

在利用漏斗模型横向对用户细分对比时，我们需要借助用户精细化模型，因为用户差异衍生出了个性化的需求，需要通过用户精细化运营模型来洞察业务问题，从而针对重点用户采取对应的增长策略。不仅如此，还可以对不同用户进行差异化定价，从而实现产品价值最大化。尤其是在互联网流量红利消失的下半场，比拼的就是存量用户精细化运营的能力，服务不好就会造成用户流失，而用户分层或者分群是精细化运营增长的基础。其本质上是以用户基础画像、用户行为和业务属性为标准对用户价值进行细分的手段。

读者一定要注意用户分层或者分群没有统一标准，可能在某些行业或某些场景里会有一些最佳实践，但是不能直接套用在自己的业务里。比如你是做金融业务的，不能把美团外卖的分层模型直接套过来，哪怕是和美团外卖相似的竞品都不能直接照搬，因为用户属性和所处产品阶段不同都会导致分层的不同，而且业务的分层模型都是不断迭代的，并不是一成不变的，不变的是用户分层或者分群的底层逻辑。分层或者分群的本质是找到能评估高价值用户的维度，并在此基础上进行分层或者分群。

进行用户分层或分群，常用的方法有三种，如图 4-8 所示。其中生命周期理论用于指导增长全链条的具体执行，将在第 5 ~ 8 章详细讲解，这里先分别对 RFM/RFA 模型和关键行为用户分群方法进行介绍。

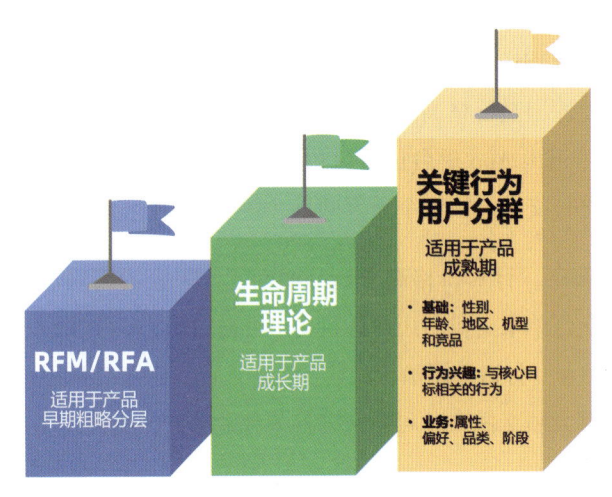

图 4-8 用户分层方法

4.3.1 RFM/RFA 模型

RFM 模型主要对业务的三个维度进行分层：R 代表 Recency，指最近一次交易时间；F 代表 Frequency，指交易频率；M 代表 Monetary，指交易金额。再将这三个维度的每项指标分成两档，最终得到 $2\times2\times2=8$ 类用户，如图 4-9 所示，不同行业 R、F 和 M 的权重不同，它们能为客户价值分析、流失预警分析、营销降补等精细化运营提供依据。

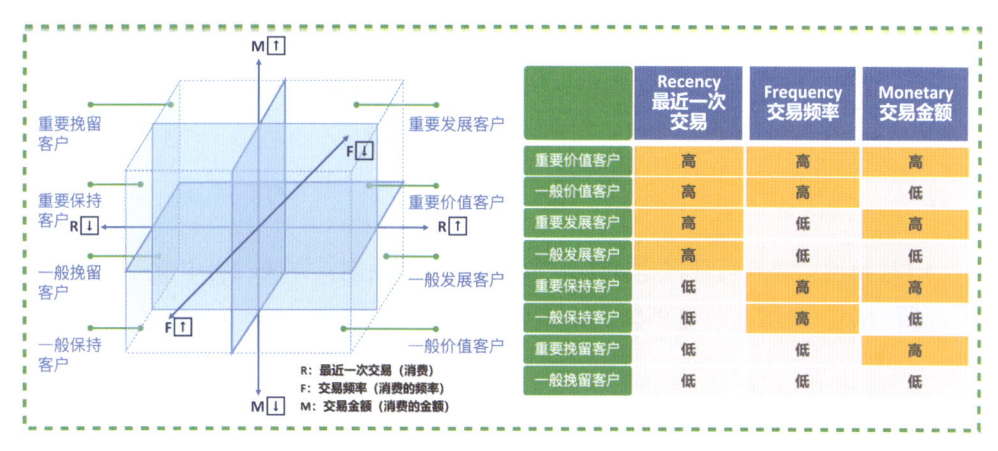

图 4-9 RFM 模型

4.3.1.1 RFM 模型的价值与应用

RFM 模型主要应用在产品早期，在数据相对少的情况下进行粗略分层。众所周知，数据采集是中小企业或者大企业初期的痛，但 RFM 是一种能用交易数据反推用户价值的分层模型，即使没有经过埋点，交易相关数据在产品或者平台上也都是有的，因此只要企业建立了用户 ID 统一认证机制，将用户 ID 与交易数据关联起来，就能用 RFM 来分析用户了。

对于非交易行为，我们可以将它扩展为业务的核心行为 Action，所以 RFM 模型也可以演变为 RFA 模型，关键数据指标也从累计交易金额 M 变成相应的核心行为评价指标 A。表 4-1 中是笔者总结的不同行业应用 RFM/RFA 模型的例子。

表 4-1 不同行业应用 RFM/RAF 模型

产品类型	R（最近一次交易时间）	F（交易频率）	M（交易金额）A（核心行为）
金融	最近一次投资时间	投资频率	投资金额
游戏	玩家等级	游戏时长	充值金额
内容	最近一次使用时间	活跃天数	每日使用总时长
社交	最近一次互动时间	互动频次	互动时长/直播打赏金额

这里读者会问了，RFM 或者 RFA 更适用于 C 端产品，重销售的 B 端产品一般一年才完成一次订单，只有 M，没有 R 和 F，应用不了。这个认知是错误的。单从客户使用角度看，也许是这样，但 B 端和 C 端的一大差异就是 B 端的行为是企业和客户

共同打造的。所以在 B 端具体场景下，F 也可以是客户和销售沟通的频次，R 也可以为最近一次与销售的沟通时长，根据这俩数值的不同，为客户分层。进一步便会发现，和销售沟通越频繁的客户续费率越高，客户价值也越高。

4.3.1.2 模型搭建

RFM 模型主要有两种搭建方法，方法一为二八法则，方法二为中位数法或其他分位法。方法二比方法一更科学，所以我们主讲方法二。

拿四分位法举例，在统计学中把一组数值从小到大排列，用五个分割点将其分为四等份，处于第二和第四个分割点位置的数值就是这一组数据的四分位数。如历史数据，近 1 个月访问 App 次数为 0 ~ 8，则取 3/4 分位点为 6、1/4 分位点为 2。

高活跃用户：近 1 个月访问 App 次数在 (6,8] 区间的用户。

中活跃用户：近 1 个月访问 App 次数在 (2,6] 区间的用户。

低活跃用户：近 1 个月访问 App 次数在 [0,2] 区间的用户。

利用 RFM 进行用户分层后，一定要注意产品的周期性和促销活动的干预，以免造成分层不准等一系列问题。尤其是促销活动，如果不剔除掉参与活动的订单，很可能分层完的高价值用户都是在促销活动驱使下发生购买行为的，并不是平台需要的高价值用户，某头部出行平台就掉到过这样的坑里。

4.3.1.3 案例：某头部货运平台的 RFM 模型应用

背景：某头部货运平台为了增加平台的黏性和进一步提高用户 LTV，在货运的基础上推出了加油业务，但是加油业务的频次没达到预期，所以在想通过"加油特惠"活动的方式提升货运司机加油频次。为了保证活动的 ROI，平台针对核心用户推行精细化活动补贴。因为越是货运的核心用户，转化率越高。于是采用 RFM 模型进行活动策略的设计，如图 4-10 所示。

RFM类型	司机类型说明	货运司机数	加油司机数	渗透率	加油司机近30天加油次数
000	短期活跃/拉单少/奖励少	749,300	183,647	24.5%	3.19
001	短期活跃/拉单少/奖励多	46,774	14,738	31.5%	3.55
010	短期活跃/拉单多/奖励少	508,493	190,731	37.5%	6.32
011	短期活跃/拉单多/奖励多	679,552	268,485	39.5%	7.91
100	短期不活跃/拉单少/奖励少	644,295	87,038	13.5%	2.44
110	短期不活跃/拉单多/奖励少	5,127	1,872	36.5%	4.40
101	短期不活跃/拉单少/奖励多	31,959	5,596	17.5%	2.68
111	短期不活跃/拉单多/奖励多	5,124	1,819	35.5%	4.60

图 4-10 某头部货运平台 RFM 模型

关键策略：主要是做好以下三点。

第一，人群选择。根据 RFM 进行分层，R 选择的是三个月内的沉默天数总和，F 选择的是近 30 天的货运拉单量，M 选择的是从注册到现在的现金奖励总和，得出类型 010 和 011 是核心司机，因此选择 010 和 011 司机中加油频次低于均值的司机，约 2.16 万人。

第二，具体方案。在 8 月 23 日—8 月 29 日完成 2 单且满 150 元的加油订单的司机，可在 8 月 30 日—8 月 31 日获得 1 张 10/15/20/25 元（优惠券金额取决于城市资金池大小）的优惠券。

第三，活动预算申请。基于历史优惠金额的核销率为 60%～75%，活动券成本预算为 5 万～22 万元。

预期效果：基于优惠券金额，假定完成任务的司机比例分别为 40%～55%，按照预定的优惠券核销率，预计可增加 107 万～172 万元的 GMV，预计可为加油站周均贡献 2.9%～6% 的 GMV。

4.3.2 用户生命周期理论

随着产品进入成长期，采集到的数据越来越完善，我们需要更进一步加深对用户的理解，需要掌握用户生命周期模型的搭建。

4.3.2.1 用户生命周期模型的搭建

模型搭建要找到层级之间的两个关键拐点。拐点就是变化曲线的斜率本来放缓又陡增的点，或者是本来陡增又放缓的点，如图4-11所示。

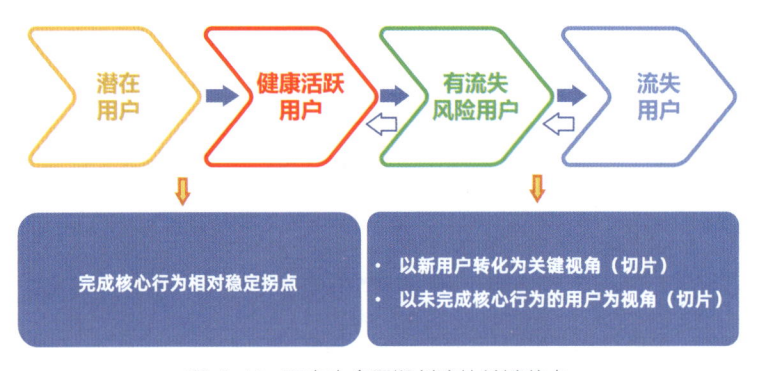

图4-11 用户生命周期创建的关键节点

（1）拐点1：潜在用户—健康活跃用户，关键是找到完成核心行为的相对稳定的拐点，完成该核心行为后，转化率相对稳定。

（2）拐点2：流失预警期关键拐点挖掘，一般有两种方法。方法一是从新用户自然转化完成核心行为拐点来看，一般以五到六成新用户自然转化的时间点作为流失风险用户的关键节点，七到八成的新用户自然转化的时间点作为流失用户的关键节点。方法二是从未完成核心行为天数的用户流失节点来看，找到关键行为下滑显著的两个拐点。拐点一是流失风险用户的关键节点，拐点二是流失用户的关键节点。为了将枯燥的模型搭配融入实际应用，笔者以美团优选App为例，将理论联系实际。

首先，找拐点一：从潜在用户到健康活跃用户挖掘。

如图4-12所示，从用户历史订单与复购率关系来看，无论是7天、14天还是30天的观察期内，美团优选用户复购率与订单量曲线的拐点出现在3单附近，可将订购3单作为判断用户从激活用户变为健康活跃用户的标志性行为。当用户订单量小于3单时，每增加一单购买，复购率就有1次明显提升。

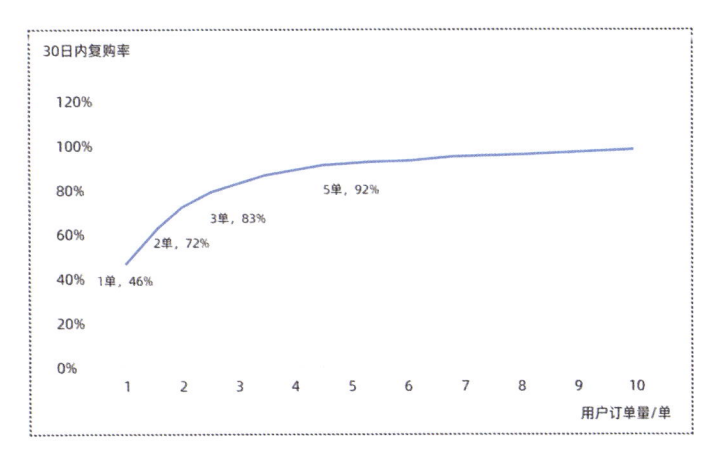

图 4-12　美团优选订单量和复购率

对健康活跃类用户再做细分，可分为低活用户、中活用户、高活用户，对它们的分类标准如下。

- 低活用户：14 天内完成订单 1～2 单。当用户订单量小于 3 单时，每增加 1 单购买，复购率就有一次明显提升，因此需要特别关注用户完成首购后，后续第 2 单、第 3 单的转化，刺激用户完成这两单的购买能够显著增加后续的复购。

- 中活用户：14 天内完成订单 3 单。

- 高活用户：当用户完成订单数超过 5 单时，有九成以上概率会在 30 天内复购，所以 5 单可作为用户稳定留存点。

然后，找拐点二：流失预警期关键拐点挖掘。

根据方法一，我们从如图 4-13 所示的首购用户的后续复购节点来看，约半数美团优选首购新客会在首购后 7 天内完成复购，近七成首购新客则会在首购后 14 天内完成复购，因此拐点一流失风险用户关键节点为 7 天内无复购，拐点二流失用户的关键节点为 14 天内无复购。

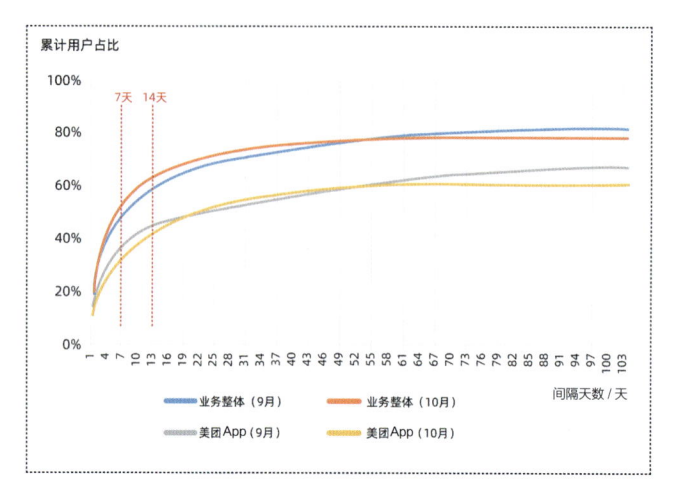

图 4-13　美团优选首购新客在不同间隔天数下产生复购的累计用户占比

根据方法二，我们从不同未购天数的用户流失节点来看，当用户未购天数小于 7 天时，用户后续在不同时间窗口内的复购率下滑显著，因此 7 天内开展有效动作阻止用户流失十分有必要，且间隔天数越少，用户后续转化的可能性越高。而当未购天数达到 14 天后，用户复购率明显降低，用户复购可能性大大降低，所以 14 天内可作为用户流失介入的第二个关键窗口期，如图 4-14 所示。

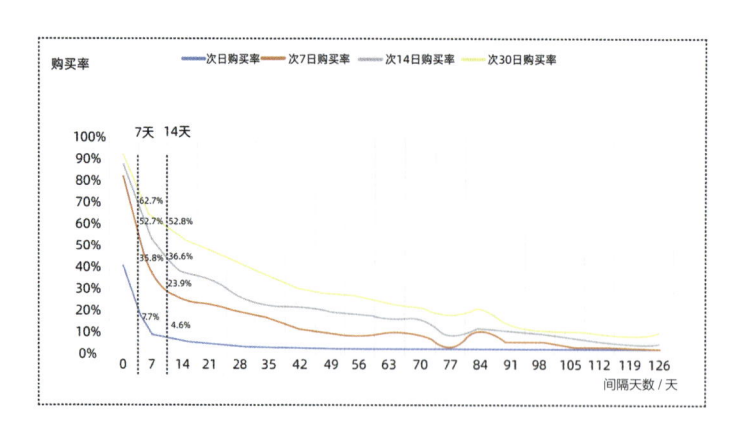

图 4-14　不同未购天数下美团优选用户的未来购买水平

一般超过 14 天未复购的用户我们定义为流失用户。获取到关键拐点后，我们可以制作出美团优选业务的用户生命周期模型，如图 4-15 所示。

图 4-15 美团优选业务生命周期模型

4.3.2.2 用户生命周模型应用注意事项

前面讲解了用户生命周期模型搭建，接下来就是模型的应用。因为每个理论都有存在的前提条件和局限性，所以想用好理论，就得结合实际。生命周期存在的前提条件是用户生命周期曲线呈规律性的周期分布状态，其相对局限性是指从时间的视角来看，行业本身是具有周期性的，但是在早期时，迭代相对较快，用户心智尚未成熟，对生命周期的观察还不够充分，故不能明确用户生命周期的划分。

从行业视角来看，不是所有的企业一开始都能构建完整生命周期的，假设你经营高客单价低购买频率的耐用品，比如汽车产品，如果只卖车而不提供相应的售后市场服务，大概率是无法绘制出完整、准确的用户生命周期曲线的。我们可以先构建用户生命周期模型的一部分，也就是新用户促进转化和新用户召回的模型。一般无须定义已购汽车老用户的流失和召回，除非他们有周期性复购该款新车型的行为规律。等到实际提供其他服务后，再根据延长的服务阶段，去构建完整的用户生命周期。

4.3.3 关键用户分群

随着产品进入成熟期，数据能力逐渐完善，可以在用户分层的基础上再对用户进行细分，这就需要进行关键用户分群。用户分层最大的特点在于用户层与层之间是递进或者递减关系，某一用户只会归属在某一层中。而即将要讲的用户分群可能会存在交叉关系，某一用户有可能归属于多个群。无论是分层还是分群，其目的都是为了在有限的资源条件下提高增长率，使增长的效果最大化。

我们可以根据图4-16针对用户采取四大分群方式。

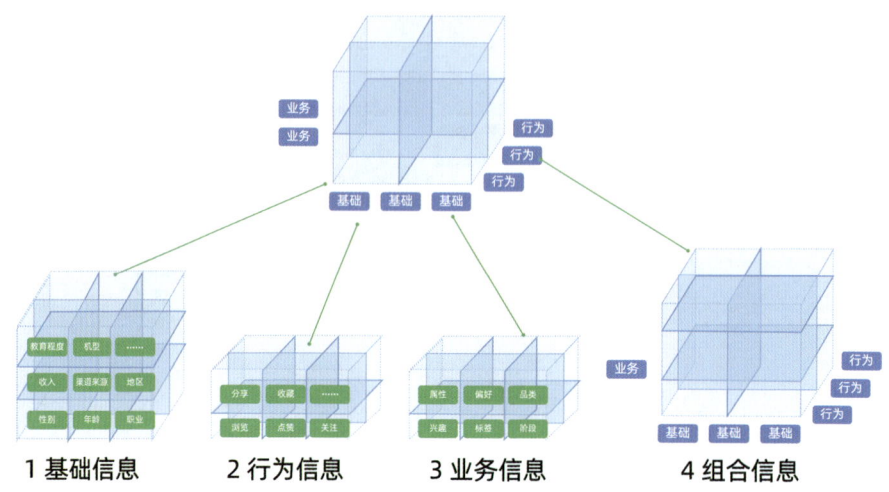

图4-16 关键用户分群常用维度

第一大类是基础信息，主要包含性别、年龄、地区、渠道来源、收入、教育程度、机型等，通过这些信息，还可以挖掘出更多有价值的信息，当你通过机型挖掘出用户的收入时，你又能挖掘出更多的信息。一定要深入思考对于使用你产品的用户群来说，到底有什么样的关键变量可以进行挖掘。

第二大类是行为数据，是指产品和每个触点产生交互的数据，尤其是与核心目标相关的行为最为重要，而在关键页面浏览但是没有转化的用户，我们需额外关注。

第三大类是业务信息，是指反映行业自身特点的数据，包括属性、偏好、品类、兴趣标签和阶段等，比如某用户最近一次消费的时间点、一段时间内的消费频率和累计消费金额等。

除了单一类型还可以根据组合类型进行分层，如一个属性基础信息加上一个行为信息，或者两个属性信息加上一个行为信息等组合方式。就像表4-2所示的信贷行业，先根据用户基础信息分为18～30岁的女性和18～30岁的男性，在此基础上进行行为和业务信息的组合分群。一定要注意我们分出来的群是要具有可操作性的。用户分群最重要的就是符合分层适度原则，不一定是分得越细越好，要在保证可影响数据大盘的基础上尽可能细分。分群都是有成本的，要保证性价比，也要考虑很多因素，例如内容平台是否有算法团队支持做算法的精细化等。

表 4-2 信贷行业用户分群

分群维度二级	分群维度三级	分群维度四级	四级标签说明
信贷支用申请	支用成功	次数	历史支用成功次数分层，历史支用申请次数分层，支用意愿，支用频率
		天数	历史支用成功天数分层，历史支用申请天数分层
		频率	限定 1/3/6/12 月时间的支用频率分层
	金额	额度	当前可用额度分层，额度使用率分层，固定额度金额大小分层，是否有结清，利润分层
		利率	当前利率大小分层
	催收	清讫	当前信贷是否清讫分层
		入催	是否有过入催分层，最近一次入催距今时长分层
留资	成功授信	次数	
	申请支用	次数	
	成功支用	次数	最近一次（业务信息）距今时长分层，最早一次（业务信息）距今时长分层
	成功还款	额度	
	提前还款	额度	
	入催	次数	
信用卡申请	金额	额度	近三年拥有的信用卡额度最大值分层，最近一次信用卡通过距今天数
	申请成功	次数	近三年申请信用卡数目分层（最近 3 个月、1 年开卡数）
	还款	额度	最近一次信用卡还款距今时长分层，累计时长分层，额度分布
授信查询	公积金金额	额度	有无公积金分层，倒推换算收入高低分层（有缴存基数，最近缴存基数，缴存基数最大值）
	车房贷贷款情况	额度	有无车房贷分层，应还金额分层
信用卡消费	催收账户欠费情况	时长	是否有催收账户分层，最近一次上报催收账户距今时长分层

续表

分群维度二级	分群维度三级	分群维度四级	四级标签说明
查询	循环贷账户	金额	循环贷金额分层（查询当月该还的钱）
		逾期	循环贷最大逾期天数分层，机构数分层，机构数占比分层
		数目	账户数目分层，近 1/3/12 个月账户数目分层
		利率	倒推利率均值、最大值、最小值，同种类是否高于自己信贷产品、与信贷利率差值等分层
		天数/次数	查询次数、天数分层
	与上次/授信时人行报告对比	金额	与上次查询/授信查询应还金额变化值分层
		账户	与上次查询/授信查询循环贷账户增加值分层

4.4 用户体验地图

在讲增长误区的时候笔者分享过，增长切忌伪数据驱动，比起表象的数据，更重要的是数据背后的原因，我们可以借助用户体验地图进行探究。

用户体验地图通过故事化的方式，帮助我们从全局视角俯瞰用户使用整个产品的情况，记录他们与产品或者服务接触过程中的情绪曲线，在情绪变化的拐点加入场景化问卷，了解造成用户流失的原因究竟是什么。

用户体验地图的底层逻辑是峰终定律。心理学家丹尼尔研究发现，我们对体验的记忆是由两个因素决定的，一个是过程中的高峰体验（可以是正向的也可以是负向的），一个是结束前的最终体验，而过程中的其他体验，对人们的记忆几乎没有影响。

这一理论在产品领域的应用主要是指导优化高峰体验。正向的"峰"就是消费者的"兴奋点"。所以在用户感到兴奋的时候进行拉新；负向的"峰"是消费者未被满足的痛点，我们应该不断去优化它，从而提高留存率。对于滴滴小巴"Aha 时刻"注册成功且接单成功一次的过程，我们按用户体验地图的方式进行拆解，找到该流程中数据变化背后司机流失的原因。

拿滴滴小巴来说，影响司机流失的有三个关键节点，如图 4-17 所示。

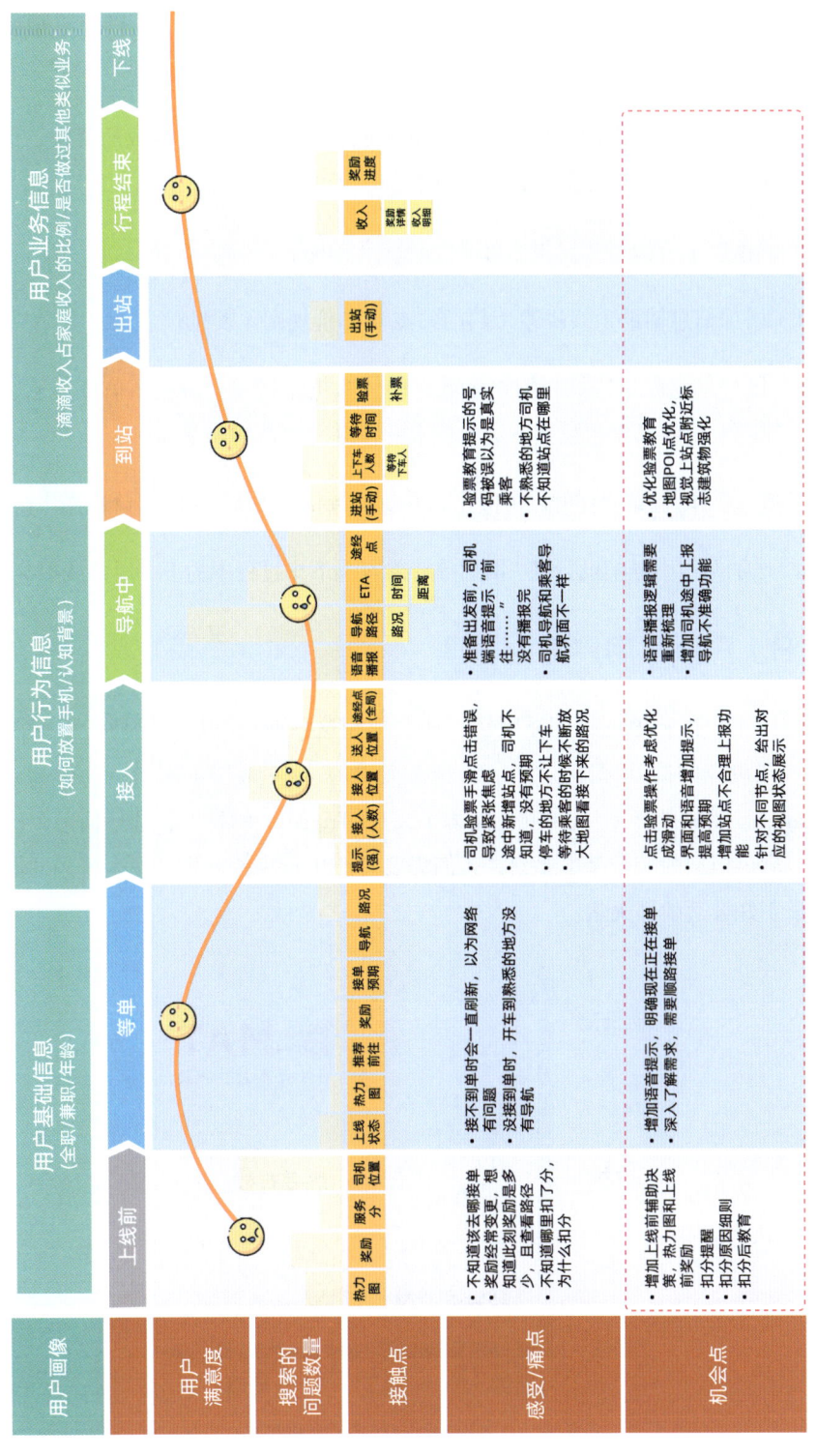

图 4-17 滴滴司机版用户体验地图

第一个痛点是司机刚注册成为小巴司机时不知道去哪里接单，以及奖励经常变更，这两个问题特别影响小巴司机转化。

第二个痛点是操作中的不良体验，比如司机验票时点击错误导致的紧张、焦虑，途中新增站点小巴司机不知道导致司机赚钱少、用户评价差等。

我们根据以上分析过程，提出如下 4 个优化策略：

（1）增加信息辅助上线决策（热门站点 + 计价规则 + 奖励信息）；

（2）区分信息展示区域与操作区域，使体验更流畅（上边展示信息，下边是操作区域，原右上角的操作区放到下边单独卡片中并可收起隐藏显示）；

（3）统一操作，验票操作的点击优化成滑动，与到站按钮统一操作，降低操作错误率；

（4）增加路线引导辅助行驶，增加等待乘客上下车过程中的下一段路线引导功能。

4.5　BJ Fogg 用户行为模型

在应用用户体验地图找到原因后，还要找到这些原因背后的本质，根据洞察到的本质找到对应的提升思路。图 4-18 所示是 BJ Fogg（福格）用户行为模型，B=M（Motivation，动机）× A（Ability，能力）× T（Trigger，触发），即任何一个行为的发生都要满足模型的三个基本要素，人们需要有产生行为的动机、发生行为的能力，以及一个正好合适的导火索。

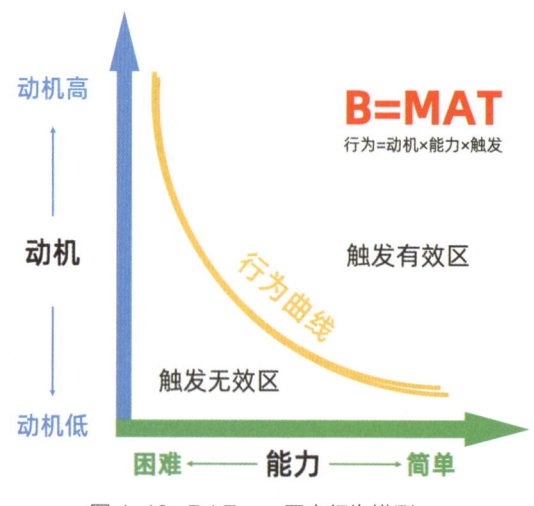

图 4-18　BJ Fogg 用户行为模型

4.5.1 要素一：动机

促使行为完成的最核心的要素是动机，它反映了用户做出行为的最原始欲望。假设用户没有动机，你把能力和触发机制做得再好也没有用，你把分享推荐流程优化得再完美，在恰当的时机提醒用户分享，用户也无动于衷。

4.5.2 要素二：能力

当有动机去完成自己的行为时，用户最终完成这个行为的能力是受正向和负向两方面因素影响的，正向是指提高能力，负向是指降低阻力。一般降低阻力包含保证操作路径的顺畅性，给予用户明确指导的易用性，降低完成动作的复杂性和用户思考成本等。

以下三种手段中，前两种可以降低阻力，第三种可以提升能力。

（1）将一个复杂的、用户完成成本高的行为拆解成一系列小的任务并找到能让用户快速入门的关键步骤，帮助用户快速得到积极反馈，有信心继续完成后续任务。互联网中常见的案例就是阶梯任务体系。

（2）获取资源和工具，工欲善其事必先利其器，抖音和快手为了让用户上传视频的门槛更低，都推出了自己的视频制作工具，其内部考核的指标就是减少含有第三方水印的上传视频数。

（3）提升技能，通过奖励机制等方式让用户支付能力变强，比如为了鼓励用户办理付费会员采取的限时权益免费体验、针对新用户的福利礼包等。

4.5.3 要素三：触发

触发就是告诉用户"你现在去行动吧"。当用户具备行为的动机和行为所需要的能力时，还需要产品在恰到好处的时间、合适的内外部渠道进行高频提示和场景触发，比如你邀请一名好友成功后没有再继续邀请好友时，系统会给你推送一条信息，提示你继续邀请好友可以得到加倍的奖励，从而促进你完成更多的好友邀请任务。

如图4-19所示，根据动机和能力将用户分为以下几类，并根据不同人群设定不同的触发机制，提高目标完成的可能性，并让用户形成习惯。

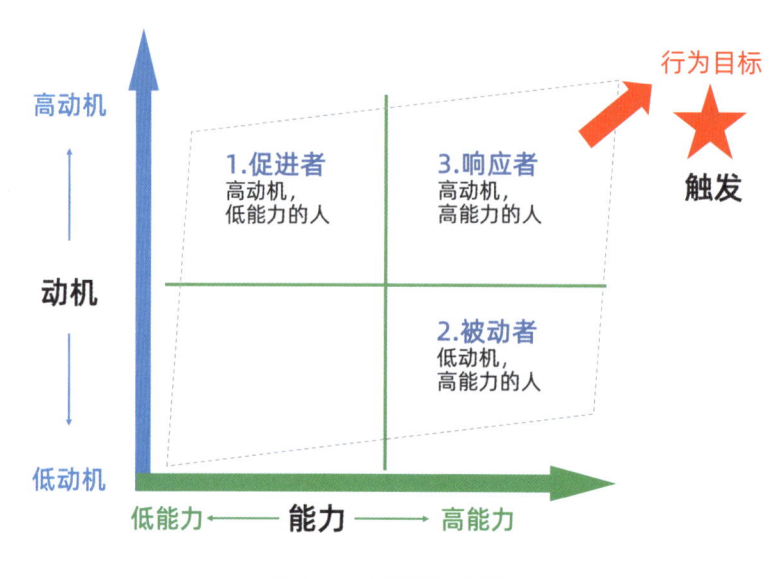

图 4-19 触发用户分类

（1）促进者：高动机、低能力的人，核心就是帮助他们养成习惯，需要在适当的时机和场景中对他们进行触达，从而对他们进行更好的引导。比如 Keep 对于想要增肌却不知如何开始的人，会在合适的时间推送详细的增肌教程，后续更会持续进行练完打卡等鼓励式引导推送，比如推送锻炼的效果情况，引导其在社交平台分享等。

（2）被动者：低动机、高能力的人，侧重激发核心动机，在推送的时候需要更多的"火花"来激发他们做某件事的动机。比如嘀嗒打车为了更好地激发用户的需求，在下雨天和约会等场景中会通过短信、Push 等渠道进行消息推送。

（3）响应者：高动机、高能力的人，激发这部分用户相对来说比较容易，只要产品体验还合格，用户打开 App 就能自主完成一系列核心行为。

4.5.4　案例：头部股份银行大幅提高绑卡率

经常有人问笔者，我们想引导用户完成高难度的行为有什么好的办法，比如开卡这种烦琐流程（需要进行实名验证），用户参与率很低。通过 BJ Fogg 行为模型，我们可以知道这种现象的原因就是阻力太大。

那我们怎么降低用户的阻力呢？手段之一是将复杂的高成本任务拆成快速见到收益的小任务，这样我们可以把实名验证和开卡流程后置，先让用户完成一个低成本任务，且低成本任务是和绑卡场景相关性比较强的，这样做有利于后续的转化和留存。

最后要在绑卡成功时给用户实时的收益，比如让用户参与免费领3天虚拟理财金的活动，等到用户看到收益要去提现的时候，就可以自然地引导用户去绑卡，结果不仅大幅提高绑卡率，还能让用户相对容易地体验到理财产品，对应的理财产品购买率也提升了。这就是让增长存在于无形的场景之中，并且这比之前绑卡给现金的效果好得多，原因有以下两点：一是单纯给钱吸引过来的不一定是有需求的用户，还导致获客成本高。二是绑卡要通过实名认证等一系列操作，较为复杂。这就造成在获客成本的制约下给不到用户足够多的钱，完成绑卡的阻力大于得到奖励的动力。

那我们延伸一下，如何能让理财产品购买率进一步提升呢？这就要针对不同人群设计好触发机制。针对促进者，也就是有一定资金但没有理财经验的用户，要每天给他发 Push 消息告诉他，假设将现有资金投入到理财产品中，收益最多能有多少，投的资金越多收益越大。针对被动者，要先给他推送理财入门知识的直播，帮助他建立认知，或者发送限时加息券增强他的动力。

除了上述案例，在新用户激活、会员体系、付费用户转化等场景中都可以应用 BJ Fogg 行为模型。

4.6 游戏八角模型

图 4-20 所示为游戏八角模型（Octalysis），该模型来源于《游戏化实战》，它深刻剖析了人类行为背后的八种核心驱动力，没有这些核心驱动力，就不会有做事的动机。不仅如此，在寻找创意性活动玩法时也经常用到游戏八角模型。

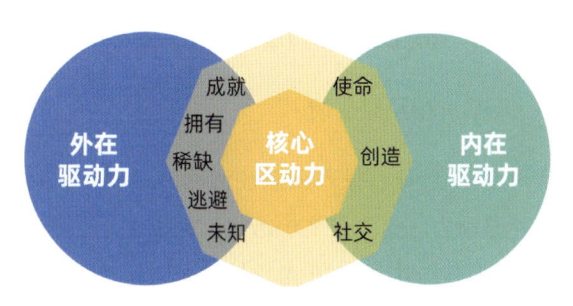

图 4-20 游戏八角模型

八种核心驱动力进一步分为外在驱动力和内在驱动力，其中外在驱动力是指你想要获得奖励或者达到目标的驱动力，包含成就、拥有、稀缺、逃避和未知。内在驱动力则不需要额外的奖励或者目标，其本身就能带来精神愉悦，包含使命、创造、社交。在应用八种核心驱动力的时候，希望你多利用长期带来价值的内在驱动力，而不是盲目追求短期数据效果的外在驱动力。根据过度理由效应，我们知道外在动机会削弱内在动机。一旦公司停止提供外在动机，用户动机就会骤降到比之前更低的程度。

下面让我们来进一步解释一下游戏八角模型中的八种核心驱动力。

1. 使命：史诗意义和使命感

使命驱动力是指人们认为自己当前所做的事情具有伟大的意义，能够绽放出自己的光彩，从而受到激励进行自驱。根据马斯洛需求层次理论模型我们知道，使命是最高级的驱动力。

要想让使命驱动力充分发挥价值，需要做好两点，一是将使命充分融入产品设计中去，二是充分调动用户的价值观念。就像 Life Water 纯净水公司的公益营销，将公益使命和商业相结合，最终其销量提高了 652%。以整瓶水的价格出售一种只装有半瓶水的产品，而另一半水捐助给缺水地区的孩子，为了更好地调动用户参与，他们特别设计了七款印有缺水地区孩子的包装，上面还附了二维码，可以让消费者了解缺水地区的情况。

2. 成就：攀比，挑战

成就驱动力是指我们天生渴望进步，渴望不断掌握新的能力和克服挑战的内在驱动力。要想让成就驱动力充分发挥价值，要做到成长进度实时可视化显示。互联网产品中常见的"挑战"设置包括积分、等级、勋章和排行榜等。2018 年天猫"双 11"设计了挑战性的组队玩法，当时该活动的 DAU 超过了王者荣耀。

3. 创造：创意（UGC）和及时反馈

创造驱动力就是玩家在全身心投入创造性活动的过程中，通过尝试不同组合不断创造出新事物的一种驱动力。这不仅要求给用户提供无尽的组合让他们充分表达创造力，还要能让他们看到创造的结果，获得反馈并及时调整。例如网易睡姿大比拼，用户创造各种趣图并分享，从而产生刷屏级传播效果。

4. 拥有：所有权和拥有感

利用用户想要增加或者控制某样东西的欲望驱动用户进行行动时，发挥作用的就是拥有驱动力，常用的手段有集碎片等。要想让拥有驱动力充分发挥价值，在给用户奖励的时候，不要直接给他们完整的实物，因为完整的实物一般都缺乏长久的吸引力，给用户可以收集的部件作为奖励往往会带来长期的参与。

5. 社交：社交影响和关联性

别人的想法、行动或语言常常会影响人们的决策，所以我们应该充分开发用户的社交关系，包括师徒关系、伙伴关系、游戏中的公会关系等，利用这些关系促成合作。要想让社交驱动力充分发挥价值，就应该多设计互动环节从而激发用户间浓烈的情感。互联网产品中常见的手段有师徒任务、被朋友邀请得到独家奖励等。近几年最经典的案例莫过于利用团长和小区中用户的关系发展起来的社区团购，2021年平均每个季度美团社区团购新增290万名用户，尤其是之前覆盖不到的下沉用户，这290万名新增用户占了美团新增用户的一半。

6. 未知：好奇和窥探

人们会因为不知道接下来会发生什么而一直被吸引。研究表明，与确定性的体验相比，用户更喜欢未知的刺激感。其中最著名的实验莫过于斯金纳箱实验，实验结果表明，如果每次奖励的食物都一样多，老鼠就会慢慢失去对这个控制器的激情，只会在饿的时候才会去按控制器。但把每一次的奖励变成完全随机的，有时候给几份，有时候什么都不给，老鼠就不管饿不饿都会一直按动控制器。现实中常见的手段有抽奖、随机奖励、彩蛋奖励等，近几年最经典的案例莫过于盲盒了。

7. 稀缺：稀缺性和渴望

有时，人们想要获取某个东西不一定是真的想要，只是因为它太罕见或者不易得到。要想让稀缺驱动力充分发挥价值，就要合理控制稀缺性，确保产品中的每个用户都能朝着困难但非遥不可及的目标而努力。互联网产品中常见的手段有抽选和邀请码机制。比如得物利用乔丹鞋的抽选（仅让部分人中签，比如1000人参与抢鞋，只有10个人中签后可以原价买乔丹鞋）实现用户爆发式增长。再比如2021年最火的应用Clubhouse，实行用户邀请码机制并且仅在iPhone上才能使用，该策略为平台带来了数十万乃至上百万名用户。

8. 逃避：亏损与逃避心

人们对失去会感到厌恶和沮丧，从而产生拒绝放弃的行为，不希望之前付出的时间、体力和精力等白费，或错过正在消失的机会。基于此常用的手段有特别优惠（1元吃炸鸡）、限时限量抢购和优惠券领取等。曾经有一个零售行业的广告投放转化率是万分之几，后来利用了限时限量新品抢购的逻辑让转化率涨了近百倍，达到了8%。

4.7 新 ICE 模型

通过前面的模型我们找到了很多增长策略，由于任何公司的资源都是有限的，所以我们需要借助如图 4-21 所示的增长黑客之父肖恩·埃利斯发明的 ICE 模型进行科学合理的优先级排序。

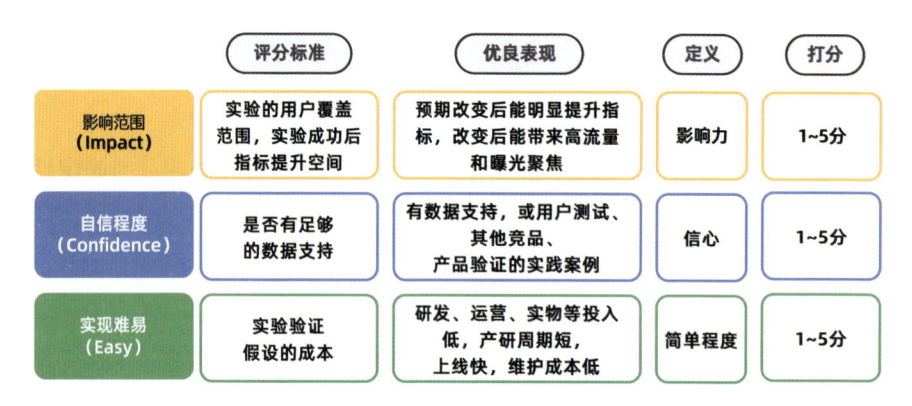

	评分标准	优良表现	定义	打分
影响范围(Impact)	实验的用户覆盖范围，实验成功后指标提升空间	预期改变后能明显提升指标，改变后能带来高流量和曝光聚焦	影响力	1~5分
自信程度(Confidence)	是否有足够的数据支持	有数据支持，或用户测试、其他竞品、产品验证的实践案例	信心	1~5分
实现难易(Easy)	实验验证假设的成本	研发、运营、实物等投入低，产研周期短，上线快，维护成本低	简单程度	1~5分

图 4-21 ICE 模型

Impact（影响范围）：根据采取的策略对当前北极星指标的影响程度进行打分，对北极星指标贡献越大得分越高，最高为 5 分。

Confidence（自信程度）：根据采取的策略中实现预期目标的信心程度进行打分，信心越高得分越高。

Easy（实现难易）：根据采取的策略中投入的资源情况进行打分，开发周期越长得分越低，开发在 0.5 天内完成给 5 分，7 天内搞定给 3 分，超过 7 天给 1 分。

在进行 ICE 打分之前，还必须明确团队的目标：这个需求的主要考核指标是什么？过程指标是什么？改策略是否会带来负向指标，负向指标容许的范围是什么？有了科学合理的考核标准后，对以上三点进行量化打分，然后把各项加起来，根据总分高低排出优先级。

笔者在 ICE 的评分维度之外还加了另外一个探索分 E（Exploration），有些事情的失败概率可能很大，但它能为我们后续的迭代探明方向，这对增长来说是非常有意义的。但因为探索分只是对团队的迭代思路负责，不对最终业务指标负责，所以它的满分只有 2 分。

4.8　A/B 实验模型

我们从 IEC 模型中知道了策略优先级，下面就可以按照顺序进行 A/B 实验，对 ICE 模型排序得到的策略依次进行 A/B 实验，从而实现增长正循环。我们用一个公式来说明：

$$未来价值 = 现在价值 \times (1 + 每个增长实验周期的增长率)^{增长实验迭代周期数}$$

通过该公式我们知道，未来价值主要取决于两个变量：变量一是处于指数位置的增长实验迭代周期数，由于处于指数位置，所以权重最大，即实验迭代周期数越多，未来价值越大。我们要像字节跳动一样多做实验，字节跳动 2021 年每日新增实验 1500 多个，有 1 万多个实验同时运行，服务超 500 个业务线。变量二是每个增长实验周期的增长率，A/B 实验能帮助我们找到增长率高的决策，让我们快速持续做正确的事，从而提高增长率。A/B 实验用控制变量法，让你可以清楚地知道什么原因和策略导致了不同效果，从而剔除掉错误的尝试，沉淀增长认知，有助于下次更好地做决策。

总之，在单位时间内多做实验并持续快速反馈得到正向收益，就能加快复利流转速度，从而获得领先于对手的优势。

即使 A/B 实验非常好用，产品经理也不能过于依赖而丧失思考能力，一流的产品经理做好用户洞察可以尽快使 A/B 实验的结果收敛到最优解，三流的产品经理只会通过实验进行决策。对产品经理来说，同理心是地基，想象力是天空，中间才是逻辑和工具。

4.8.1　A/B 实验的四种应用场景

A/B 实验主要解决哪个结果更好的问题，常见的应用场景有如下四种。

1. 确认产品功能

主要是验证要上线的功能是否符合以下两个条件，符合条件后才可以上线。一是该功能对整体业务的提升符合预期，二是产品自身功能的留存率达到一定标准。比如快手新上线的热榜功能已经通过 MVP（Minimum Viable Product，最小可行性产品）验证，用户满意度也不错，但快手内部没有着急推全量（让 App 内所有用户看到），而是通过 A/B 实验不断打磨产品，等到符合两个条件后才推的全量。

2. 制定产品策略

借助 A/B 实验制定产品策略主要是为了验证不同策略上线后对预期目标的正向影响，从而选择最优策略。比如头部的 K12 教育公司做低价的引流直播课时，曾陷入过这样一种困惑：定价 0 元和 1 元，哪种能带来更多高质量的新用户呢？经过 A/B 实验，得出结果是 1 元。出乎大家的意料吧！大家肯定觉得免费不是能带来更多的用户吗？但是 0 元的投放成本太高，对头部 K12 公司来说 ROI 打不正，而且 0 元会带来很多无效用户，后端转化率低，投放成本短时间内下不来。

3. 提升交互体验

提升交互体验需要对比不同交互方案，计算漏斗各环节转化率指标，将转化率最佳的方案全量发布至线上。比如作业帮在优化购买转化率的时候就很纠结，用户填写信息时，让用户支付成功后再填写地址还是反过来？结果通过 A/B 实验，前者的购买转化率提升了 30%。

4. 优化产品设计

优化产品设计主要是对比不同页面元素布局或者颜色方案下的点击、转化、留存等指标，找到最优策略。某头部电商公司在做红包增长设计时遇到了一个困惑：在做红包活动主页面的时候，是采用一贯的用户喜欢的暖色调，还是尝试运用符合夏天场景的绿色呢？结果上线后，绿色更招用户喜欢，整体转化率较暖色调高 2.7 倍。他们还由此沉淀了一个设计原则——符合当下用户心情的设计，转化率大于常规用户喜欢的设计。

4.8.2　A/B 实验的常用工具、模型和方法

做好 A/B 实验最重要的就是样本的选择，样本量 = 流量 × 时间。没有做好这一

点，你可能就会在汇报的时候遭到质疑：数据结论可信吗？这个数据能正常归因于你的策略，排除其他策略的干扰吗？为了解决上述问题，笔者推荐试试 Sample Size Calculator 工具（可以访问 evanmiller 网站获取更多信息）。

该工具主要需要两个输入量，分别是实验前的数据指标（对照组）和预计指标提升效果，通过公式就能计算出每一组至少需要多少样本量和实验天数。实验天数的设计要注意两点：一是活动必须是一个完整周期，因为新奇效应会导致实验效果在初期非常明显，随着时间流逝效果会出现衰减；二是注意隐性人群对实验真实效果的判断，比如一些实验必须在 App 发版后才能对比验证，最早升级新版本的用户是重度用户，会让实验效果比真实情况要好。

但是由于流量有限，一般产品可能同时有数十个实验同时进行，不但要对比每个迭代中小策略对整体指标的贡献，还要对比迭代中小的产品细节对大盘的贡献，更要对比该阶段所有策略较上一个版本的提升，甚至还要对比一定阶段中该专项对整体指标的贡献。在有限的流量下测试多个并行实验，但是实验之间总是互斥（指两个实验流量独立，用户只能进入其中的一个实验）的话，流量会不足。这时候就要用到层域模型了，如图 4-22 所示。

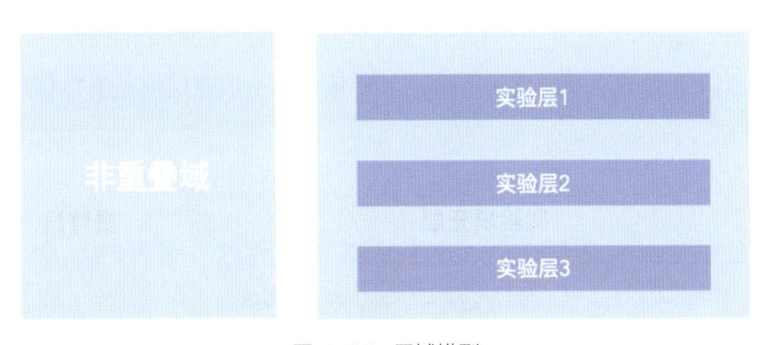

图 4-22　层域模型

层域模型框架来自谷歌分层实验框架，该框架对时间和空间进行了纵向和横向两个维度的划分：

- 纵向划分：对应域的概念，在一部分流量进入后首先划分域。

- 横向划分：对应层的概念，层的划分包含一系列实验变量参数，参数可以理解为 App 里面的某些功能、UI 元素和策略等，例如详情页的元素和推荐策略。

分层模型的基本思想是一个实验的同一个参数在同一层，不同参数位于不同层，不同层之间互斥。

A/B 实验的四类应用场景、常见工具、模型和方法全部讲完了，下面笔者介绍一个实际工作中的例子。

案例：快手春节红包活动怎么做

背景：春节活动上线后，复盘时老板经常会问，哪种活动策略对业务大目标的实现帮助最大，有相关的数据验证吗？"春节活动—明星红包"子活动贡献了多少 DAU？"春节活动—点赞家乡情"子活动贡献了多少 DAU？春节活动总共贡献了多少 DAU？

针对老板的"灵魂拷问"，我们需要设计三个实验，如图 4-23 所示。

实验一：计算活动 A "春节活动—明星红包"贡献了多少 DAU，位置在活动 A 实验层，需要分别设置实验组和对照组。

实验二：计算活动 B "春节活动—点赞家乡情"贡献了多少 DAU，位置在活动 B 实验层，需要分别设置实验组和对照组。

实验三：计算春节活动的整体贡献，"实验填充层—填充层填充组"对照"贯穿层—贯穿层填充组"。

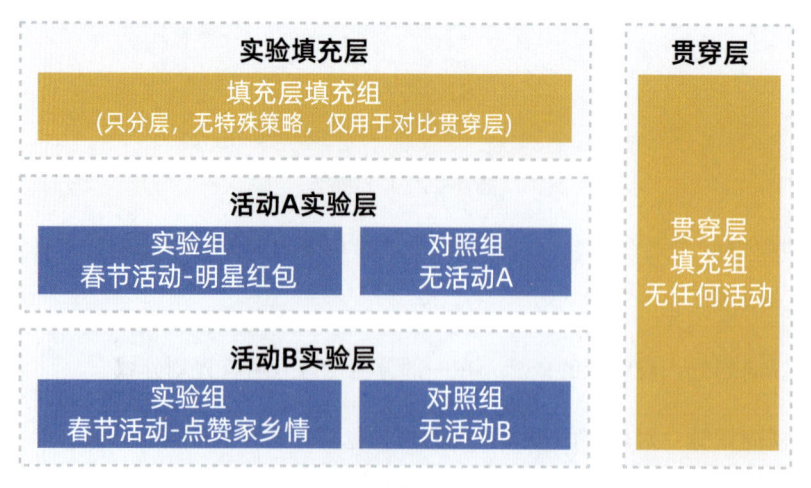

图 4-23 快手春节红包 A/B 实验分组

- **为什么我们需要贯穿层呢？**

我们采用 A/B 实验的方式时，可能会遇到这样的现象：春节活动中各个子活动的贡献之和，并不等于春节活动的整体贡献。这是因为，有的时候活动 A 和活动 B 有着相互促进的作用，这就会起到 1+1>2 的活动效果；还有的时候，活动 A 和活动 B 本质上是在做相同的事情，或者两个活动是冲突的，这个时候就会造成 1+1<2 的效果。所以我们准确量化春节活动的贡献，就需要一个贯穿所有活动的对照组，这在 A/B 实验系统中通俗地称作贯穿层，作为没有任何策略干扰的参照系，进行对比参照。

- **为什么我们需要实验填充层？**

它相当于该版本中所有迭代小策略之和，用来衡量该版本整体策略对一二级指标的影响。

- **为什么我们需要一个又一个实验层呢？**

这样可以避免层与层策略的干扰，仅在该策略生效的层中进行对比，从而衡量该小策略对一二级指标的影响。

总之，要衡量每个迭代中小策略对整个产品的贡献，就用实验层中的实验组来对比对照组；要衡量新上线的产品中全部策略的影响，就用实验填充层对比贯穿层。所以，我们需要设计三个实验。

第 5 章
增长作战地图之拉新四大方向

前面讲了七大模型和一张地图，那么，怎么更好地在实际中进行应用呢？这就要从本章的用户拉新开始说起。拉新对于用户规模起着决定性作用，如果不注重用户拉新，留存做得再好，产品多数时候也只能原地踏步，没有新的用户规模增量，市场占有率如何提升？

用户拉新是用户生命周期的起点，一点点的提升对后面生命周期全流程的留存和付费用户的帮助都是非常大的，拉新这一小步，是整个用户生命周期管理的一大步。用户质量高，留存就好做，尤其是对新用户的留存影响更大。比如，拉新的用户是一、二线城市白领，他们对优惠券不敏感，客单价天然就高，用户生命周期的后续环节也容易把握。但拉新的用户如果就是为了优惠而来的，要想提高这部分用户的价值，难度自然也不小。

拉新非常重要，本章会结合案例和读者分享用户拉新的策略。

5.1 用户拉新要解决的五大问题

持续不断地低成本获取用户是企业能够快速发展的基础，我们称这个过程为拉新。拉新需要解决如下五大问题。

第一，明确产品的市场占有率

产品的市场占有率决定了产品在行业内所处的地位。除了要知道产品的市场占有率，还要知道产品现在的市场占有率和目标市场占有率之间的差值，这决定了增长拉新的天花板及未来扩展用户的增量空间。如果是初创型企业，建议遵守"一点集中主义"原则，将"战场"缩小并集中在一个点（场景）上，一个场景接一个场景地去锁定目标用户，先在其中一个场景成为第一，然后将目标扩大为在稍大一些的范围的成为第一，不断扩大，最终成为全域第一。

第二，找准目标用户

找准目标用户是指确定什么样的用户是产品的目标用户。拉新的本质就是弄清用户为什么选择自己的产品。用户的选择能够形成正向数据，基于这些数据可以不断优化获客模型，加深对目标用户的洞察。

第三，找到获取目标用户的渠道

找到获取目标用户的渠道是指在不同时期找到目标用户聚集的渠道，进一步在不同时期、不同渠道分配精力。一般来说，在冷启动时期应以种子用户聚集的渠道为主；在快速成长期可以以公域流量为主，主要渠道如快手、抖音和广点通等；在成熟期应以私域渠道为主，主要是指自己的App等。

第四，算清获取用户的账

算清获取用户的账是指明确用什么样的价格获客。以ROI为考核指标，遵循"高质量用户以高价格获取，低质量用户以低价格获取"的原则，能不花钱靠口碑获取用户最好。ROI可以进一步被表示为LTV（Life Time Value，用户生命周期总价值）和CAC（Client Acquisition Cost，获客成本）的比值。

第五，找到获客效率最高的策略

找到获客效率最高的策略是指比较在当下用哪种策略去获客效率最高。尤其是针对高决策产品，一定要注意用户增速要与团队的服务能力相匹配，适当控制增长的进度，提高整体的服务效率，使两者达到一定的平衡，实现长期良性增长。比如，你的产品是一个旅游定制产品，虽然已经获取了广泛的用户，但是没有充足的旅行定制师提供服务，这样不仅会流失用户，更会透支用户对产品的信任。信任一旦透支，就增加了后期召回用户的难度，因为拉新的基础是用户的信任。

5.2 拉新的顶层设计

在拉新的五大问题中，最重要的就是找到获取目标用户的渠道，也就是我们常说的找流量。目前互联网平台主要有以下三种类型的流量，分别为搜索流量、信息流推荐流量和社交流量。

搜索流量主要是指用户主动搜索并下载产品应用程序的流量，无须引导。搜索流量虽然从量级上不如信息流推荐流量和社交流量，但依旧是我们不能忽略的流量。根据CNNIC《中国互联网络发展状况统计报告》，2020年3月移动搜索用户使用率高达 80% 以上，不仅如此，由于是通过用户主动搜索产生的，这类流量还具备用户质量高的特点。

信息流推荐流量主要是通过了解渠道算法机制来获得流量的，其依托庞大的公域流量，成了移动互联网时代最主流的流量。

社交流量主要是通过关系链来触达潜在用户的，由于具备用户获取成本低、能增加用户黏性等特点，这类流量越来越受到大家重视。

为了更好地获取这三种流量，尤其是社交流量，在实际落地执行时会进一步将拉新拆解为场景化拉新和活动拉新两个方向，每个方向的拉新策略有很多种，不同产品在不同阶段也都有与之相适应的拉新策略。

要想正确地使用拉新策略，做好拉新的顶层设计是关键。拉新策略的顶层设计涉及多个方面，例如北极星指标的制定、北极星指标拆解后的增长方向、提高北极星因子的关键策略、影响关键策略的关键要素，等等。

5.3 北极星指标制定与拆解

北极性指标就是在 CAC 的约束下获取的高价值新用户 LTV，应使 ROI（LTV/CAC）> 1，如果 ROI<1，就会造成"拉新用户越多，公司赔得越多"的情况。以 SaaS 产品为例进行说明，一个好的 ROI 值是 3，一个优秀的 ROI 值是 7。那么你所在的行业如何进行合理量化呢？首先你需要制定 LTV 和 CAC 的计算规则。

5.3.1 北极星指标制定

通过行业的 LTV，我们可以知道 CAC 的上限。LTV 有两种计算规则，分别基于收入和毛利计算公式。我们推荐用毛利计算公式，因为 LTV 主要衡量花出去的成本，估计回本时间，所以要用真正从用户身上赚到的钱（即扣除产品直接成本的毛利）来计算。

$$LTV = \sum_{1}^{t} R(t) \times ARPU(t)$$

这里分流量型产品的 LTV 和交易型产品的 LTV 来分别介绍其计算公式：

流量型产品的 ARPU（平均每个用户的日收入）= 每日总收入 ÷ 每日总日活

交易型产品的 ARPU（平均每个用户的日收入）= 用户每个月的购买频次 × 平均客单价

CAC 是指获取单个新用户平均需要花费的成本，CAC 的计算公式如下：

CAC（获客成本）=（渠道总费用 + 奖励总费用 + 转化总补贴费用）÷ 目标新用户数

渠道总费用是指信息流等公域推广的费用，奖励总费用是指激励用户邀请好友的奖励，转化总补贴费用一般是指首单优惠补贴等奖励，目的是快速促进 App 的用户转化。

5.3.2 北极星指标拆解

为了在 CAC 的约束下更好地通过搜索流量、信息流推荐流量和社交流量道获取更多的用户，"提高高价值新用户 LTV"这一北极星指标可以拆解为以下四个方向。

第一，自然量拉新

这是可以随时开启的增长方式，不像以下三个方向，要等到新用户激活率和留存率达到一定标准才可以启动，不然就会造成用户没留住但是钱也没少花的现象。不管是投放还是活动拉新，都必须有预算，即使是社交裂变一般也是有成本的，只是和投放比起来相对较低。自然量拉新的上限取决于产品的定位，拉新能力取决于口碑。

第二，投放拉新

是指通过从渠道买的信息流推荐流量进行拉新，具有爆发性和确定性的特点，主要用于前期积累用户池，为用户裂变打下基础。

第三，活动拉新

是短期冲量的好选择。

第四，场景化拉新

这是笔者最推崇的增长方式，也是产品长期稳定增长的引擎，能持续稳定地用低成本给产品带来高价值用户。

这里说的用户是指广义上的用户，以美团外卖为例，其拉新用户包含骑手、外卖商家和下单点外卖的顾客等。下面针对四大拉新方向的策略依次进行讲解。

5.4 拉新方向一：自然量拉新

自然量拉新指的是产品无须做额外引导，用户自己主动完成搜索和下载的拉新方式，是拉新的基础。自然量往往反映用户对一个产品的真实需求，也能反映产品口碑和品牌价值。自然排名结果名列前茅，还能让用户感觉到产品有价值、有实力，彰显出品牌优势，品牌优势又能持续稳定地给产品带来流量。

5.4.1 影响自然量的三大因素

自然量拉新的北极星指标主要是通过该方向带来的高质量用户占比，基于定义我们将其拆解为规模和口碑，影响自然量规模和口碑的三大因素如图 5-1 所示。

图 5-1 影响自然量规模和口碑的三大因素

5.4.1.1 基础量

基础量指的是基于当前产品定位能获取的用户规模，它决定了获取用户的天花板。要想无限接近上限，需要通过品牌公关和品牌广告增加产品的知名度、美誉度，进而增加市场占有率。要想打破上限需要重新对产品进行定位，增加市场需求规模。

5.4.1.2 外部变量

外部变量主要由以下两个要素组成。

要素一：当前需求变化

用户当前需求的变化主要是指当下用户迫切要解决的问题由于场景的变化而发

生了变化。假设今天下雨，用户打车的需求一定会暂时性增加；受疫情影响，对线上办公工具的需求会增加。

要素二：偶发竞品影响

这里所说的竞品不一定是直接关系上的竞品。产品之间的影响关系很复杂，有时你都不知道借了哪个产品的东风。比如 2021 年 10 月 6 日 Facebook 出现了 6 小时的服务器宕机，用户因此转战 Telegram，Telegram 一天内新增的注册用户超过 7000 万名。有时甚至和借的东风毫无关系，只是因为名字相近便能获取大量用户。

除了靠运气利用竞品"躺赢"，更多的是积极主动利用竞品的偶发情况进行用户抢夺。滴滴 App 刚下架时，用户立刻能在抖音、快手上看见美团打车或高德打车赠送各种优惠券的广告，仿佛一夜梦回网约车大战的时期。

5.4.1.3 内部变量

内部变量主要是指用户根据需求来到应用市场或通过网页搜索进行下载的流量。根据苹果官方流量获取数据来看，App Store 流量的 65% 来自应用商店搜索，30% 来自榜单，5% 来自其他渠道。

仅获取流量是远远不够的，后续的转化工作如果做不好，用户会来势汹汹，去势匆匆。用户通过应用商店下载 App 的目的很明确，就是满足他搜索词的相关需求，但是到底下载应用列表中的哪一个 App 还需要用户进行决策，此时官方推荐和星级评论/评分就显得十分重要。

虽然现在移动端的使用率远高于 PC 端，但对于一些 SaaS 类产品，PC 端仍是流量的重要来源，所以搜索排名带来的流量我们依旧不能忽略。

总之，影响内部变量的因素总共有五个，分别为应用商店搜索、榜单、官方推荐、星级评论/评分和搜索排名。

5.4.2 提升自然量的四大策略

提升自然量的四大关键策略主要基于以上三大因素（基础量、外部变量和内部变量）。基础量因素提升的思路主要是提高市场需求规模，其次是提升口碑。市场需求规模的提升主要靠品牌营销和产品矩阵，旨在扩大用户需求的覆盖面。品牌营销策略除了能在规模上对当前产品重新定位，进行用户破圈和需求场景延展，还能不断提升产品口碑。

外部变量因素的应对策略就是把握住关键的时间窗口红利。内部变量因素的应对策略主要是通过应用商店和 PC 网站获取更多流量并做好转化，即 ASO/ASM 和 SEO/SEM。

下面将介绍提升自然量的四大关键策略：品牌营销、产品矩阵、ASO/ASM 和 SEO/SEM。

5.4.2.1 品牌营销

品牌营销之所以效果好，是因为它一能塑造消费者的心智，让消费者在脑海里不自主地想起你的产品；二能建立消费者的信任感。品牌营销主要有重新定位、人群破圈、事件营销、跨界营销等手段。这里重点讲重新定位和人群破圈。

手段一：重新定位

重新定位是指改变品牌在用户心中的形象，从而突破现有用户量的天花板。例如滴滴，它最早的时候是出租车聚合平台，解决大家打车难的问题。当时全国细分的出租车市场有 140 万名用户，每天产生的出租车订单交易额为 5000 万~6000 万元，这是滴滴在帮助打车用户快速叫车这一定位下的数据天花板。后来滴滴进行人群拓展，对于一部分打车需求没那么强烈的用户，也就是中需用户，通过快车建立用户认知，实现了订单量 10 倍增长，其定位也从解决打车难的问题变为解决所有两点移动的问题。之后，滴滴不断拓宽用户市场，抓住了未消费市场的弱需求用户，推出了全新网约车品牌花小猪，主要面向有 6 亿名用户规模、人均月收入 1000 元以下的下沉人群，从而不断突破了现有存量用户的天花板。

手段二：人群破圈

笔者以 B 站为例讲解它是如何横向通过扩展用户心智实现破圈的。

B 站推出视频《后浪》，目的是让不同年龄段的用户了解"后浪"，展示用户使用 B 站的状态——积极、快乐，同时传达"和 1.3 亿名 B 站年轻人一起，表达自我，拥抱世界"的理念，从而让更多人了解 B 站的品牌调性，尝试在 B 站上找到自己感兴趣的内容。基于此，B站的App单日下载数量突破14万，股价暴涨6.7亿美元。B站之所以在破圈方面取得了不俗的成绩，主要是因为其把握住了两个关键点：一是在原有用户的基础上进行人群细分的破圈，通过对细分人群特征的观察和研究不断完善内容的供给，保证品牌活动结束之后破圈带来的用户不会流失；二是注意维持核心用户和破圈用户之间的平衡。

在破圈带来人群的增长泛化中，小红书的"最大公约数法则"几乎是行业里最好的，不仅能实现破圈，还能达到破圈用户和现有用户间的平衡。破圈不是依据简单的人口学属性就能实现的，人是需求的集合。以小红书为例，应该找到小红书上现有男性用户的多个特征，然后找出这些特征和女性用户特征的共同点，基于共同点找到用户共识的偏好内容，最后查看这些内容覆盖了哪些男性用户，那么，这些用户就是优先破圈的用户。以此类推，反复循环。

5.4.2.3 产品矩阵

产品进入成熟期均会遇到拉新瓶颈的问题。为了扩大用户群，增加新的流量，并且更好地满足用户需求，提升产品壁垒做好防守，品牌方会做出满足不同用户不同需求的一系列产品，通过如图5-2所示的T型战略工具形成产品矩阵。

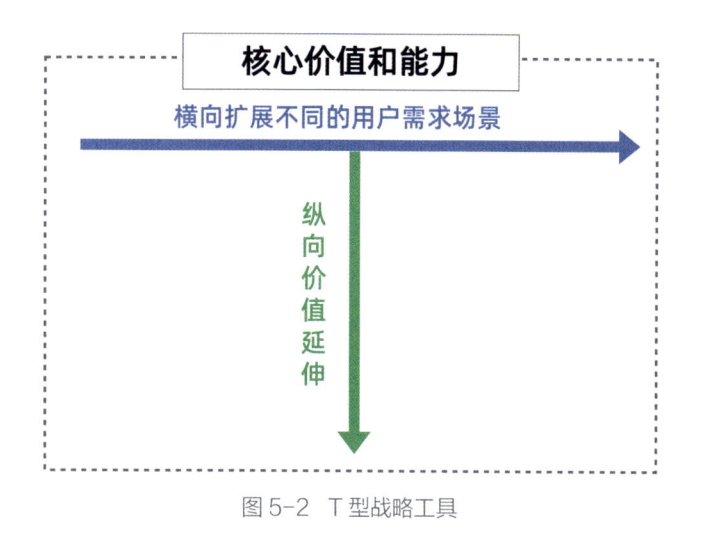

图5-2 T型战略工具

"T"中的一横是对基于企业核心价值观沉淀的产品核心价值和能力进行的不同用户需求场景的扩展，一竖则是指在产业上下游深耕并寻找能独立的垂直细分领域进行价值延伸。其中横向的扩展有两种：

1. 扩展场景满足新的用户需求，从而带来新的用户。

2. 对于同一波用户，扩展新的使用场景，从而增加用户使用频次以提升留存率（这部分会在后续章节进行阐述）。

字节跳动最早推出了资讯个性化推荐产品今日头条，并逐步沉淀算法 + 中台的核心能力，在此基础上将场景从满足用户的图文需求扩展到满足不同用户的视频需求，推出了抖音（短视频）、西瓜视频（长视频）和火山小视频（拓展下沉人群）等产品。为了满足不同用户对垂直内容的需求，其在汽车领域推出了懂车帝 App。为了更好地进行下沉人群扩展，其基于抖音产品延展出了抖音极速版。其他扩展方向包括，面向 3 ~ 8 岁有学习需求的孩子推出的 AI 启蒙教育产品瓜瓜龙、面向三到九年级有学习需求的学生推出的小班直播教学产品清北网校。字节跳动还有很多矩阵产品，正是这些产品让其获取了越来越多的用户。

5.4.2.3　ASO/ASM

ASO（App Store Optimization，应用商店优化）是指通过对应用商店搜索进行优化，让自己的 App 在用户搜索某个关键词时排名更靠前。这里的应用商店主要指苹果应用商店，安卓应用商店内很多搜索结果的前列位置被商业化广告占据。

从流量视角我们知道，关键词可以长期带来稳定的自然量，需要我们长期重视。新 App 上线阶段，榜单是最大的流量来源，如果能登上榜单第一，基本能达到下载用户日新增量 20000 人起步。再结合用户转化逻辑，我们得出如表 5-1 所示的 ASO 工作框架。

表 5-1　ASO 工作框架

项目	描述	
北极星指标	低成本获取大量新用户，占整体拉新的比例（%）	
主要目标	提高曝光量	提高下载转化率
关键指标	CTR	CVR
影响因素	1. 搜索词：标题、副标题、短描述、关键词、包名及开发者、内购； 2. 商店推荐； 3. 语种完善：本地化	1. 图标、包大小； 2. 商店页：置顶大图、截图、评分 / 评论、视频

续表

项目	描述	
关键策略	1. 搜索词优化； 2. 精品推荐； 3. 关注热搜/榜单/分类； 4. 支持后台全语种	商店页优化，主要是优化产品评论、产品评分和产品介绍页
工具自动化	1. 词：（1）不仅可以用于查看App的关键词覆盖数（KCN）、关键词即时排名、关键词相关App数量、App Store数据，还可以用于查看关键词热度、热门搜索关键词、榜单排名及变化趋势，设置关键词；（2）智能化生成质量高、新鲜度高、性价比高的词。 2. 评论后台：评论回复模板	

针对ASO优化主要有两个考核指标，分别是提高曝光量和提高下载转化率，下面讲解具体策略。

（1）提高曝光量

争取最大曝光量主要有以下四大策略。

策略一：搜索词优化

进行搜索词优化可以提升核心关键词的覆盖度和排名。首先要了解常见搜索词的权重顺序：App name>App keywords>App Description> IAP item Name/Description；再按App下载用户日新增量划分出三个不同阶段，不同阶段的搜索词优化重点不同，如图5-3所示。

	冷门App阶段	普通App阶段	热门App阶段
阶段定义	日新增量在500人以内，未进入分类榜前200名	日新增量为1000~10000人，进入分类榜前200名	日新增量为10000~50000人，进入分类榜前20名
关键策略	1. 主要覆盖精准的关键词； 2. 尽量多使用一些比较长尾的或搜索结果数少的相关关键词，副标题可以先不加。	1. 考虑添加副标题，并在副标题里加上一些相关关键词来提升权重；2. 去掉搜索排名靠后的不相关关键词或冷门关键词；3. 适当加入一些竞品品牌关键词。	1. 主要使用热门关键词，去掉一些冷门关键词； 2. 使用一些热门的、搜索结果数少的不相关关键词。

图5-3 不同阶段的搜索词优化重点

在优化过程中会涉及对各类关键词的定义,对其定义达成共识是做好优化的基础。在搜索词优化中有两个比较重要的定义:一个是"主词",即广告主选择的核心关键词;一个是"拓词",即基于选定的"主词"拓展的词,通常会拓展出相关关键词和长尾关键词。

主词是描述产品核心的,一般使用1~3个。主词一般指品牌词、竞品词和品类词。通常来说,主词不仅搜索量巨大,而且有助于品牌知名度和美誉度的提升,但是价格也是非常高的。例如,汽车之家的主词可认为是"汽车"。

相关关键词通常是基于主词对产品的类型、属性、功能、定位及用户群体进行拓展而得到的。使用与产品关联度高的相关关键词更有优势,如产品权重高、冲榜难度小、成本低、曝光受众更精准、转化效果好。反之,如果选择了与产品关联度很低的词,就会出现投入大量的金钱和时间成本,产品排名却一直不能让人满意的情况。

长尾关键词通常选择2~3个,用于在主词旁边增加地理前缀或描述性后缀。例如,汽车之家的某个长尾关键词可能是"理想One""2021款价格"。长尾关键词的搜索量可能远低于相关关键词,但其具有词量巨大、转化率高、竞争小的特点。

你的搜索词优化比别人做得好主要就体现在你对搜索词的理解和拓展上。但要使拓词同时具备质量高、新鲜度高和性价比高这三大特点,光靠人工是万万不可能实现的,还要依靠系统不断进行智能自动生成。

对词的定义已经有了共识,下面我们来看看不同阶段应重点优化哪类词。

在冷门App阶段,App下载用户日新增量在500人以内,一般进不了分类榜前200名,几乎没有知名度。这个阶段的搜索词优化策略是:主要覆盖精准的关键词,尽量多使用一些比较长尾的或搜索结果数少的相关关键词,副标题可以先不加。之所以这么做,是因为初期经费有限,应该避免在竞价中进行"主词"竞争,聚焦于收割精准低价的长尾流量。拥有聚沙成塔的力量也有可能形成超越对手的竞争优势。

在普通App阶段,此时App下载用户日新增量为1000~10000人,这个阶段的关键词优化策略是:考虑添加副标题,并在副标题里加上一些相关关键词来提升权重;去掉搜索排名靠后的不相关关键词或冷门关键词;适当加入一些竞品品牌关键词。

在热门App阶段,App下载用户日新增量为10000~50000人,这个时候产品已经有了一定的知名度，部分用户会直接搜索 App 的名字来下载，产品排名在分类榜的前 20 名。这个阶段的搜索词优化策略是：主要使用热门关键词，去掉一些冷门关键词；使用一些热门的、搜索结果数少的不相关关键词。

策略二：精品推荐

精品推荐是苹果公司工作人员手动编辑的，苹果官方认为设计优良或者功能有特色的 App 均能免费进入官方推荐行列，这样该 App 被用户选择的概率就会增加。但根据 ASO+ 大数据统计，App Store 每周大约有 14000 个新 App 上线，竞争比较激烈，要想上榜有一定的难度。

策略三：关注热搜／榜单／分类

榜单主要分为免费榜、付费榜、推荐榜，主要取决于当天的下载情况，变化较快。用户对 App 的下载激活量增加就会使产品的排名上升。我们可以通过大型活动提高 App 的排名，之前比较常用的"积分墙刷榜"被打击得比较厉害，请慎用。这里有一个小技巧，就是利用版本更新的机会短期提高 App 排名，App 长期不更新，在应用商店的排名也会下降。

策略四：支持后台全语种

App Store 是一个全球性的应用商店，允许同一款 App 有多个版本。一款 App 可以在中国区提交 100 个字符，同时在美国区提交 100 个字符，相当于增加了字符数量，在其他地区的提交字符数也遵循此原则，起码能覆盖 7000 个以上的关键词。

（2）提高下载转化率

一般行业的下载转化率能达到 40%～60%，如果没达到，可以采取商店页优化策略，主要是优化产品评论、产品评分和产品介绍页。

对于优化产品评论和评分，最有效的还是引导真实用户发出评论。苹果应用商店对机器刷评论的现象会重点打击，有可能导致 App 被降权。所以优化评论最有效的方式还是利用产品去引导用户，在用户使用产品的情绪曲线高点时进行评论引导。比如滴滴会在用户连续给司机好评的时候引导用户去进行评论。另外，可以把评分做到任务体系里，用任务的形式来让用户完成，比如游戏类产品在评分后可以给用户发放礼包作为奖励，以提高产品评分。特别注意，如果有 1 个一星差评，需要通过补充

40个以上的好评来提升产品推荐权重。

产品介绍页需要1条视频和5张产品海报，海报能突出产品的核心亮点，告诉用户产品价值和最近的相关活动或新增功能。比如快手在奥运会期间的海报会告诉用户可以上快手看奥运，在春节期间会重点强调上快手分21亿元红包；快手极速版会邀请好友领取新手礼包，引导用户下载App，提高下载转化率。

除了ASO，ASM（App Store Search Marketing，苹果应用商店搜索市场）也同样不能忽略。ASM可以辅助实现特定关键词排名靠前的目的，从而更多地获取流量，该策略短期内见效快，弥补了ASO长期见效的弱点。但ASM有一个缺点，只要花钱就能及时见到效果，一旦停止投放，效果就会消失。而且ASM有明显的广告标识，造成用户对该排名的信任度低，不像技术型的ASO是用户自然选择的结果，用户获取精准度高，能长期带来自然流量。

5.4.2.4　SEO/SEM

SEO（Search Engine Optimization，搜索引擎优化）是企业免费的流量来源，是产品前期的重要流量来源，产品成熟后和SEM（Search Engine Marketing，搜索引擎营销）进行互补投放，可以低成本实现效果最大化。比如神州租车，其产品做SEM的主要目标是拉新。由于神州租车品牌已经在用户心目中形成了一定的认知，老用户会搜索神州租车的品牌词数万次，造成拉新成本过高。后来该公司进行策略调整，将SEO与SEM进行有机组合，主动搜索品牌词的大量老用户能够被SEO通过关键词自然排名的方式承接，而针对新用户常搜索的行业词、竞品词，则使用SEM投放，在成本相同的情况下，新用户订单量大幅提升。

SEO的本质是不断与时俱进地研究搜索引擎的抓取规则和排名原理，通过优化使更多特定的关键词排在搜索引擎靠前的位置，从而达到吸引用户点击，获取更多流量的目的。做SEO前期需要一定时间的投入，这样才能见到好的效果，一旦做好，一次好的SEO至少可以让产品保持半年的好排名。根据搜索引擎的原理，笔者整理了一个SEO工作框架，如图5-4所示。衡量SEO的效果有三个关键指标，分别是收录和曝光量、排名和点击量、下载转化率。

SEO工作框架			
北极星指标	低成本获取大量新用户，占整体拉新的比例（%）		
主要目标	关键词搜索		
关键指标	收录和曝光量	排名和点击量	下载转化率
关键策略	1.方便搜索引擎抓取 2.抓取稳定性机制的建立 3.外链优化	1.SEM竞价排名提升 2.高排名网站引荐 3.内容SEO优化 4.关键词优化 5.性能和体验优化	1.根据不同流量做端内的动态承接 2.SEO页定制

图 5-4 SEO 工作框架

下面重点针对提高收录和曝光量的关键策略进行详细讲解，其他关键指标的提升策略和 ASO 类似。

（1）方便搜索引擎抓取

通过搜索引擎的规则可以知道，首先需要通过搜索引擎爬虫来抓取网页。所以方便搜索引擎抓取的优化策略是做好 SEO 的关键。主要的方法有内容优化、网站结构优化、针对搜索引擎优化产品的特定功能。

先看内容优化，这是 SEO 的基础。基础打得好，对 SEO 的提升会非常有帮助。主要的优化内容有网站标题、网站描述、URL、关键词、图片、视频、结构化数据等。

再看网站结构优化，这同样是 SEO 的基础。网站结构中重点优化的是 Sitemap（网站地图）引导爬虫收录，主要解决网站大量内页内容未被收录的问题。Sitemap 的作用是对内页内容进行提取整合并传递给搜索引擎蜘蛛爬虫，使蜘蛛抓取更全面的页面内容，从而提升网站收录内容的丰富度。

最后是针对搜索引擎优化产品的特定功能，这能让页面内容更易于搜索引擎爬虫进行抓取和分析，更接近用户搜索的话术，从而获取大量的流量。要想达到这一目的，其中一个重要的方法是"人虫分离"，即把真实访客数据和搜索引擎的爬虫数据分开，在对真实用户进行承接转化的同时更易于搜索引擎爬虫进行抓取。下面我们通过阿里速卖通进行人虫分离以提高 SEO 的案例来帮助读者理解。

阿里速卖通希望在用户浏览网站时发放优惠券来提升转化率，也希望加入广告增加商业化收入，但对于搜索引擎爬虫进行内容抓取，其希望能尽量简单，越快越好，这时就需要用一个 URL 返回真实用户和搜索引擎爬虫访问的不同页面。当真实用户访问时，展示 SEO 用户定制页面来满足承接转化需求和商业化需求。当搜索引擎爬虫访问时，展示爬虫定制页面，主要保证页面易抓取、易分析、操作体验良好（如内容同步、代码精简、无弹窗等）。另外，两个页面的主体内容要保持完全一致，避免被搜索引擎反爬虫机制识别出来。为了减少整体开发成本，最好用定制化差异的同一套模板，这样既可以实现 SEO 用户的精细化运营，又能保证 SEO 流量的正常增长。

阿里速卖通网站通过上述优化方式，其直接指标，即搜索引擎对该网站的整体抓取次数提升了上亿次，涨幅超过 50%；其间接指标，即部分国家网站的收录量提高了一倍，用户访问流量也有 20% ~ 40% 的增长。

（2）抓取稳定性机制的建立

主要是指在因特殊情况（如电商平台的"双 11"大促等）造成服务器资源紧张的时候，降低爬虫抓取频率来缓解服务器的压力，特殊情况结束后再恢复正常，应对特殊时期爬虫抓取异常导致流量下降的情况。

（3）外链优化

外链是指其他网站指向自己网站的链接，包括友情链接、单向链接等。外链优化的核心是找到和自己内容相关且质量高的链接，而不是一上来就疯狂追求外链的数量。网站友情链接的数量一般为 30 个左右，超过 50 个时对网站提升的价值就不大了。

5.5 拉新方向二：投放拉新

随着互联网人口红利的下降和数字化的蓬勃发展，广告投放已经从粗暴的单次获客变为全链路用户的长效运营。从 2022 年开始，投放除了可用于用户拉新，也开始用于用户召回。投放的思维方式也相应地从流量思维升级为用户思维。

我们做投放主要是为了提高用户数量、提高用户质量和降低成本，笔者认为这三大问题的优先级为，提高用户数量 > 提高用户质量 > 降低成本。我们要围绕核心问题对症下药，假设用户数量少还去降低成本，不仅获取的用户会变得更少，提高用户质量和降低成本带来的收益也不会很大。等到拉新用户达到一定数量后可以考虑提高用户质量，此时即便成本高一点也是可以接受的，用户质量高，成本是有降低空间的。

那如何找到解决投放三大问题的有效思路呢？我们可以从原理中找到答案。这里以目前流量最大的信息流平台的广告展示原理为例进行说明，如图 5-5 所示。只有深刻理解流量分配逻辑才能找到匹配的、流量充足的且处于早期红利期的渠道，使自己立于不败之地。在新的渠道红利刚到来时，你的对手更多还是会在现有渠道疯狂抢夺流量，而你由于深刻理解渠道投放原理，已经可以在新的渠道低成本获客了。

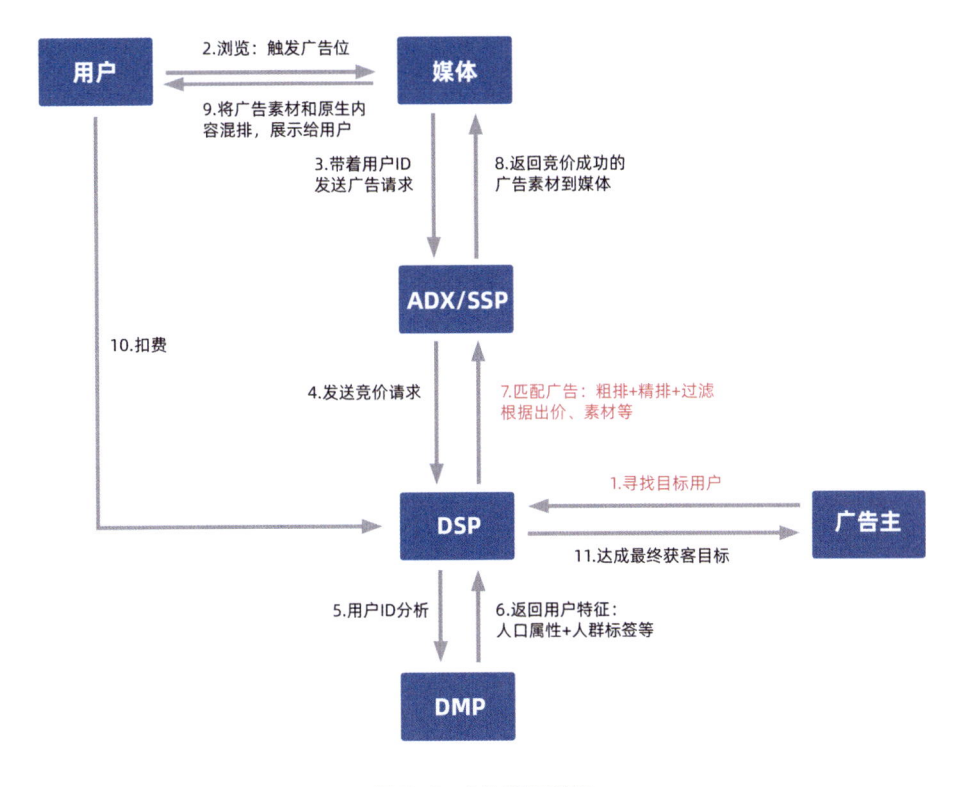

图 5-5　广告展示原理

（1）寻找目标用户。这一步的关键点是匹配人群，广告主可以根据自己推广产品的核心价值定向选择目标用户，也可以将自己或第三方数据推送到 DSP（Demand Side Platform，需求方平台）中，可以理解为推送给广告投放系统，让该系统利用 Lookalike 能力充分学习并帮助广告主拓展人群，以达到高效匹配用户的目的。Lookalike 基于一定的算法原理找出候选用户集合（目标用户）中与种子用户相似的用户，将广告投放给这些用户。

（2）用户浏览媒体平台的某个页面时，页面端程序会向媒体服务器询问并触发广告位。这一步的关键点是用户触点。

（3）媒体平台会将 IMEI、IDFA 等用户 ID（唯一标识），以及广告位、浏览器、IP 地址等基本信息一并发送到 SSP（Supply Side Platform，广告位流量供应平台），即发送广告请求。

（4）SSP 直接或间接通过 ADX（Ad Exchange，广告交易平台）将收到的相关信息发送给 DSP，询问要展示的广告，发送竞价请求。

（5）DSP 以存储在 DMP（Data Management Platform，数据管理平台）中的信息为基础对用户 ID 等信息进行分析。

（6）DMP 分析完毕后返回用户特征信息，如人口属性、人群标签等。

（7）DSP 根据返回的用户特征筛选与之相匹配的广告并预估出价，再结合用户特点及流控计划等因素进行广告的粗排、精排和过滤。核心逻辑是，根据出价结算方式的收益高低及素材质量的好坏进行排序，最终筛选出最有可能达成转化目标的广告。

这里以 ecpm（effective cost per mile，每一千次展示可以获得的广告收入）结算方式为例。

$$ecpm = 预估点击量 \times 目标点击出价 \times 1000$$

ecpm 主要受预估点击量和目标点击出价这两个因素影响，所以就需要广告主不停优化自己的出价策略，创造高转化率素材来提高自己在广告竞价排序中的优势。

（8）SSP 将竞价成功的广告素材返回给媒体。

（9）媒体将广告素材和原生内容混排，展示给用户。

（10）用户成功接收广告，根据广告结算方式从 DSP 中扣除广告费用。

（11）广告投放精准命中目标用户，则达成广告主的最终获客目标。但获客仅仅是开始，需要做好用户的承接转化，进一步提升用户的 ROI。

通过上述原理，我们知道做好投放的首要任务是广告主通过不同的出价策略在不同媒体组合中寻找自己的目标用户，再针对要获取的用户匹配不同的创意素材，后续将渠道带来的各种用户特征（第二方数据）与产品的第一方数据相结合，优化产品的冷启动和后续流程转化，提升用户的 ROI，优化人群包、触点、素材、出价和承接策略这五大要素。那如何有的放矢地优化这些要素呢？你需要一个体系化的框架——投放顶层设计，下面具体讲解。

5.5.1 北极星指标制定和拆解

投放拉新的北极星指标主要是通过该方式带来的高质量人群占比，按路径可以进一步拆解为：

目标人群覆盖率 + 创意用户点击率 + 前端转化率 + 后端转化率

看目标人群覆盖率的目的是清楚地知道渠道曝光的广告影响了多少名消费者和潜在消费者，覆盖是否足够广；看转化率的目的是了解消费者接收信息并促成转化的程度，判断广告对消费者是否影响够深。

5.5.2 五要素做好信息流投放

我们根据拆解的北极星指标，梳理出用户根据广告做出购买决策的纵向深度转化漏斗（见图5-6），其中对应四个转化关键节点和关键指标，在做好深度转化的同时还要做好广度覆盖。

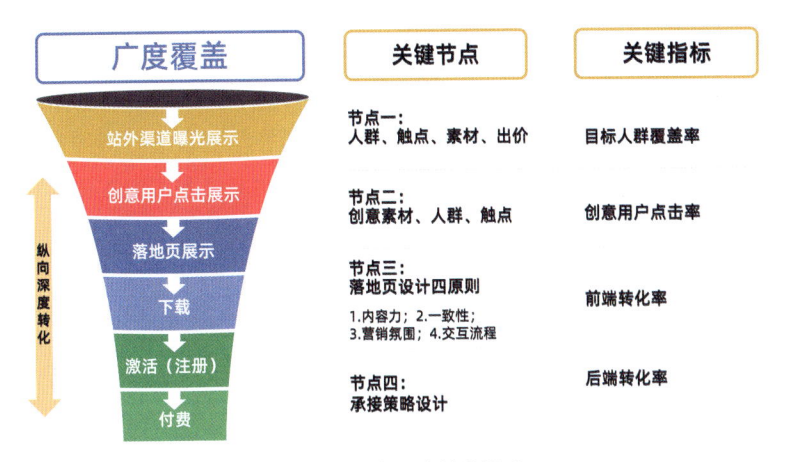

图 5-6 纵向深度转化漏斗

节点一：关键指标是目标人群覆盖率，主要取决于人群、触点、素材、出价。

节点二：关键指标是创意用户点击率（Click Through Rate，CTR），即广告点击量和广告曝光量的比值，一般的行业数据是1% ~ 5%。提高点击率的关键是提高点击量，主要由创意素材、人群和触点等因素综合决定。

节点三：关键指标是前端转化率（Conversion Rate，CVR），即完成关键行为的人数和浏览落地页人数的比值。其中，关键行为可自由定义，比如高决策交易型产品的销售线索提交、低决策交易型产品的首单转化、流量型产品的 App 下载等。前端转化率一般在 0.08%～3% 左右，提高前端转化率主要取决于落地页的设计，应遵循落地页设计四原则。

节点四：关键指标是后端转化率，即后续深度转化行为和关键行为的比值。提高后端转化率主要取决于承接策略的设计。

要想做好广告投放，最重要的就是要提高每个关键节点的关键指标，这主要受到五大要素的影响，下面具体介绍。

5.5.2.1　要素一：人群包

人群包是将用户进行分群的结果，人群包之间可能存在交叉关系，即同一个用户有可能归属在多个分群中。广告主可以基于现有的人群行为及属性，不断生成新的人群包来指导投放，从而达到快速精准获取目标人群的目的。

划分目标人群包主要是为了明确要让哪些人看到你投放的广告，也就是识别目标受众对象，比如，是先前的产品消费者、潜在购买者、决策者，还是有影响力的人？假设特斯拉汽车要发布新款车型，你要选择投放给之前买过老款车型的消费者激发他们的换购需求，还是刺激刚毕业或者刚工作的年轻潜在消费者进行增购？老用户都买车不久，目前换购需求不大；年轻潜在消费者容易被刺激消费，但真正做决策的可能是他们的父母，所以广告应该投放给父母以进行增购需求的激发。下面我们来介绍人群包投放的两种方式和四大应用场景。

（1）方式一：端外媒体人群标签

端外媒体人群标签通过媒体后台标签定向进行广告投放，主要取决于媒体标签的丰富度。目前，媒体标签基本上都是一些常规标签，标签中"年龄"和"地域"影响最大。比如头部外卖平台做投放时，不同年龄群体的首单转化率能差三倍左右，所以可以针对人群年龄进行分层重点投放，在提高转化率的同时降低成本。比如生鲜电商在国内两大经济区——长江三角洲和珠江三角洲地区的投放增长非常快，但在收入同样高的北方却效果一般，这是因为大家对生鲜的饮食习惯不同，所以要针对地域做分层定向投放。但是，广告主如果都基于这些标签进行投放会导致竞价激烈，需要支付更高的费用才能获取流量。

（2）方式二：端内端外数据打通建模

如果能结合自身的数据进行转化，就能以较低的价格获取高质量用户，即通过端内端外数据打通建模来实现降本增效。这种方式主要依托媒体转化回传的能力，通过回传人群信息对人群算法进行底层探索，回传的数据、时间、量级均会影响目标用户的探索。一般可以通过三种模型找到人群包，分别是分层模型、精准建模和知识图谱。

- 分层模型：基于自身对产品的理解，划分核心、次核心潜在用户，通过技术手段获取满足条件的用户，用于试点投放。

- 精准建模：基于已经完成端内转化的人群及已经投放的人群包进行建模，预测其使用产品的可能性，找到最有可能使用产品的用户或者不会使用产品的用户。拉新就是不断找到用户选择产品的原因的过程，所以要利用好已经选择产品的用户数据进行分析。比如美团外卖会根据基础用户画像（职业、年龄）、业务数据（用户所在地域、周围人群消费能力）和用户行为数据（浏览店铺情况、交易品类）等进行建模和广告投放。

- 知识图谱：基于产品的特征找到潜在用户，比如腾讯游戏会基于产品本身的玩法、标签、画风等找到玩过相似游戏的潜在用户，将其作为人群包进行广告投放。

人群包投放主要有以下四大应用场景。

场景一：针对高质量人群进行重点投放，定向优化，平衡成本。不同行业有不同衡量高质量人群的标准，比如金融行业，一般会对高额度、高收益、低风险人群包进行重点投放；比如视频行业，一般将播放时间长、留存率高的用户定义为高质量人群。

场景二：排除低质量用户。举个例子，某传奇类游戏针对付费意愿低的用户进行排除，最终不仅付费转化率提升了251.09%，付费成本还降低了14.94%。那么，我们如何像这个游戏案例一样做好低质量用户排除呢？重点是找对低质量用户：已经完成核心行为的用户、很难被转化的用户、价值不高的用户。以金融行业为例，已经完成核心行为的用户包含目前已完成授信的人群包；很难被转化的用户包含多次曝光但未点击的人群包、多次点击但未注册的人群包，以及注册未完成、多次触达也未点击的人群包；价值不高的用户是指多头借贷的用户、曾经逾期的用户、行业知名老赖、ROI/LTV 低于一定标准的用户等。

场景三：提升对未识别流量的识别能力。主要应用的是媒体的 RTA（RealTime API）能力，RTA 是指广告请求时会询问广告主是否使用这个广告，广告主可以根据自己对用户的判断来选择是否投放。利用 RTA 接口赋能广告主投放，通过内部数据及外部（媒体、第三方）数据联合建模，共同优化 ROI，不仅能满足精细化运营的要求，还能避免将数据同步至广告平台侧，保证了数据安全。比如，度小满发现产品各流量渠道中有 30%～40% 的流量无法识别，于是与极光联合建模打分，提高了对未识别流量的筛选能力，经过 A/B 实验，授信通过率提升了 11.54%，用信成本降低了 12.23%，具体测试结果如图 5-7 所示。

分组	展示	点击	申请	授信	用信	申请AB占比	授信通过率	用信率	授信成本	用信成本
对照组	277万	29万	908	266	36	9.25%	29.3%	13.53%	614	4533
实验组	279万	30万	860	281	41	9.99%	32.67%	14.59%	581	3979
两组差异	0.81%	1.26%	-5.29%	5.64%	13.89%	8%	11.54%	7.81%	-5.37%	-12.23%

图 5-7　度小满与极光联合建模的 A/B 实验结果

场景四：人群拓展。图 5-8 展示了人群包拓展原理，当拉新模型获取用户的能力到达一定瓶颈时，可以通过 Lookalike 系统定向人群包 / 排除人群包，根据现有的高转化人群输出人群包，从而提高曝光量和数据底盘量，解决流量获取的难题。该场景的前提条件是端内关键数据基础好。

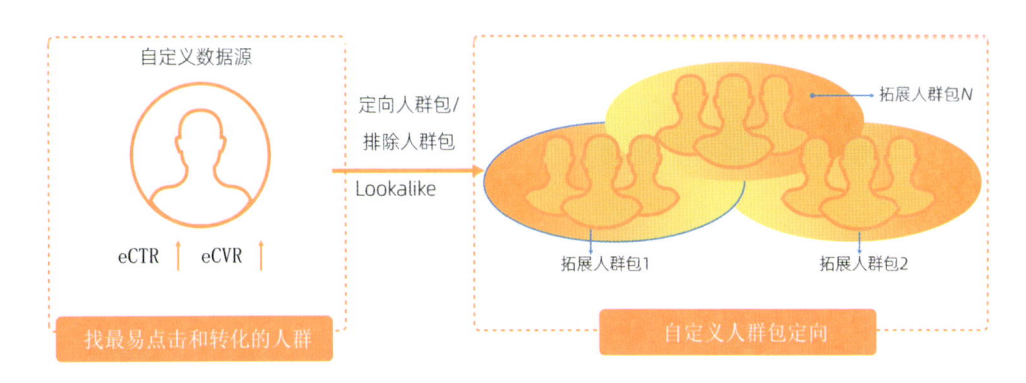

图 5-8 人群包拓展原理

5.5.2.2 要素二：触点

主要做好三件事，分别是持续优化投放渠道与投放位置，对跨触点/频次的组合进行测试优化，以及组合投放品牌和效果广告。

（1）持续优化投放渠道与投放位置

渠道优化主要包括探索新的渠道和优化现有渠道的转化率这两项工作。一般来说，一个新渠道的红利期在 3 个月左右。进行渠道优化要选择重点渠道，渠道质量的衡量标准遵循拉新标准，从规模、质量和成本三方面进行综合评估。规模就是看用户总量。质量根据核心行为进一步分级：第一级看用户激活情况；第二级看用户健康活跃状态，比如留存率；第三级看购买意愿和购买转化率等核心行为。成本根据用户质量和规模计算得出。

（2）对跨触点/频次的组合进行测试优化

在广告行业中，大家有一个共识：针对同一个用户投放多次并不会提升效果，所以要基于不同投放目的进行投放频次最优解的测试。投放目的一般有三个：一是以 ROI 尽量高为导向，探索触达频次最优解；二是产品爆发期以用户完成核心行为贡献率为导向，在 ROI 不低于一定标准的情况下，根据完成核心行为的贡献率制定触达频次，假设目标是触达 80% 的购买者，触达频次最优解是 10 次；三是以 ROI 与 GMV 的贡献率平衡为导向，制定触达频次，比如触达频次最优解是 5 次，5 次后 GMV 贡献率趋于平缓。

在没有通过 RTA 将数据打通之前，广告主一般只能设置单渠道频控。在有了

RTA 之后，如果投放渠道均支持 RTA，那么广告主可以做到全局频控，在节省投放成本的同时提升投放效果。

（3）组合投放品牌和效果广告

主要是指品牌广告和效果广告的媒体组合，在提高用户即时转化率的同时可以逐步扩容潜在用户池。

品牌广告（Brand Advertising）的主要目的是让品牌给用户留下印象，并在用户心中形成可信度和美誉度，从而降低用户在未来选择产品及解决方案时的抉择成本，最终直接提高品牌的市场占有率，建立品牌资产。

效果广告（Performance Advertising）能直接检测投放效果（Direct Response Advertising）并数据化表示结果，从而最大程度量化业务目标，让强需求用户看到后就产生高价值行为，如下载 App、注册用户、留下销售线索、购买等。

就像分众传媒创始人江南春所说的，效果广告能解决精准分发问题，告诉消费者"何时买，以什么价格买"，而品牌广告是为了告诉消费者"为什么要爱这个品牌、爱它有多深"。

总之，品牌广告能对更多中需求和弱需求的用户实现转化，效果广告则针对强需求用户进行转化。即使第二天品牌营销费用降低了 50%，品牌广告还能持续带来转化，反观效果广告，一旦预算降低 50%，效果降低得可能比 50% 还要多。

那么，企业如何更好地进行效果广告和品牌广告的组合呢？可以依据预算和品牌知名度进行广告分配，即以品牌知名度为横轴、以预算为纵轴分成投放顺序四象限，如图 5-9 所示。你可以根据产品所处的象限选择对应的策略。

- 第一象限：预算充足且品牌知名度高，我们可以用品牌广告和效果广告双轮驱动，有效降低现阶段的投放成本。

- 第二象限：预算充足但品牌知名度低，建议先以品牌广告为主，目的是建立品牌认知，降低用户决策成本，随后慢慢增加效果广告的投放占比。

- 第三象限：预算不足且品牌知名度低，建议以效果广告为主，在举办大型活动时适当投放品牌广告。

- 第四象限：预算不足但品牌知名度高，建议以效果广告为主。

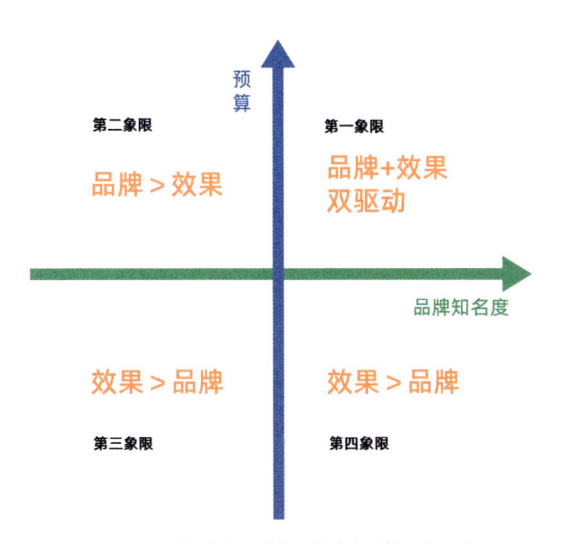

图 5-9 品牌广告和效果广告投放顺序四象限

我们通过一个例子来把品牌广告和效果广告的组合投放讲清楚。某饮品公司要通过投放广告来获客，由于该公司处于第三象限，预算不足且品牌知名度低，所以平时以投放效果广告为主，在举办大型活动期间适当增加品牌广告的投放进行活动预热，针对过去 30 天竞价未成功的人群进行品牌信息流追投。比如，9 月 8 日品牌广告为大促强力蓄水，9 月 9 日至 9 月 11 日大促期间，ROI 达到峰值，后续仍处于较高位置，较活动前约高 0.3%。最终通过追投品牌信息流，成本平均降低 36%，点击率平均提升 63%，如图 5-10 所示。

图 5-10 某饮品公司组合投放广告的效果

5.5.2.3　要素三：素材

因为信息流是根据兴趣推荐内容的，所以素材是投放拉线中最重要的要素，素材对信息流的影响占比能达到 70% 左右。我们为了确保推荐人群的广度和精确度，就需要基于不同消费者的需求及衍生诉求，设计不同的素材与之匹配。

第一次进行广告投放时，由于没有历史数据帮助分析使用信息流 App 的目标用户对哪个场景或需求更敏感，因此，我们可以通过一些工具从竞品中找到一些优质创意进行借鉴。例如使用免费的 AppGrowing，或收费的 Adbug。

如果之前投放过广告，我们需要根据历史数据进行素材的取舍，增加高质量素材的投放，淘汰低质量素材。如果已经有投放中台，可以利用投放中台自动舍弃转化效果不好的素材。

素材的核心是用"套路化"创意动态模板沉淀"优质的"内容，最终形成"稳定的"爆款素材，达到提高投放效率的目的，如图 5-11 所示。

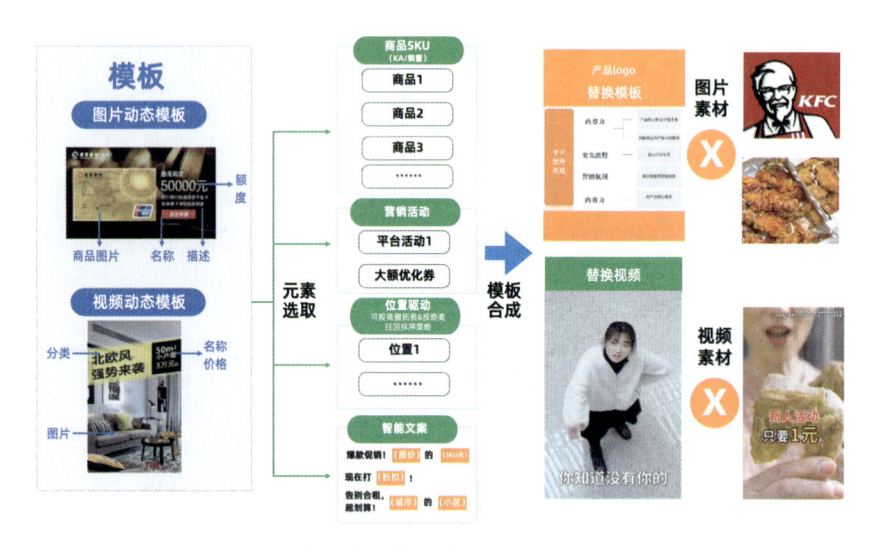

图 5-11　素材"套路化"生产

"套路化"创意动态模板一般分为图片动态模板和视频动态模板，它们主要由不同类别的商品 SKU、营销活动、位置驱动和智能文案组成，视频动态模板还额外有剪辑时长、视频封面建立等要素。要想不断在工作中沉淀和优化模板，首先要定义好的视频模板的评价标准，例如，一个好的视频模板 = 黄金 3 秒 + 视频美学（视频本身）+ 视频脚本（有高潮、有氛围、理解成本低、能调动用户情绪）+ 视频卖点（封面 +

标题）。

"优质的"内容由以下五种方式驱动。

方式一：提高转化率

提高转化率的核心是一定要从用户的痛点切入。以电商用户为例，根据用户对价格的敏感度可以将用户分为非价格敏感用户和价格敏感用户。针对非价格敏感用户，素材内容基于SKU维度，主打"多"和"好"。针对价格敏感用户，素材内容应立足于营销优惠，主打"省钱"。

方式二：热门商品/内容

将产品里的热门或Top级商品/内容在端外进行投放。比如，快手会将App内的热门视频及主播构建的Top素材对外投放。

方式三：优质素材扩充

对于历史表现优秀的素材，通过图像相似性搜索挖掘与之类似的素材，提升投放效果。

方式四：人工精选热点素材

人工精选热点素材主要是指市面上引起大家积极讨论的重点主题素材，我们要及时抓住热点，测试不同风格、样式、版位的广告素材的表现，有的放矢地进行高质量素材制作。

方式五：爆款预测

除了生产爆款，广告主也要积极尝试进行爆款预测，比如SHEIN企业投放大概率会成为爆款的最新时尚款素材，而不是已经被验证过的爆款素材，最终准爆款的点击率基本是爆款点击率的3倍。爆款预测比较适合游戏、新零售等用户需求变化快的场景。除了探索高转化率素材，对不是爆款的低质量素材要及时进行自动下线操作，避免预算的浪费。

（3）"稳定的"爆款素材是套用沉淀的套路化创意模板，并填充上优质的内容。这样能不断输出高质量的页面，推动落地页产出效率和质量的提升，从而减少前端探索成本，提高素材生产效率，最终实现获客效率的提高。

5.5.2.4 要素四：出价

广告主在投放出价的过程中除了要不断优化自己的出价策略，还要面对复杂的流量博弈（其中有同行业 / 同品类的竞争，还有来自不同行业 / 不同品类的竞争），为了解决上面两个问题，要结合出价策略和时间进行全局思考。

从出价策略上看，统一出价会造成用户质量差的问题，也就是低质量用户占比高，高质量用户难以获取。为了解决上述问题，我们可以利用 RTA 的能力根据人群质量进行出价。就像百度有钱花基于不同质量的用户进行价格参竞，提升广告在争取优质用户上的获胜率，最终实现了流量增加 14.51%，授信通过率提升 10.33%，同时 ROI 增加 20.06%。要想达到百度有钱花这样好的效果要做好两点：先是根据历史 ROI 表现对用户进行分层，再控制好各分层用户的出价权重——溢价系数；然后利用 RTA 能力根据平台出价 × 溢价系数进行个性化出价。

从时间角度上看，核心是在合适的时间以合适的价格找到目标人群，主要考虑外部竞品的影响和内部流量的情况，一般有以下三种手段。

手段一是行业热点激进增长。主要关注所属行业的热门时间节点，比如电商行业的"双 11"，因为在热门时间节点要利用势能激进增长，深挖老客价值，而不像平时以拉新为主，如果日常投放老客占比为 20%，那么热门时间节点投放老客占比可达到 60%。

手段二是相似客群非行业热点缩量。比如你是做教育的，和电商行业的用户重合度为 50% ~ 70%，在电商"双 11"提高出价的时候，你要减少出价，等过了热度再提高出价，错峰出价，降低成本。这就是不同行业竞争带来的影响。

手段三是流量波动调整。大家可以根据自己产品的情况在活跃度高的时间段加大投放，在活跃度低的时间段减少投放甚至不投放。活跃度是指用户对产品的核心行为多次发生，假设你是外卖产品初期的投放负责人，核心行为是用户下单，那么你可以看看不同时间段用户自然量的分布情况。这里为什么要强调自然量？因为自然量计算的是没有被任何手段干预的用户数，数据可信度高。假设你用投放维度数据去看活跃度，那么活跃度会受投放的影响，不够客观。假设你发现 10~12 点用户活跃度高，那么在该时间段你要加大投放，因为这时用户需求旺盛。而在凌晨 3~4 点，可以减少用户投放，因为产品初期供给有限，大部分店铺凌晨都关店了，这时进行投放也没有店铺能承接服务，转化率不高，成本自然也会上涨。

不同行业的活跃时间段不同，图 5-12 是字节跳动总结的不同产品的活跃时间段。

图 5-12　不同产品的活跃时间段（来自字节跳动）

5.5.2.5　要素五：承接策略

这里的承接主要分两部分，第一部分是用户点击广告进入 App 前的落地页，第二部分是低决策产品的促活承接转化，高决策产品的后续服务转化。

我们先看第一部分，落地页的作用是通过宣传产品卖点和引导下一步操作，承接优质流量，帮广告主提升 CVR，解决转化率低的问题。下面我们以百度有钱花为例给大家讲解如何做出一个"稳定的"爆款落地页。

如图 5-13 所示，一个好的落地页模板由四部分组成。

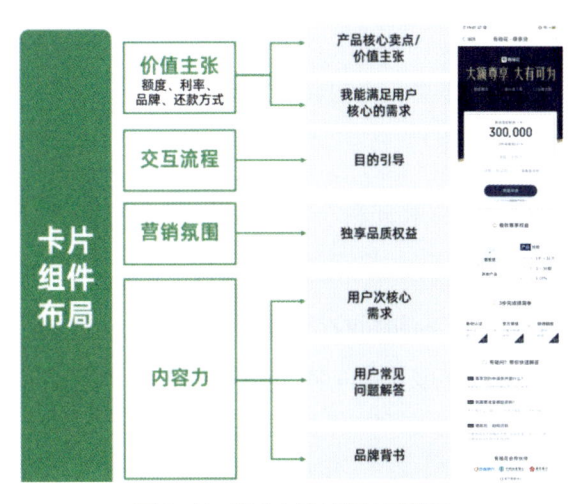

图 5-13　百度有钱花落地页模板

价值主张。主要站在用户的角度解决用户的需求，并在此基础上突出产品的核心卖点及产品和价值主张，展现产品的品牌形象，根据用户关心的内容进行合理排序。

百度有钱花通过问卷调查得出的用户关心内容排序是：额度、利率、品牌、还款方式、信任、信息安全、免息券、提额，以及实际的 Offer 和流程是否简单（图 5-13 中仅展示部分内容）。

交互流程。根据不同的产品类型进行不同方式的目的引导。流量型产品主要引导 App 下载，交易型产品又进一步分成高决策产品和低决策产品。低决策产品直接引导用户下单，高决策产品一般进行线索留资（留下用户手机号和姓名）或者在希望用户购买的高决策产品前加入降低用户决策成本的引流产品，引流产品就是在消费者付费之前给出的优惠和甜头，就好比健身房为了让你上私教课会让你免费体验一次。因为百度有钱花是高决策产品，所以关键是进行贷款申请引导。

营销氛围。主要是指产品带给消费者的奖励刺激，常见的手段有加强优惠感知的买一赠一或低价买爆品，增加紧迫感的限时限量购买，体现稀缺性的独有权益，以及通过"XX 购买了产品"等噱头制造从众效应。百度有钱花选择了独享品质权益。

内容力。包含用户次核心需求（比如百度有钱花显示贷款产品的使用流程）、用户常见问题解答和品牌背书，尤其是对于高决策产品或者品牌认知度低的产品，权威认证的品牌背书能够降低用户购买的心理门槛。

再看第二部分，后端的转化和前端流程一样不可忽视，大部分做投放的只关注投放的成本，却忽略了前端的每一个流量转化都会导致后端成本的逐层增加，尤其是高决策、重服务的产品，极低的获取成本会引入低质量的流量，导致广告主将时间浪费在低质量用户上，消耗客服的人力沟通成本，浪费销售人员的转化成本。要提高后端转化率，需要做好以下三点。

第一，端内端外一致性。比如端外用红包去吸引用户下载，端内就用红包去承接流量。

第二，多场景承接。快手曾经存在用户点击广告时主播没有开播造成用户流失的问题，为做好场景承接，就要根据主播开播的状态来实施，如果主播开播就直接跳转进直播间，如果主播未开播就跳转至主播的热门视频。

第三，用户分层承接。尤其是重服务产品，对于不同质量的用户要用不同的服务人员去承接。比如字节教育会根据用户的行为将其分为三类：A 类用户，填写完表单且分班成功；B 类用户，填写完表单，未加老师微信分班；C 类用户，只点击按钮，未填写完表单。再针对这三类用户进行成本分层，A 类用户意向最高，用 Top 销售人员跟进；B 类用户相对转化率较高，用普通销售人员跟进；C 类用户意愿一般，用 AI 机器人智能召回。

5.5.3　做好 KOL 投放的秘诀

在严峻的形势下，有一个新的增长红利点受到越来越多的青睐，那就是 KOL 投放。自 2019 年起，全球 KOL 投放价值翻了一番，截至 2021 年约创造 138 亿元收益。KOL 投放之所以蓬勃发展，是因为大家的信息获取渠道和消费决策习惯都在转变，使用契合时代变化的投放计划才能精准触达用户，实现转化与增长。

KOL 投放有四个非常大的优势：一是具有强大的用户影响力；二是能提升用户对新产品的信任感；三是能直接让产品和用户进行互动，提升产品的亲和力；四是能将广告和内容巧妙地结合，不但不让用户反感，甚至能让用户喜欢。

做好 KOL 投放的核心是选对 KOL，所以怎么选 KOL，以及怎么选好 KOL 这两大问题就显得尤其重要。

先看第一个问题，可以通过卡思数据找到抖音、快手、B 站、小红书等平台上的 KOL，还可以通过飞瓜数据找到抖音 KOL（有电商视频排行榜），以及通过新榜找到公众号 KOL。

再看第二个问题，怎么选好 KOL，关键是做好如图 5-14 所示的 KOL 投放五要素。

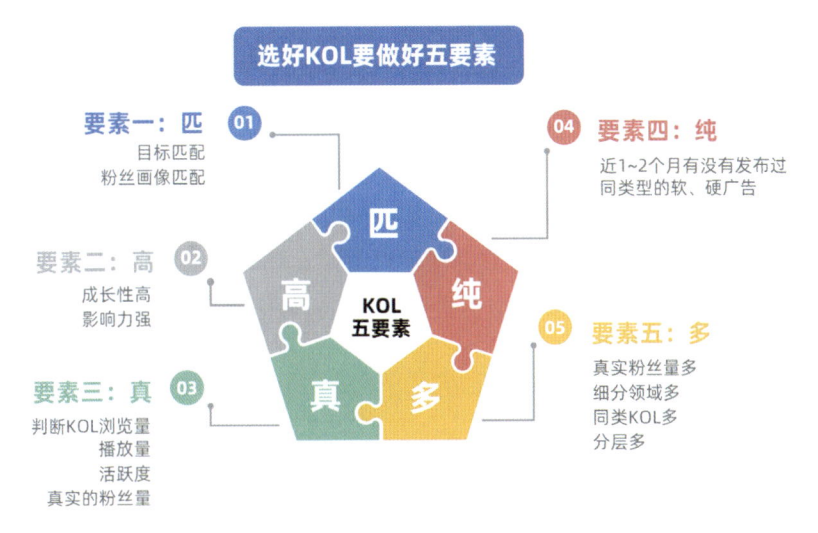

图 5-14　KOL 投放五要素

要素一：匹。匹即匹配，一是和目标匹配，二是和 KOL 的粉丝画像匹配。首先明确自己的目标，是为了实现转化还是为了提高产品的美誉度和知名度。目标不同，选取的 KOL 也不同，一般垂直类的 KOL 以实现转化为主，非垂直类的 KOL 做品牌曝光，因为选用 CPM（千人成本）模式成本低，特别适合大范围曝光造势。还要和 KOL 的粉丝画像匹配，这是基础条件。

要素二：高。主要是指 KOL 质量高，包括成长性高和影响力强。一定要看 KOL 当前处于生命周期的哪个阶段，已经过了爆发式增长期的 KOL，其性价比真的不高，这样的 KOL 不能选。但是大部分 KOL 的背后是 MCN 机构，可以看其所属 MCN 机构正在培养哪个新的 KOL，这个要重点关注，这就相当于"NBA 新秀"，价格不贵但是潜力无限。

要素三：真。通过 KOL 浏览量、播放量、活跃度（点赞、收藏、评论和分享等）和真实的粉丝量进行判断。大多数平台报价时都是以粉丝量为基础进行报价的，粉丝量越多报价越高。一般可以利用第三方工具（西瓜数据等）对意向 KOL 近三次的推广进行分钟级监测，通过数据曲线可以一眼看出他的报价是否有水分。如果后半夜增长迅猛，那么数据基本就是假的。如果没有工具支持，可以通过人工去核实。

要素四：纯。关注 KOL 近 1～2 个月有没有发布过同类型的软、硬广告，如果没有，表示广告越纯，推广效果也越好。

要素五：多。主要指 KOL 真实粉丝量多、细分领域多、同类 KOL 多、分层多。KOL 真实粉丝量越多，触达用户自然也越多。KOL 细分领域多，用户感兴趣的领域就都有可能覆盖。一般来说用户对一类内容感兴趣时，至少会关注 2～3 名同类型 KOL，当你选择一个 KOL 后，可以用卡斯数据、360 趋势、Blue Mc 对该 KOL 的粉丝进行查询，看他们的相关搜索和其他关注的 KOL 有哪些，将这些 KOL 都覆盖，从而达到通过多频次曝光提高用户转化率的目的。KOL 分层多是指，对各个粉丝量水平的 KOL 进行不同程度的覆盖，根据产品决策周期和预算的不同，调整 KOL 的投放比例和投放节奏，保证用户覆盖率和成本最低。我们一般把 KOL 分为五层，如图 5-15 所示。

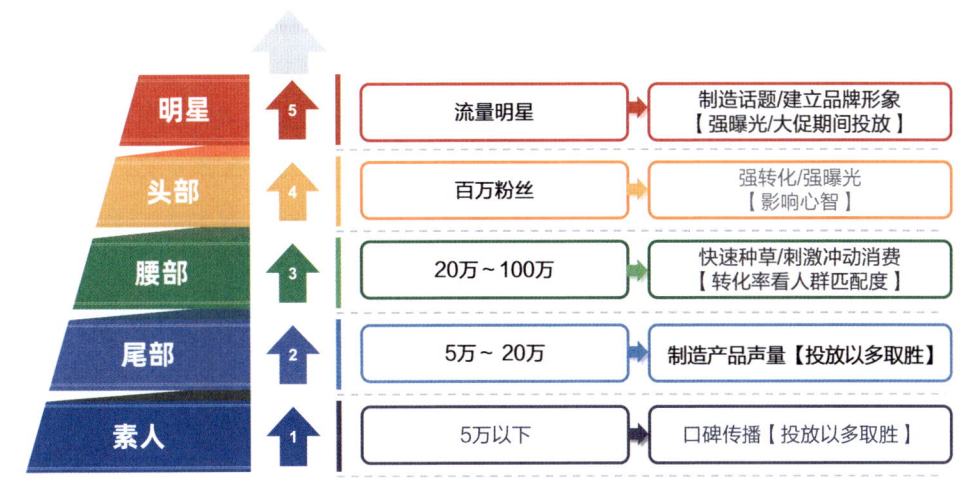

图 5-15 KOL 分层模型

底部一层是素人，我们一般把粉丝量低于 5 万的定义为素人，对这类 KOL 的投放以多取胜，目标是实现口碑传播；把粉丝量为 5 万~20 万的定位为尾部 KOL，对这类 KOL 的投放依然以多取胜目标是覆盖更多的潜在消费者，制造产品声量；粉丝量为 20 万~100 万的，我们将其定位为腰部 KOL，投放目标是快速种草，刺激冲动消费，人群越匹配转化率越高；粉丝量达到百万以上的，我们称其为头部 KOL，投放目标是强转化、强曝光，不断影响用户心智；顶部的就是明星 KOL，他们具有巨大的流量，一般在大促期间投放，通过明星影响力为品牌制造话题，建立品牌形象。

如果预算充足，可以将 KOL 分层模型中的五类 KOL 全部覆盖。如果预算不充足，就要结合产品决策周期考虑。若产品属于高决策产品，如营养品、金融产品等，则需要明星 KOL 或头部 KOL 进行背书，可以对头部 KOL 适当加大投放比例。如果产品是低决策产品，如日用品、生活服务产品等，则以腰部 KOL 和尾部 KOL 投放为主。

5.5.4　搭建广告投放系统四大阶段

随着流量红利进入瓶颈期，可拉新的潜在用户减少，产品也进入存量竞争阶段。这时，高效的增长在竞争中变得尤为重要。通过上述对投放五要素的分析，我们已经知道了投放资产和数据沉淀在投放中的重要性。那么，怎么将这些元素赋能给投放运营人员帮助他们降本增效，以及让管理层知道广告费是怎么花的，效果如何，后续怎么花？这就是搭建广告投放系统要解决的问题。在业务支持层面，广告投放系统不仅可以抽象不同业务的共性，沉淀通用数据的增长能力，高效支持不同业务拉新获客，还可以通过工具集成的便利性极大提高运营人员的工作效率。而在管理决策层面，连通的广告数据可以清晰地指明每一笔广告费用的走向，并且通过数据分析、智能工具辅助调配预算决策等，让每一笔钱都花得恰到好处。广告投放系统沉淀的素材和人群数据资产还可以辅助对其他增长方向的探索，由此可以明显感知到该系统的重要性。系统搭建一般分为两个关键里程碑：直投工具搭建和DSP搭建。

直投工具：广告主搭建直投工具不仅可以跨渠道聚合字节跳动、腾讯、快手、百度等广告平台的Marketing API，洞察全局，解决数据和资源分散等难题，还可以通过建立各种功能模块帮助投放实现降本增效。

DSP：主要是指构建全域智能采买平台（泛DSP平台），从媒体方，如字节跳动巨量引擎、腾讯广点通等接入流量。DSP业务涉及拉新和促活，核心功能包括智能出价、增量价值预估、优化用户定向（用户分层和用户偏好分析）、RTA策略等，通过流量采买和媒体合作实现数据共享来提升广告效果。

如果广告主的产品生态达不到超大规模，一般而言，搭建常规的直投工具即可。只有少量头部广告主，其广告费用达到一定的体量，技术和财力足够，这时可以考虑自建DSP。所以这里我们详细介绍如何从0到1搭建直投工具，不同广告主可以基于自己所处的阶段和需要解决的问题来搭建直投工具。

为了更好地满足业务投放目标，从0到1搭建直投工具包括基础能力搭建、投放规模化、投放精细化、投放自动化和智能化四个阶段。

5.5.4.1 第一阶段：基础能力搭建

第一阶段是搭建直投工具的基础，具体要搭建数据模块和基础功能模块。

（1）数据模块

数据模块中又包括API对接和投放归因/数据追踪。

API对接是指需要依托媒体能力的oCPX归因、数据回传等，优化广告主的转化行为，通过预估转化率来调整出价，为广告主选择转化率更高的流量并控制成本。主要利用的能力是基于媒体的Marketing API，针对当前的业务诉求（拉新、促活、召回），根据定向包圈选目标人群（基于Lookalike能力扩展相似人群或将内部人群画像透传到外部），算法基于历史已转化人群沉淀的数据和定向包找到人群的最优计划组合（根据投放资源位、预算、出价、投放时间、素材等融合投放策略），从而实现广告投放流程的自动化（自动投放 + 自动调控），并优化投放 ROI。

投放归因 / 数据追踪。需要借助媒体 Marketing API 的能力，将产品端内业务第一方数据和多渠道广告平台用户属性等第二方数据打通，实现对端内端外广告效果的全流程追踪，为挖掘高潜力新客打好坚实的基础。

（2）基础功能模块

基础功能模块的功能主要包括渠道管理（支持数据对接的回传管理和链接管理）、投放用户资产管理、财务管理、系统管理（账号管理、权限管理及日志记录）。下面一一介绍。

渠道管理。渠道管理分为回传管理和链接管理两个子模块。回传管理主要解决两个问题，一个是针对媒体的回传配置映射，一个是对不同媒体连接业务数据的特殊字段进行管理。链接管理负责投放链接分发和 APK 渠道包的分发，只有管好渠道链接，才能正确归因，从而串联用户端内和端外转化全流程数据，衡量渠道的 ROI，从而指导投放决策。

投放用户资产管理。投放用户资产管理包含信息流资产管理和 KOL 达人管理两大子模块。信息流资产管理主要包括管理投放管家、账户及广告代理商等，从而帮助投放解决两个问题：一是通过品牌、SKU 和投放目标等维度建立账户投放矩阵，有助于账户模型的学习及数据的沉淀；二是通过代理商返点广告费，节约广告成本。KOL 达人管理是指将达人媒体和自有的信息及数据沉淀在广告投放平台中，通过数据驱动完成对达人的最优选择、组合、投放、回收等，从而赋能广告投放。

财务管理。财务管理包含返点配置、绩效规则及财务报表三大子模块。返点配置主要配置代理或广告平台的返点比例，为财务对账打好基础。绩效规则是指投放运营的绩效结算规则，做好配置有利于线上化输出投放人员的绩效数据，节约人力核对成本。财务报表支持业务快速清算、结算，从而让投放变得更加高效。

系统管理。系统管理包含账号管理、权限管理和日志记录三大子模块。账号管理主要是针对直投平台账号的增、删、改、查。权限管理主要针对账号的功能权限和数据权限进行管控，在工作职责范围内进行权限开通，避免因权限过大造成数据泄露，给公司带来损失。日志记录主要记录平台的操作日志，方便在出现异常问题时追溯原因。

5.5.4.2 第二阶段：投放规模化

基础能力搭建完成，且全流程转化率满足一定标准后，就可以进行大规模获客了。需要使用素材工具实现投放的规模化，通过广告投放管理批量快速投放广告，利用自动监测工具通过配置各种规则自动监测和调整广告计划，对广告的预算和出价进行管理。

素材工具主要解决规模化投放的两大问题：一是用户获取的局限性，信息流广告基于算法是千人千面的，所以需要以规模化投放的方式针对不同人群提供不同的广告素材，用不同的卖点打动用户；二是时效性，因为一个素材投放久了会使用户审美疲劳，所以要通过规模化投放保持新鲜感。以视频素材为例，其一般平均活跃周期是 5 天左右，如图 5-16 所示。

图 5-16 视频素材平均活跃周期（数据来自字节跳动）

所以在投放素材数量庞大且对更新频率要求极快的背景下，就需要对视频和图片素材进行快速规模化制作，否则就会影响拉新效率。人工生产素材效率低，还不能规模化快速获客。只有自动化、规模化生产才能快速生产丰富的素材，实现事半功倍的效果。实施后，效率较之前能提高 15 倍，CTR 平均提升 25%，CVR 平均提升 61%。

素材规模化生产主要面临的挑战是不同 App、不同业务的投放素材形态都不一致，有图文类的、视频类的。对于不同业务，要提供几十万、几百万个素材，如何对其进行统一生产、管理、推送、投放、分析，这是一个很大的挑战，如图 5-17 所示。

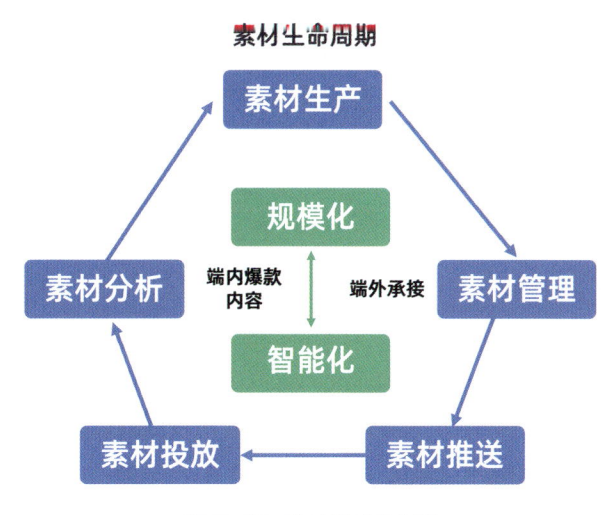

图 5-17　素材规模化生产

对于此类问题，解法一般是将素材解构成素材元素池，解构完成后，每个素材都有对应的标签体系。将素材库中的元素和策略投放引擎根据媒体平台的模板进行合成，我们将得到最终要投放的素材。

在素材合成环节，我们将投放效果归因到素材元素层面，而不仅仅是广告层面，从而要对每天投放的素材进行优选，保证转化效果。然后结合数据积累、优秀文案沉淀、元素库信息等情况进行投放，整体搭建素材方面的策略。

素材合成的关键就是模板设计，行业里的标杆拼多多，通过"类别×SKU×模板素材"可以实现每小时 30 万个素材的规模化生产，同时结合算法对素材进行打标，实现素材全流程标签化，找到素材投放的最优解。这些靠人工是做不到的，需要使用投放工具来实现。

广告投放管理。在第一阶段接入 Marketing API 数据满足基础建设后，第二阶段就可以利用此能力完成对广告组、广告计划、广告创意列表的管理及增、删、改、查等操作了，从而在直投广告平台单独或批量查看、编辑广告计划，批量新建支持跨账户、全流程、多样化的广告计划，可实现投放效率的提升。

自动监测工具。主要用于控制实时投放成本及追踪异常，追加、减少或关闭计划，进行成本调控。包含自动监测规则管理和触发报警，我们同样在第一阶段打通 Marketing API 接口后，对广告计划的预算、状态、出价等进行干预，防止出现计划空耗超出成本等异常状态。

预算与出价管理。出价时，根据历史信息计算各个渠道不同人群的竞价状态，在进行素材和人群选择后，推荐较优的出价策略，避免人工出价的摸索环节。

5.5.4.3　第三阶段：投放精细化

在经历第二阶段后，随着时间的推移，你会发现获客成本越来越高，新客量也没有增加。这就意味着需要进入第三阶段——投放精细化。该阶段要不断追求目标人群与素材触点组合的最优解，帮助企业降低投放成本，主要通过人群管理、人群洞察和落地页素材管理筛选客群，找到目标用户进行针对性投放，同时对人群进行不同素材的匹配及流失节点召回操作，降低获客成本。

人群管理。要根据渠道特点进行相应人群包的快速生成和推送，包含人群包列表（系统会展示各个渠道的 ROI、人群选择、量级等），以及人群生成、模型运算、人群下线等能力。

人群洞察。主要包括高转化率人群的洞察、模型的沉淀、潜力人群的召回、负向人群的排除、人群的圈选（即扩展相似人群或将内部人群画像透传到外部）和关键词的管理。

落地页素材管理。我们在第二阶段已经初步实现了规模化，解决了效率低下的问题。本阶段主要针对不同用户、不同投放目标，在落地页素材里动态向用户展示最契合的商品内容，构建出一套自动化、千人千面的广告投放流程，解决海量商品投放难、不确定给哪些人推荐哪些商品，以及如何向用户个性化展示商品内容这三大问题。为了解决这三大问题，需要加强动态落地页 DPA（Dynamic Product Ads，动态商品广告）管理。投放商品化的 DPA 落地页，相较普通广告来说平均投放起量效果能提升 5 倍，CTR×CVR（CTR 与 CVR 的乘积）平均提升 2 倍，平均留存率提升 20% 以上。通过对用户在一些 App 和广义商品上的互动行为（浏览、点击等）进行挖掘，形成一套商品库体系；然后基于广告主设置投放目标（拉新、付费、留存等）挖掘与 App 相关的用户行为库。不同的行为会对应不同的目标，商品库和行为库打通之后，就可以在不同的目标下为不同用户呈现个性化的素材了，实现精细化投放。

5.5.1.4 第四阶段：投放自动化和智能化

第四阶段要在搭建规模化投放流程的基础上实现自动化和智能化。自动化和智能化有两大特点：一是将人为的主观经验判断变为机器的客观评价；二是将人为的操作变为机器模型的智能化操作。在这个阶段，重点是针对预算、出价、投放、创意等进行智能化管理，以及运用 RTA 策略高效获取高质量用户，下面我们依次介绍。

智能预算。根据不同渠道智能分配预算，对每天的广告投放预算进行有效的流量预估和控制，解决业务三大问题：预算申请量、预算渠道的分配、预算分配增调的合理性。

智能出价。主要是指参与竞价需要对各层转化率进行预估。考虑到流程各个环节之间不是完全独立的，来自不同渠道的流量转化情况也不一样，高点击率的客户调起率可能很低，高调起率的客户可能商机率很低，所以为每一层的转化率单独训练模型学习效果不好，在建模的时候采取多任务优化联合建模更合理。如果产品是高决策产品，要注意模型的新鲜度和准确率之间的平衡。

智能投放。智能投放就是对广告的全生命周期进行智能化管理，如图 5-18 所示。投放引擎会根据后台的转化数据建立转化模型，模型会定期检测在线广告的状态。如果在冷启动期学习失败，投放系统会自动将广告下线，节约人工操作的成本。如果处于衰减期，系统会将广告置于自动下线的状态。部分广告的自动下线会驱动新一轮的例行投放，同时新增更多的广告。

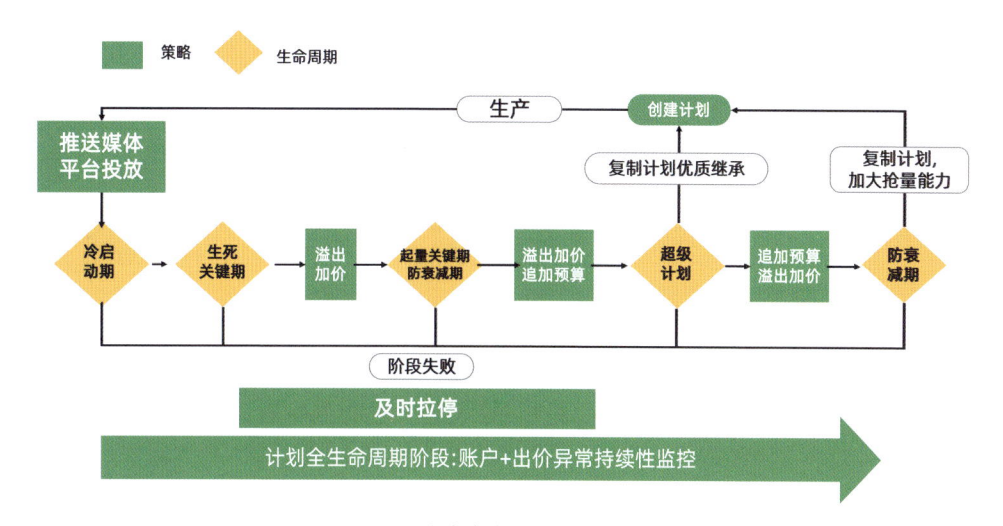

图 5-18 广告全生命周期智能化管理

达到 ROI 效果最大化的广告计划全生命周期管理策略如表 5-2 所示。

表 5-2 广告计划全生命周期管理策略

生命周期	价值	策略
全生命周期	监控广告计划异常状态；保障广告正常运行	账户异常：监控全生命周期账户余额，保障账户正常运行； 出价异常：监控全生命周期节点出价
冷启动期	保障广告正常运行，及时清空冷启动失败的广告，避免预算浪费	成本控制：控制广告空耗，及时拉停冷启动失败的广告计划
生死关键期	抓住机会，不死则生	高效抢量：用一键起量的方式高效抢量，自动上调出价；出价：尽最大可能保全广告计划
起量关键期	扩大人群范围，进一步探索，适当进行溢出加价	溢价抢量：对潜力广告提高出价； 消耗溢出抢量：消耗临近日预算时自动追加浮动预算
防衰减期	全程追踪数据，争取一切成为超级计划的机会	溢价抢量：在计划关键期可以适当追加出价； 清理低效广告：清理活跃度低的广告，避免预算浪费
超级计划	全程监控数据，延续计划状态	为优质计划追加预算：在预算范围内可以持续追加，持续拿量； 优质计划继承：针对起量能力超级强的计划，批量复制广告，提升超级计划的布局能力
防衰减期	尽量保持超级计划周期	溢价抢量：在抢量高峰期适当追加出价，保持计划的生命力； 清理低效广告：清理活跃度低的广告，避免预算浪费； 衰退补量：当持续出量的广告出现衰退趋势时，为了避免断崖式下跌，要提前把广告复制出来备用，防止出量广告彻底不可用时没有补充的广告计划

智能创意。主要利用创意函数白盒打分能力实现以下两个价值。

价值一：降低创意测试成本。这里的测试成本包括投放成本和测试创意的时间成本。可以针对广告主的待投放创意进行打分，广告主可以仅选择得分较高的创意进行测试投放，从而降低由于劣质创意带来的投放成本。得分低的可进行素材优化。正常一个素材要测试 3 ~ 5 天，会花费总费用 10% 左右的测试成本，如果能够通过前置化、白盒化打分能力测试创意，可以立即判断并决定是否需要修改创意。

价值二：明确创意优化方向。大部分创意优化整体上处于无序的状态。可解释的白盒打分能力能够让广告主确定优化方向，将无序的创意变成有目标的创意过程，根据打分的结果针对创意素材进行优化，便可做到"知其然更知其所以然"。

要想实现以上两个价值，首先可以用 2～3 个月进行素材打分模型的建立，并不断打磨模型。素材打分模型如图 5-19 所示。

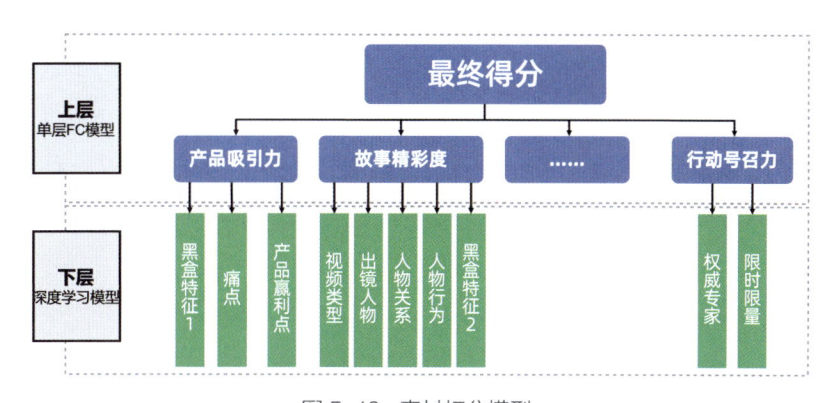

图 5-19　素材打分模型

该模型分为两层，下层利用深度学习模型构建创意特征（包括白盒特征和黑盒特征）和可解释打分的关系，上层利用单层 FC 模型构建可解释打分和最终得分的关系。通过设置若干组参数不同的模型，可以选出拟合效果最好的作为最终应用版本。

白盒特征是指基于广告内容的理解能力产出的符合人类认知的标签，如图 5-20 所示。

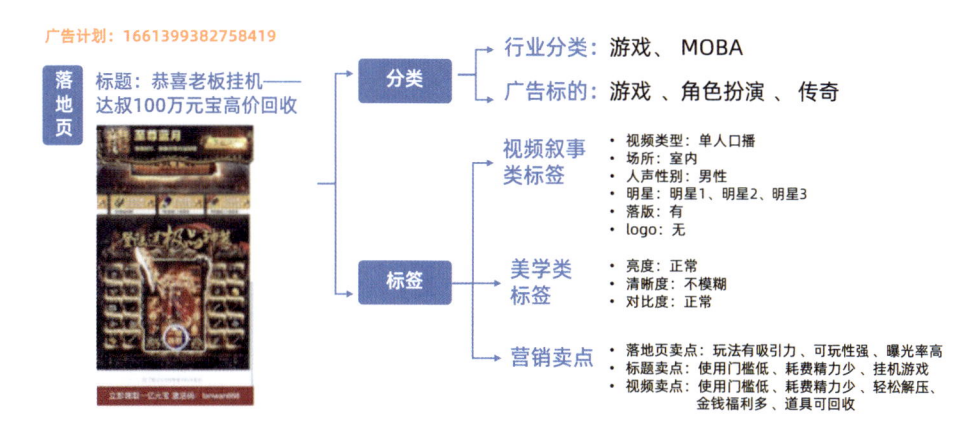

图 5-20　白盒特征

黑盒特征是针对广告创意，利用算法产出的人类较难理解的特征，如短时能量、过零率等低阶音频特征。

模型搭建好后，就可以在降低素材成本的同时不断打磨和完善模型的精准度，然后用两个月的时间实现可解释打分能力。可解释打分能力不仅能够告知广告主创意的好坏，告知广告创意中具体哪个标签没做好并给出优化建议，还能避免因为算法自身的不完善导致原本优秀的素材没有成为爆款就被下线的遗憾，模型会告诉你这是算法的误伤。

RTA策略。因为RTA策略对广告主来说有一定的门槛，要求广告主不仅要有数据的积累和分析能力（如果不具备可以引入第三方数据分析能力），还要具备一定的技术能力，和媒体共同利用数据能力优化投放效果。RTA数据应答是一种低延时高并发模式，需要相当专业的开发团队和额外的服务器处理多线程任务才可以获得理想的效果，因此，除非是头部广告主有大笔的预算搭建投放系统，否则，一般广告主不一定能够真正用好RTA策略。

5.6 拉新方向三：社交裂变之场景化拉新

依照前面介绍的"拉新方向一"和"拉新方向二"中的内容完成用户池的积累之后，如何更好地发挥用户池中的忠诚用户对产品的热爱的作用呢？这时，应该做的就是社交裂变——让忠诚用户成为产品的推销员。比起投放的广告，潜在用户更信赖身边朋友的推荐。

除此之外，假如你是网约车App的增长负责人，需要邀请更多的网约车司机，用什么增长手段最有效呢？我们先思考一下，什么样的用户最有潜力带来更多的司机？肯定是这个App平台上活跃的司机最有潜力。但假设选择广告投放的方式来开展工作，可能很难获得大规模的增量。因为很难垂直、精准地对他们进行定位。所以，比较垂直的B端用户产品，比如面向骑手、商家的产品，更需要靠社交裂变来扩大用户规模。当然，社交裂变对其他任何类型的产品也都适合。

场景化拉新是指，针对不同的人群在不同的场景下基于产品核心功能的价值外化，刺激用户进行裂变拉新。在做场景化拉新的时候，你需要有体系化的思考和行动模型，如图5-21所示。

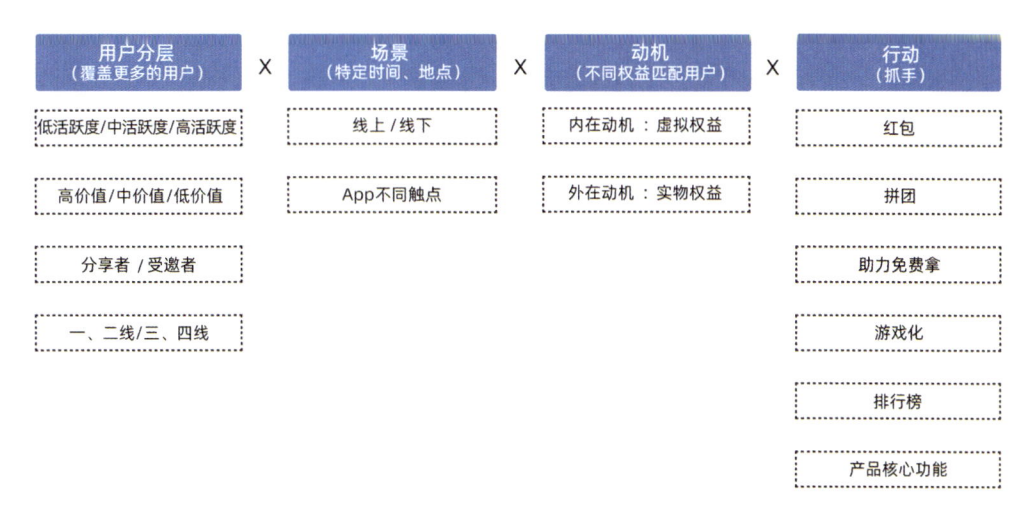

用户分层 (覆盖更多的用户)	×	场景 (特定时间、地点)	×	动机 (不同权益匹配用户)	×	行动 (抓手)
低活跃度/中活跃度/高活跃度		线上/线下		内在动机：虚拟权益		红包
高价值/中价值/低价值		App不同触点		外在动机：实物权益		拼团
分享者/受邀者						助力免费拿
一、二线/三、四线						游戏化
						排行榜
						产品核心功能

图 5-21 场景化拉新模型

基于 BJ Fogg 模型我们知道一个分享行为发生需要满足三个要素，动机、触发（场景）和能力（行动）。因为对于不同用户，触发的三个要素不尽相同，所以要在三个要素的基础上加入第四个要素——用户分层，从而保证场景化拉新的效果。

用户分层主要是指通过用户的基础信息、业务信息和行为信息进行分层，从而为通过不同权益刺激不同用户进行分享打下坚实的基础。比如，根据基础信息可分为一、二线用户和三、四线用户，根据业务信息可分为高价值用户、中价值用户和低价值用户，根据行为信息还可分为分享者和受邀者（分享者还可细分为分享一次用户、分享多次用户等）。

对于场景这个要素，关键是基于不同时间和地点（线上和线下，线上是指用户和 App 接触的不同点）的用户情绪。因为场景是触发物，即使是同一个人，在不同场景下需求也可能不同。场景能使用户自动产生某种情绪，而该情绪正好是刺激该用户进行分享的动力，这就是场景的价值。

动机主要是指产品促使用户进行分享的欲望，即分享出去可以满足分享者某方面的需求。对于此要素的思考主要围绕三个问题：一是"用户为什么分享"，主要通过物质方面的奖励和有精神愉悦作用的虚拟权益刺激用户分享，而对用户的刺激可以结合游戏八角模型去思考；二是"已分享的用户为什么不继续分享"，其原因除了动力不足，可能还有完成的阻力大，常见的阻力点是不知道怎么分享以及奖励到账慢、奖励和宣传不符等问题；三是"为什么有的用户不分享"，他的顾虑点是什么？大家喜欢在微信朋友圈"凹人设",如果发个"砍一刀"可能会让别人认为他把朋友当私域流量(针对这个问题,可以通过让分享者给受邀者一些特殊权益以消除其顾虑)。

行动(抓手)主要是指奖励机制的最终呈现形式,让用户更好地理解分享的好处,从而采取行动。常见的抓手有排行榜和基于功能本身的场景化引导等。

场景化拉新的关键策略就是基于关键要素,探索出满足不同用户在不同场景下的不同权益需求的增长模型,针对不同的用户找到适合的增长抓手。

5.6.1 关键策略一:用户分层匹配

将用户分好层后,需要不断提升权益的丰富性,进行用户分层匹配,以此来深挖不同层次用户的分享潜力,进而进行权益匹配,因为不同权益的刺激对象是不同的用户。

在本章后面的案例"快手极速版半年获取 6000 万名用户"中可以看到,实现用户多样性分享刺激后,转化率可能会提升 10%～15%。快手在对菲律宾实施增长策略时发现,红包对人均收入不高于 8000 菲律宾比索(1 菲律宾比索折合约 0.13 元人民币)的用户效果更明显。某头部出行公司也通过数据分析发现,收入达到一定水平的专车用户对一般的补贴激励的敏感度是会逐渐下降的,或者是不希望对外展示出"贪小便宜"之类的形象。此类用户通常有两个分享动机:一是希望展示出自己更优秀;二是"利他"心态,越觉得自己优秀的人越想帮助他人,而不是从他人身上获利。基于这些思考,我们可以得出一个结论:针对相对高端的专车用户提供的权益应是会员专属权益而不是红包。基于此结论上线的激励活动的效果是,上线初期分享率达到 50%～60%,在订单转化率上比用红包激励高 2～3 倍,而且通过此方式获取的用户质量很高——具体表现是留存率与 GMV(商品交易总额)都是采用过的所有增长方式中最高的。

5.6.2 关键策略二:场景选择

在场景选择方面主要有以下三个关键策略:一是现有用户分享峰值场景重点优化,二是新分享场景探索,三是增加场景化入口。

策略一:现有用户分享峰值场景重点优化。

这个策略主要针对分享效果好但拉新、促活转化效果不佳的场景进行重点优化,从而提高受邀者的转化率,进而提高分享者的分享频次。

策略二：新分享场景探索。

通过不断挖掘、探索未被满足的细分场景的用户需求，深挖不同用户进行分享的动因，持续不断地在不同场景下基于核心产品价值建立一个又一个新的小增长引擎，从而达到在提高老用户分享频次的同时，刺激未进行过分享的用户进行分享，最终给平台带来新类型的用户。比如，当友商都在通过发早、晚班的优惠券进行工作场景的"内卷"时，神州专车探索了未被发掘的接机、送机场景，而且只发接机、送机券，只要用户新下载并安装神州专车 App 就送 5 张专车券，集中资源"攻破"接机、送机市场。高峰时，神州专车一天的接机、送机订单量达到 4 万至 5 万单，不仅获取的用户数量多，而且用户质量高，因为在接机、送机场景下商务用户居多，客单价往往较高。

策略三：增加场景化入口。

增加场景化入口主要针对拉新、促活转化效果好但入口曝光少的场景，需要增加与该场景相匹配的入口。

5.6.3　关键策略三：分享动机的刺激和包装

这个策略主要针对拉新、促活转化效果好，但是分享率并不高的场景，重点进行分享者驱动力的挖掘。驱动力分为两类：内在的情感驱动力和外在的物质驱动力。分享者驱动力的深挖可以参考游戏八角模型（参见 4.6 节），这里重点讲解内在驱动力，外在驱动力将在下一节介绍活动拉新中的奖励机制部分进行讲解。关于内在驱动力，主要通过基于产品核心价值的包装或者基于情感化的方式促进用户进行分享，从而带来增长。主要有以下三种刺激用户进行分享的方式。

方式一：基于产品核心价值的包装。

比如，美团外卖基于核心价值之一——"省"，推出"拼好货"场景化分享功能，号召商家将招牌菜品低价让利给用户，通过免配送费和免包装费吸引用户发动其附近的其他用户集中购买，同时达到节省配送成本的目的。

美团外卖基于核心价值之一——"多"，把经营品类从餐饮拓展到生鲜、商超、鲜花、药品等。2022 年 4 月，美团买药在上海推出"全城找药"功能，将药品的搜索范围从过去的周边 3～5 千米扩大到全上海 16 个城区，帮用户"全城找药"。同时，对于超出常规配送范围的药品，美团外卖会唤起跑腿服务，帮用户取送，让用户更快收到药品。该功能上线时的公众号文章在微信朋友圈里被广泛转发，促进了用户增长。

对于核心价值之一——"快"，美团外卖制作了各种短视频，重点表达在恶劣天气等不同场景下，都能在 30 分钟内完成配送，引导用户自发分享。

方式二：情感化增长。

此方式的关键是在线上或者线下充分调动用户的情感。对于线上渠道，行业里在这方面做得比较好的是瑞幸咖啡，每天引导分享的文案都不相同，例如："今天星期一，请你喝杯免费大师咖啡，和幸运打个招呼！""今天星期二，请你喝杯免费大师咖啡，工作化繁为简！"

将线下分享和线上分享结合得比较好的是美团外卖。例如，利用游戏八角模型中的社交驱动力，美团外卖在"520"（网络情人节）的时候推出鲜花品类专题，买鲜花的同时还能收到配有不同文案的美团袋鼠头饰，很多收到鲜花的人或者送礼的人纷纷在微信朋友圈上"秀"头饰。

方式三：产品核心价值包装和情感化有机结合。

来看一个例子，神州专车推出的亲情账户功能。利用该功能，用户可以把账户里的余额共享给家人使用，还能与家人互相同步行程信息，有效强化了神州专车在安全方面的品牌形象。原本一个家庭里可能只有一个神州专车用户，通过这个基于社交关系的策略，神州专车把一家人都变成了用户。该功能上线 10 天即新增了 118 万用户。

无论采用哪种刺激分享的方式，都要做好特殊权益和现有用户的平衡。比如，某头部出行 App 的会员可以免费将会员权益分享给好友。由于该会员特权是稀缺资源，我们不能让它无限制地被非会员无成本获取，那样会导致会员特权的价值受损，会让会员对其产生廉价的感觉。因此，可在相关规则中做出限制，比如每位会员每个月最多可以将某权益分享给一定数量的好友，而且该权益的有效期在领取之后的 5~7 天内。

5.7 方向四：社交裂变之活动拉新

活动是拉新效果的杠杆，通过开展独立活动和联合活动，可以在短期内拉动某个或多个指标提升，当然前提条件是冷启动阶段积累了足够的用户。用户忠诚度越高，活动拉新的效果越好，活动越能获得用户的认可，用户越愿意分享活动。在做活动拉新的时候，我们需要具备体系化思维。

下面详细介绍北极星指标的制定与拆解、打造优秀裂变活动的关键要素，以及裂变中台搭建方法论等内容。本书拉页展示了笔者基于不同行业的增长实践总结出来的活动拉新的顶层设计，读者在学习本节时也可以参考其中的相关内容。

5.7.1 北极星指标的制定与拆解

活动拉新的北极星指标主要就是在 ROI（投资回报率）大于 1 的制约下，通过此活动带来的高质量新用户数及其在同期高质量新用户总数中的占比。将对应的北极星指标按用户的关键路径进行拆解，可拆解为"DAU（日活跃用户数）× 活动渗透率 × 活动点击率 × 活动参与率 × 活动分享率 × K 值（病毒系数）× 受邀者打开率 × 裂变触达的新用户转化率"。表 5-3 列出了一些北极星指标的拆解说明。这里特别说明一下，计算转化率三级指标的时候，以上一步节点的数据为参考，这样设定的目的是方便发现增长机会点。

表 5-3 北极星指标的拆解

指标名称	定义	关注的必要性
活动拉新大盘占比	活动带来的高质量新用户数 ÷ 所有高质量新用户数	该增长方式的特点是用户获取成本低，占比越高说明获客成本越低
不同活动的拉新用户数占比	用于衡量哪种活动对哪种类型用户的效果好，了解拉新活动的整体占比情况	衡量不同活动的效果
7 日 K 值	行业内一般有两种定义，分别是： （1）受邀用户数 ÷ 分享用户数（主动进行分享的用户数） （2）受邀用户数 ÷ 活动参与用户数	K 值能有效体现传播裂变情况
渗透率	曝光量 ÷ DAU	了解活动的推广情况、流量来源，以及用户对活动的认知情况
点击率	活动点击 UV ÷ 曝光 UV	了解活动价值是否展现到位
分享率	（分享按钮点击 UV + 分享邀请码用户数）÷ 发起人活动页面曝光 UV	了解活动的吸引力
受邀者打开率	被分享者页面 UV ÷（分享按钮点击 UV + 分享邀请码用户数）	了解受邀者的转化意愿

指标名称	定义	关注的必要性
裂变触达的新用户转化率	（7日内）裂变触达的转化用户数 ÷ 裂变触达的新用户数	了解受邀者的转化力

除了关注上述指标，为了更好地了解不同用户在邀请新用户方面的贡献，以便后续重点维护，我们会进一步对代表裂变能力的 K 值进行深挖，即研究不同用户的邀请占比指标。举个例子帮助大家更好地理解邀请占比指标：假设邀请 1 位好友的有 50 位用户，邀请 2 位好友的有 20 位用户，邀请 3 位好友的有 10 位用户，则指标计算过程如表 5-4 所示。

表 5-4 邀请占比指标计算

被邀请好友数	发起邀请的用户数占比	邀请占比（这部分占总邀请数的比例）
1	50/(50+20+10)=62.5%	1×50/(1×50+2×20+3×10)=41.7%
2	20/(50+20+10)=25%	2×20/(1×50+2×20+3×10)=33.3%
3	10/(50+20+10)=12.5%	3×10/(1×50+2×20+3×10)=25%

5.7.2 关键要素

在如今各种增长活动"内卷"的情况下，大家对裂变的阈值越提越高。要让自己的裂变活动打动用户，引爆传播，需抓住五大关键要素，如图 5-22 所示。下面将针对每一个要素进行讲解。

01 势能 时间 资源	02 活动玩法 游戏八角模型	03 奖励机制 花好钱、利用好资源	04 风控 拉的别都是"羊毛党"	05 全流程体验 做好五个关键子流程体验

图 5-22 活动玩法五大关键要素

如果是从 0 到 1 做一个新的裂变活动，要将精力重点放在五大关键要素的设计上，因为这是决定活动效果的关键。如果是要优化现有策略，就先通过数据分析找到需要优化的关键要素点，将其重点优化，达到事半功倍的效果，而不是想当然地去做很多碎片化的局部优化后发现整体数据并没有提高。经常有人问笔者：这五大关键要素的重要性如何排序？这五个关键要素没有绝对的轻重关系，而是相辅相成、缺一不可的。因为增长是系统性工程，是明确增长方向后各个要素的有机组合。转化率是基础，风控是保障，活动玩法决定 K 值的基线，奖励机制决定 K 值的上限，势能是锦上添花的杠杆。

5.7.2.1 推广势能 / 资源优势

大家在做增长工作的时候，是不是经常遇到这样的问题：拉新效果的"天花板"主要由已有用户的 DAU 决定，为了打破现有"天花板"，解决拉新规模化的瓶颈，急需扩展现有裂变种子用户。因为人的社交关系都是有限的，老用户能拉到的好友差不多都已成为产品的用户了，这个时候就要巧用推广势能，因为它不仅能打破存量用户规模的"天花板"，更能借助资源的品牌效应，增强用户对活动的信任感，从而提高活动参与率和分享率，进而形成网络效应。图 5-23 所示为快手 App 2020 年的下载量和 DAU 曲线图，从中能看到下载量有三个峰值，其产生原因都与用好了推广势能有关。

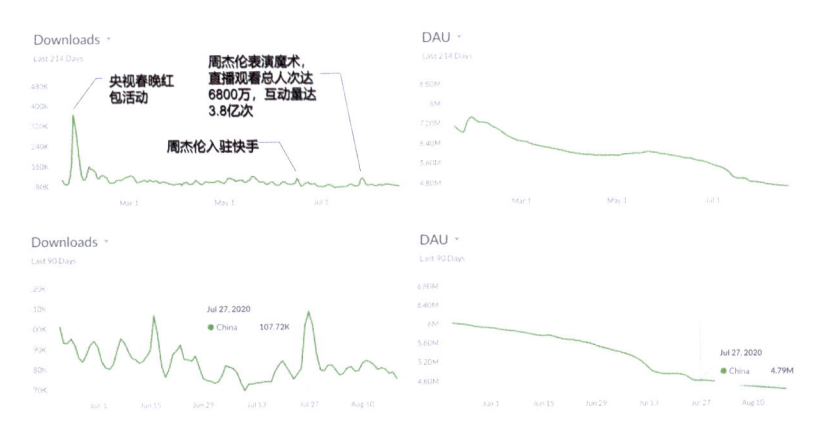

图 5-23　快手 App 2020 年的下载量和 DAU

峰值一：在 2020 年央视春晚红包活动的推动下，快手 App 的 DAU 达到了 3 亿，日下载量近 40 万；缩小了和抖音 App 的差距，将 MAU 的差距缩小到 6000 万。

峰值二和峰值三：快手利用周杰伦相关话题的势能破圈。破圈也是拉新中的关键点，快手还借助体育赛事资源为 App 带来几百万名新用户。

势能对用户增长的价值巨大，主要包括资源和时间。资源主要指明星（例如周杰伦独家入驻快手）、央视（DAU 1 亿以上、品牌美誉度高才符合合作条件）、IP、KOL（例如腾讯的全民 K 歌海外版借助 KOL 发红包成为 K 歌领域的头部应用）、KOC、渠道伙伴（例如美团外卖联合商家利用商家的私域流量——微信公众号等发布活动信息）等关键资源。明星等资源不仅成本高昂，而且可遇不可求。但是获取这类资源不一定要斥巨资，比如快手极速版做红包活动时也会与成本比较低的"羊毛党"合作，也能获得大量高价值用户。

时间主要指三种场景：热点事件、产品独有的节日和需求比较旺盛的阶段。

场景一：热点事件，一般包含常规的重大节假日和临时的热点事件。重大节假日包括春节、国庆等常规节假日。同样的活动玩法，借助节假日势能（例如将活动页面换成颇具某节日氛围的页面）可能会产生意想不到的效果。临时热点事件，相关案例可以参考腾讯微视做的"你是《隐秘的角落》里的谁"等热点活动。

那如何不错过每一次热点机会呢？这里推荐两类小工具：

- 常规活动：推荐使用"营销日历"等工具作为参考。
- 临时热点：推荐微信指数工具，可以通过日环比的涨幅数据来发现热点。

场景二：产品独有的节日，比如大家熟悉的淘宝"双 11"。

场景三：产品需求比较旺盛的阶段。比如，某头部出行公司通过数据分析发现，每周五六日是新完单数量占比最大的时段，于是针对该时间段做拉新活动。

这里重点和身处创业公司的朋友说一下，不要和大厂在大型热点上拼。例如，在"双 11"等热点时段期间，可以和大厂错峰做活动。当大型热点来临时，大公司都会做好充足的准备，拥有大额的预算、充足的人力资源，再加上其产品本身的流量，创业公司在这时做活动大概率相当于以卵击石。

那创业公司该怎么借助势能呢？比如，在线教育 App 的"周周邀请"活动、品牌会员日，尤其是利用好和自己的目标群体相关的临时热点。笔者在创业做金融贷款小程序的时候，借着北京国安和山东鲁能的足协杯比赛的热点，做了一个"支持的球队夺得冠军你可以瓜分百万奖金"活动。为了更好地进行裂变，笔者设计了一个裂变钩子：假设用户支持的球队没有夺冠，但是每邀请成功一位最终猜对冠军的好友，就能获得一定比例的奖金，多邀多得。最终这个活动带来了 40 万名新增用户，8.8% 的用户完成了后续转化。没有蹭不好的热点，只有不用心的增长人。

5.7.2.2 活动玩法

从事增长工作的朋友经常会思考：在增长活动越来越同质化的当下，如何寻找增长的突破口？选择精细化玩法还是创意性玩法？笔者认为创意性玩法更好，因为精细化玩法不如创意性玩法能影响的用户范围广，精细化玩法只能影响一部分用户，而创意性玩法影响的是全部用户。例如，2021年，快手在没有开展央视春晚红包活动的情况下，利用创意化玩法，用户下载量和留存率均高于同类竞品的水平。

由此可见，在增长手段越来越同质化的今天，拼的就是活动玩法的创意，因为它能让之前没有进行分享的用户愿意分享，让已经分享过的用户带来更多的新用户。注意，光有好的创意性玩法是远远不够的，还要把控好活动节奏，进行高效的传播，相关内容会在本节后面与读者一起探讨。

（1）创意性玩法

如图 5-24 所示，创意性玩法在刚开始用的时候效果是非常好的，但随着玩法被众多产品模仿，增长情况会有所衰减，但这也符合吸引力递减定律。所以，开展增长活动的时候，大家常用的做法是保持活动本身的核心策略不变，不停地变化具体玩法。比如拼多多领红包，从领 100 元现金活动玩法变成类似塔防类游戏玩法等（类似塔防类游戏的玩法是，先给你 100 元，如果在规定时间内这笔钱没有被耗子"咬"光就能领取，让钱不被耗子"咬"光的办法就是拼命邀请好友），但是两种玩法的策略没有改变。

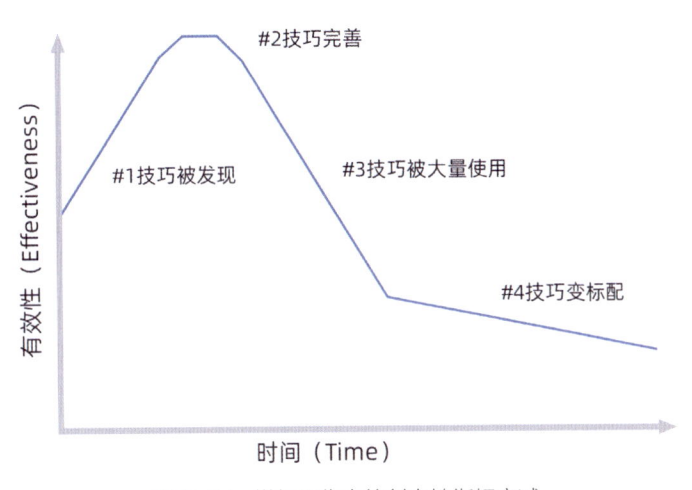

图 5-24 增长工作中的创意性指标衰减

下面通过一个案例来了解一下如何利用创意性玩法突破现有活动增长瓶颈。

案例：快手新业务"快看点"是如何利用红包创意使 DAU 增长到 117% 的？

"快看点"是一个类似今日头条的资讯类软件。在当时，拉新工作遇到瓶颈，经过对瓶颈点进行拆解，发现两个问题：一是怎么让更多之前没有参与过拉新活动的用户参与活动并促使拉新成功，考核指标是活动参与率、分享率和拉新转化率；二是如何让老用户带来更多新用户，考核指标是 K 值。

思考方向：如何增强用户驱动力，让更多的用户参与到红包拉新活动中来？游戏化策略能很好地提高活动参与率、分享率和拉新转化率，那如何让 K 值进一步提高呢？这里选择高 K 值的拼团玩法。

关键结果：在成本没有增加的基础上，DAU 增长到 117%。

关键策略：利用游戏化的互动玩法，即邀请成功 3 人得 1～99 倍翻倍卡。这个灵感来自小时候玩过的大富翁游戏，在买地的时候要通过掷骰子决定是双倍价钱买地还是免费买地。

游戏规则：用户能获得的红包总金额等于起始金额乘以分享后获取的倍数（翻倍卡）。起始金额根据用户质量决定，是 1～9 之间的一个数字，用户质量分越高数字越大。用户质量分由两个因素决定，分别是未来拉新能力和在"快看点"中的贡献度。未来拉新能力是指用户未来能为产品带来多少高质量新用户，贡献度主要依据近期发视频的数量以及用户的互动情况等，未来拉新能力比贡献度的权重高一些。倍数是一个两位数。在用户开始邀请其他用户之前，起始金额和倍数的个位数就会显现，但倍数的十位数隐藏。这利用了增长奖励前置的技巧，用户心里的小算盘一打，哪怕起始金额是最低的 1 元，倍数的个位数是 5，十位数哪怕是 1，1×15=15 元，收益也不错。这正是利用了游戏八角模型中的"拥有"驱动力刺激用户进行分享。此外，该活动还利用了游戏八角模型中的"未知"驱动力——倍数的十位数到底是什么——吸引用户不停拼团。拼团成功后，倍数的十位数会根据算法随机出现。因为进行分享的用户多，活动引发了势能效应，微信朋友圈中会有人"晒"红包金额，有的人"晒"自己是个"欧皇"，有的人"晒"自己是个"非酋"。

（2）活动节奏

一个活动通常分为四个时期，如图 5-25 所示，分别是预热期（非必需）、正式期、爆发期和尾声期。

```
                        高潮
                         │
              升温────────┼────────┐
               │         │        │
      感知─────┤         │       回温
       │      │         │        │
    ┌──┴──┐ ┌─┴──┐    ┌──┴──┐  ┌──┴──┐
    │预热期│ │正式期│   │爆发期│  │尾声期│
    └─────┘ └────┘    └─────┘  └─────┘
```

通常 3~5 天	通常 1~3 天	通常 3~5 天	通常 1~2 天
大型活动更久 活动亮点和利益点 吸引用户眼球	最大程度促进目标达成	集中各个流量资源和话题进行造势	做好用户承接

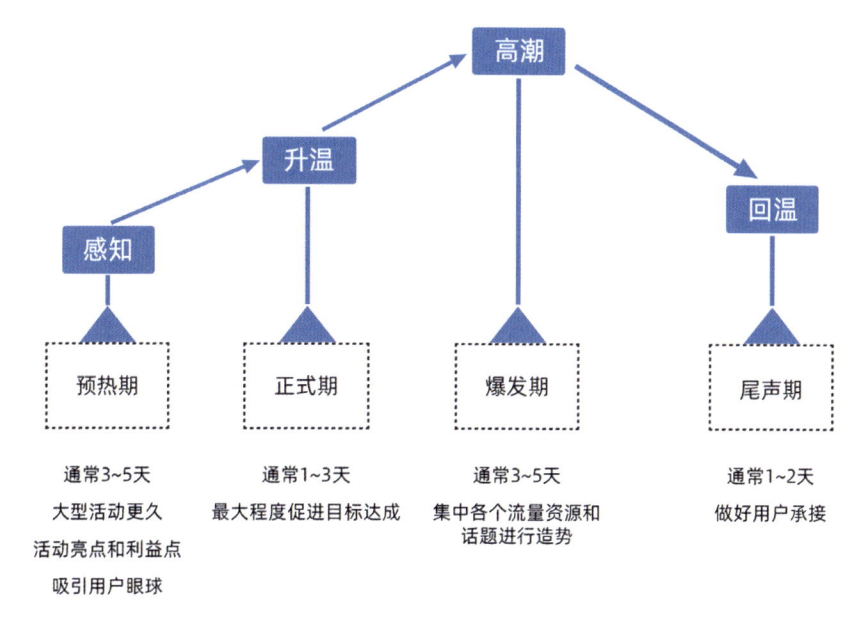

图 5-25 活动节奏

在探讨活动节奏前，我们先了解一下活动类型的基础知识，如表 5-5 所示。一般，央视春晚、奥运会等联合各个业务线、横跨多个部门、有大预算的是 S+ 级活动，电商平台每年举办的类似"616 品质购物节"和"116 购物狂欢节"的基于单个部门的大型活动是 A 级活动，像各个行业内的垂直类活动，比如每个月的宠粉节、珠宝争霸赛等，就是 B 级活动。

表 5-5 活动的类型

级别	定义	涉及部门	周期	资源投入	年度次数
S/S+	平台级、行业级 MAU+ 关键时间点	跨业务线、跨部门（运营、市场、产品、法务……）	筹备 1~3 个月，S+ 甚至需要筹备 5~6 个月；预热期+正式期+爆发期+尾声期，线上 10~30 天	站内所有 App 和站外资源	2~5 次，按季度/半年规划

续表

级别	定义	涉及部门	周期	资源投入	年度次数
A	节日、事件大促关键时间点/关键资源	运营和产品	筹备15~30天，预热期+正式期+爆发期，线上5~10天	业务App全资源	6~12次，按月/双月规划
B	专题、品类大促、垂直类	运营	筹备5~15天，正式期+爆发期，线上3~5天	业务App部分资源	13~30次，按双周规划

预热期（非必需）：一般只有S级和A级活动才有预热期，通常3~5天。大型活动的预热期通常会比较久，甚至提前半个月到1个月进行预热，比如淘宝"双11"、快手央视春晚红包活动。该阶段的重点目标是将活动亮点和利益点告知用户，吸引用户眼球，引爆用户传播，提前将流量锁定。

正式期：通常1~3天，该阶段的重点目标是最大程度地促进目标达成。

爆发期：通常3~5天，该阶段的重点目标是端内集中各个流量资源和预算，端外进行话题造势和媒体传播包装，全方面提高活动的热度和影响力，达成活动的目标。

尾声期：通常1~2天，该阶段的重点目标是对活动吸引来的用户做好留存、承接工作。

一个好的活动增长运营人员是节奏大师，懂得合理安排好活动的四个时期。

5.7.2.3 奖励机制

奖励主要包含实物奖励和虚拟奖励。采用实物奖励时一定要算好ROI。虚拟奖励一般分为两类：一类是电子资源，相较实物奖励具有边际成本低的特点；还有一类是满足用户精神需求的奖励。在设计具体的奖励时，需要考虑的因素包括：能否满足用户的认知度，能否带给用户足够的价值感，是否属于刚需，是否能覆盖较广人群，能否成为易耗品（吸引用户不断参加活动），能否匹配目标用户的喜好。具体奖励和产品的相关性越高，带来的用户的质量也就越高。

奖励机制要能解决三大问题：一是用户分享动力不足的问题，要清楚是什么阻止了用户进行首次分享，又是什么阻止了用户继续分享；二是用户的留存问题；三是在裂变达到一定效果后，进一步提升钱效（花尽可能少的钱获取尽可能多的用户）的问题。

先看问题一，可以通过以下三种方式增强用户的分享动力：一是找到用户最感兴趣的奖励；二是通过不同的奖励刺激之前没有参加过分享活动的用户进行分享；三是通过阶梯奖励的方式，用更多的奖励作为"诱饵"刺激已经参加过分享活动的用户邀请更多的新用户。

再看问题二，可以通过在不同关键节点根据留存行为的相关性设置不同级别的奖励，提高用户的留存质量。比如，用户完成注册时发放小奖励 A，完单时发放大奖励 B，等等。

最后看问题三，可以通过以下四种方式提高钱效：一是控制好不同时间段奖励的发放规则，二是根据用户的价值进行差异化奖励，三是找到不同层次用户的最佳奖励金额，四是加强用户对奖励的价值感知。下面分别介绍。

（1）控制好不同时间段奖励的发放规则

把握好活动奖励的以下三个阶段，裂变效率可能会显著提高。

- 第一阶段：MVP[1] 阶段。刚开始做现金奖励的时候，由于没有历史数据和相关经验作为参考，尤其是没有针对"羊毛党"的风控经验，所以主要目标是控制获客成本，跑通初版获客模型。

- 第二阶段：传播期。此阶段的主要目标是让活动快速传播，并获取大量新用户，因此获客成本可以稍微高一些，也就是现金可以给得稍微多些。

- 第三阶段：稳定期。此阶段的主要目标是控制获客成本，可以考虑除现金外的奖励，但是要保证在不降低转化率的基础上降低成本。

（2）根据用户的价值进行差异化奖励

要把奖励给到更有价值的用户。下面以快手央视春晚红包活动的奖励发放策略为例进行讲解（如图 5-26 所示）。

---

1. MVP，全称为 Minimum Viable Product，即最小可行产品。

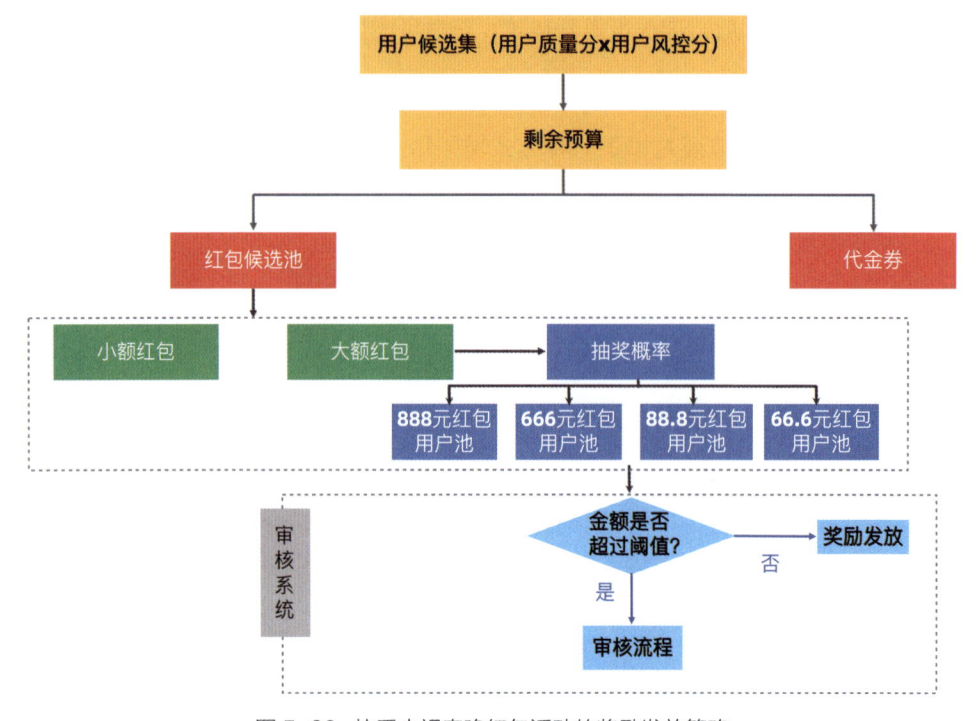

图 5-26 快手央视春晚红包活动的奖励发放策略

快手通过用户分对用户价值进行量化，用户分越高发放奖励的概率越高。用户分 = 用户质量分 × 用户风控分。不同用户的质量分评判标准是不同的，对于老用户，主要根据新关系链数、优质作者和优质读者这三项指标进行加权评分。之所以选择这三项指标，是因为新关系链数指标体现未来拉新潜力，优质作者和优质读者指标体现用户质量，这样符合将钱花得更高效的原则。对于沉默用户与新用户，主要衡量分享情况，据此赋予相应的用户分。最后看一下对平台注册用户的质量分进行聚类后的分布情况，决定用户质量分需要达到多少才有资格抽取大额红包。

风控分，就是某用户为正常用户的概率。只有质量分和风控分都满足已设定条件的用户才能进入大额红包候选池，其余用户进入小额红包候选池。进入大额红包候选池的用户可随机抽取到 888 元、666 元、88.8 元、66.6 元的红包。

（3）找到不同层次用户的最佳奖励金额

对于活动效果来说，奖励金额并不是越大越好，是有拐点的，需要针对不同层次的用户找到最佳奖励金额。这里和大家分享一个笔者以前做过的奖励金额测试案例。在一次快手新业务推广期间，曾测试过邀请到一个好友奖励 3 元、4 元和 5 元，看哪个方案的分享率最高。结论是 3 元。3 元就是该活动的最佳奖励金额，再增加对用户的刺激作用有限。

（4）加强用户对奖励的价值感知

设计出一个好的奖励机制，除了要关注前面所讲的奖励本身的价值，提升用户对奖励的价值感知同样不能忽略，而且这样能在相同预算条件下提升裂变效果。下面从三方面介绍如何加强对奖励的价值感知。

一是价值一体化展示与氛围建设。在氛围建设方面，主要是突出新客专享、折扣、时效性等。例如，滴滴通过此方式将拉新转化率提高了 4%。

二是场景化价值包装。比如，某头部电商平台的分享者可以将收到的优惠券进行场景化价值包装，变为免配券，奖励的成本没有变化，但整体的拉新转化率提高了 3%。

三是概率性奖励玩法。一个概率性奖励活动（例如抽奖）对用户的吸引力由奖品的价值感和中奖率两个因素决定（如图 5-27 所示），用户在参与活动时，会自然地对付出的行为成本进行评估，即用户感知到的中奖率高低将直接影响其参与活动的活跃度，奖品的价值感越高、中奖率越高，用户的活跃度越高。用户感知到的中奖率主要由两点决定，一是中大奖的概率，二是参与就有奖的确定性。

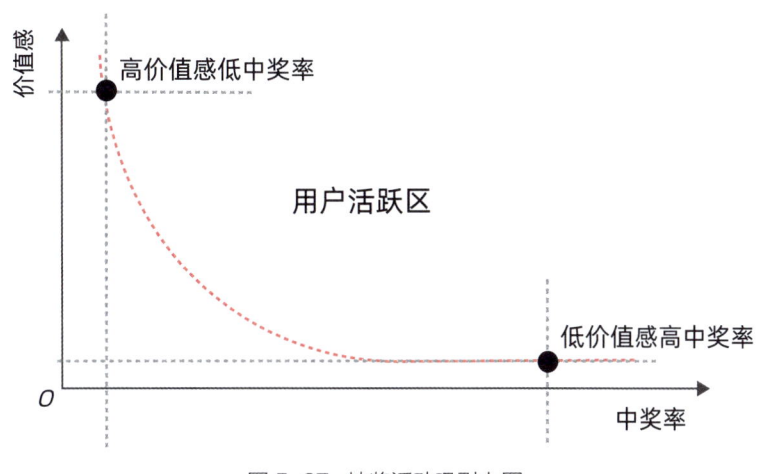

图 5-27 抽奖活动吸引力图

中奖率高意味着用户获利是比较确定的，此时奖品价值与参与成本之间有一定的差距即可。中奖率低意味着用户的获利是很不确定的，此时奖品价值必须远高于参与成本，用户才有参与活动的动力。在活动中设置彩蛋，会给用户带来惊喜感，分享率会有所提高。拿大家熟悉的体育彩票举例，2元一注，中奖率如果是80%，大奖金额在10~20元就会有大量用户参与，中奖率如果是1%，则大奖金额至少要在500元以上才有吸引力。

5.7.2.4 风控

2017年，某知名第三方支付平台10亿元红包引来大量"羊毛党"，根据网上流传的信息，有的用户在短时间内获得了上百万元红包。当时主要的作弊手段是找人大批量发送邀请短信，每条短信的价格在3分到6分之间，几分钱的成本有可能抽取到几角到几十元的红包，不少"羊毛党"仅3天就获利近千元。这就是风控工作没有做好，投入奖励活动预算不但没有带来高质量用户，反而造成了损失，得不偿失！

做发红包等实物奖励活动时，风控策略和奖励机制一样重要。风控工作主要包含两个方面，一是产品本身的风控，二是渠道的风控。

（1）产品本身的风控

风控的核心就是不留下任何套利空间，不断降低作弊者的收益、提高作弊者的成本。便利和安全防控是一对矛盾，我们希望用最小的代价避免"伤害"用户，因为大多数风控策略都会给平台或者用户造成麻烦。比如，为了安全增加用户实名绑卡验证环节，会使注册流程变得复杂，也可能会对正常用户造成"误伤"。所以实施风控时要尽量考虑周全，并针对可能的"误伤"准备好快速申诉流程等应对措施。

制定风控策略的首要任务是定义作弊用户。作弊用户一般分为"黑产"和"灰产"。

"黑产"是指那些在任何情况下均不是我们的目标用户的玩家。此类用户一般有两种作弊方式：一是通过技术手段伪装成目标用户进行套利操作，其本身对服务或产品没有真实需求；二是通过"人肉"方式，在任务平台发布任务，由他人完成相关操作，成功后由发布任务方领取奖励。对于"黑产"，我们可以通过黑名单的方式进行严格剔除，黑名单主要通过内部的模型算法生成，或者与外部机构合作生成。

"灰产"又称"羊毛党"，此类用户对服务或产品本身确实有真实需求，但是想在规则允许范围内多获取一些利益。他们在一定条件下可以转化为优质用户。而且，

"羊毛党"带来的新用户不一定都是非优质用户。对于"羊毛党"，不需要像对待"黑产"一样严防死守，仅需要控制其能获取的奖励金额。如果后期有必要"赶走"低用户价值的"羊毛党"，通过给更少的奖励让他们觉得无利可图、慢慢离开。

那如何用一套有效的风控机制来识别作弊用户呢？根据公司的规模和技术能力，通常有两类处理方式：一是自建风控团队，二是使用第三方风控系统。

先来了解如何自建团队做好风控、剔除无价值的用户，有以下一正一反两种方法。

正向方法是指根据用户的"旅程"梳理行为，找到哪个环节会给作弊者留下套利空间，并提出解决方案。下面以某邀请好友发红包活动为例简单说明，如表5-6所示。

表5-6 风控策略制定示例

	参加活动	邀请好友	邀请成功	好友行为	提现
正常行为	页面停留时间长	一定时间内进行一定次数的分享	平均每个用户邀请约2.2名好友	行为多元且任务完成较慢	绑定个人实名注册的微信提现
异常行为	页面停留时间短；同一地区、集中时间访问页面	同一时间集中进行分享	邀请好友数快速超过平均值数百倍	行为单一；同一时空批量完成固定动作	提现时间集中；钱款流向不同地方且行为序列相同；使用假证，或同一微信账号绑定多个ID
解决方案	控制单个用户价值成本；提高关键行为的成本	以小时为维度控制预算	限制为只有不同手机号、不同账号、不同IMEI、不同微信号才可以参与		设定阈值，金额超限时延迟到账；完善黑名单

反向方法是指通过一个非正常用户的行为特征找到多个有相同特征的作弊用户，并将此行为特征更新到风控库里。其中，非正常用户的行为特征可通过数据监控发现，可以是单一行为，也可以是多个行为的组合特征。表现异常的用户与普通用户相比，某些指标会过低、过高或处于具有统计意义的置信区间之外。找到"羊毛党"或"黑产"之后，要根据其行为的恶劣程度应用不同的处罚规则，并进行及时止损。例如，对于情节较轻者（影响面不大），取消获得的奖励，对于情节较重者（例如带领大家

集体作弊），进行不同时长的封号处理。最后，要进行风控规则的更新。

若公司没有风控团队，可以考虑接入第三方风控系统。即使公司有自己的风控体系，也建议更多地和外部合作，进一步完善风控的数据库信息。比如接入腾讯风控，它是由腾讯提供的服务，原理上是根据用户在微信体系下的行为进行拦截、标记。

（2）渠道的风控

渠道的风控是指所在渠道或平台对一些行为做出了规定，若开展诸如裂变等活动时违反了相关规章制度，会被平台处罚。相信在微信上做过裂变活动的读者都有过类似的"甜蜜的烦恼"，好不容易把裂变活动做得效果不错，但是因为违反了某条规定，账号立马被平台封禁了。如果要做诱导裂变活动，可以参考以下三种方式。

方式一：多级域名。

此方式就是在满足小流量要求的基础上，对多个主体不同且注册时间较长的域名进行"轮询"。但是需要注意，对于一些平台此方式是违规的，例如微信就会有专人盯着活动抓违规，一旦发现先是警告，如果再用多级域名就直接封禁分享接口能力。

方式二：分享载体口令码+H5页面回端。

注意，在某些平台使用这种方式时，如果口令码中被识别出品牌名，或者H5页面的访问量很大，H5页面可能会被平台封禁。所以，在H5页面没被封禁之前，以H5页面为主；一旦H5页面被封禁，分享方式改为口令码形式。目前，适合应用此方式的是基于抖音、快手等平台的流量型产品。

方式三：小程序卡片。

采用此方式时，放弃小程序的种子用户流量，在小程序中不进行裂变，用户进行分享必须从App端发起，分享载体还是小程序卡片。

- 如果活动触达的是有端用户，就拉起端，引导二次裂变和业务转化。
- 如果活动触达的是无端用户且该用户为新用户，引导用户去小程序做订单转化，放弃二次裂变。
- 如果活动触达的是无端用户且该用户为非新用户，引导用户下载App去找活动人口，发起二次裂变。

目前，基于美团、京东等平台的交易型产品的部分活动都采用了类似的方式。

总之，没有最好的方案，只有最适合的方案。读者应根据实际情况灵活地选择做裂变的方式，例如：如果不违规就用方式一，该方式是最能保证活动效果的；如果是流量型产品，建议用方式二，App 下载量比较有保证；如果是交易型产品，建议用方式三，因为交易型产品更在意是否完单，需要下载 App 会造成用户路径长、折损率高。

除了针对诱导裂变，微信针对奖励机制也有严格的规定，不少营销账号都曾被警告甚至封禁。虽然严格遵守微信的规定会导致各抓手的效果受到很大影响，但总比账号被封禁的损失小，所以我们要遵守微信的三点要求：奖励必须是即时到账可用的（有核销门槛的、需要进行兑换使用的，比如游戏道具等，会被封禁），奖励必须是明确的（奖励金额为数值区间的砍价、奖励物不明确的抽奖等，会被封禁），好友助力类活动的获奖门槛不能超过 5 人（超过 5 人的助力类活动会被封禁）。

5.7.2.5　全流程体验

全流程转化是做活动裂变的基础（如图 5-28 所示）。若用一个数字代表活动的效果，则全流程体验这个第五大要素相当于数字的第 1 位，前四大要素决定了后面有多少个 0。全流程体验 =（活动主流程 + 挽回流程）× 分享流程 × 使用流程 × 受邀者转化流程。如果每个流程的转化触点都能做到极致，活动效果就会有很大的跃升，而且参与人数越多跃升效果越明显。通常，组合后的整体效果远好于分别提升单个子流程的转化效果后的叠加效果，因为从哲学上说，当部分以有序、合理的结构形成整体时，整体的功能大于各部分功能之和。

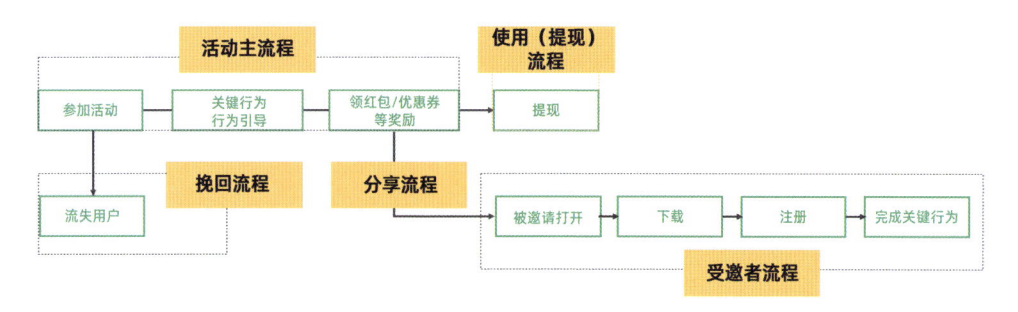

图 5-28　全流程转化

(1)关键节点一:活动主流程

活动主流程首页的设计一定要简单,切忌复杂,否则会非常影响活动效果。比如,在快手一个新业务的红包拉新活动中,一次优化迭代就搞得比较复杂,新增了不同邀请状态的好友列表等,结果活动的整体转化率比以前低了12%,是一次非常惨痛的教训。

一个简单、直接的主页设计方式主要由四部分组成(如图 5-29 所示):第一部分告诉用户邀请好友最多能得到什么奖励,第二部分告诉用户通过哪几步能获得最大金额的奖励,第三部分告诉用户如何邀请好友(新手引导),第四部分告诉用户分享渠道有哪些。

图 5-29　快手红包拉新活动页面

除了要重视活动首页的设计,还要重视节点的奖励,就是利用社交关系让分享者引导受邀者完成有助于培养留存习惯的关键行为。下面以快手的例子详细说明。

案例：快手极速版半年获取 6000 万名用户

快手极速版用户数半年内从 0 到 6000 万，超预期 2 倍完成目标，其中一个关键的增长策略就是红包拉新。之所以能取到这么高质量的裂变效果，是因为不单单把注意力放在了拉新上，那样可能会造成活动结束时用户也跟着流失了，并没有真正留存下来。纯拉新模式都是"拉新→分享→拉新"的循环，没有让受邀者体验到产品的核心功能，更没有让用户养成产品使用习惯。而快手极速版在引导用户分享和引导受邀者变成分享者时加入了三个关键环节，如图 5-30 所示。

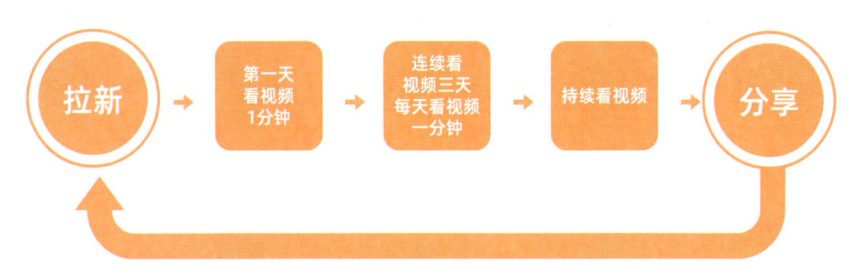

图 5-30 快手极速版引导用户分享的关键环节

- 关键环节之一是"Aha 时刻"，在本案例中是指第一天看视频 1 分钟。

- 关键环节之二是让用户养成使用产品的习惯，在本案例中指连续看视频三天、每天看视频一分钟。

- 关键环节之三是让用户持续感受到产品的价值，从而提高用户的留存，在本案例中是指持续看视频。

其中第一个关键环节的奖励设置非常重要，甚至会影响整个活动的成败。第一个环节的奖励一定要让用户能快速感受到奖励的价值。曾经有一个头部生活服务类 App，把最后一个环节的奖励设置得非常有吸引力，想作为钩子吸引更多用户参与，但忽略了第一个环节的奖励的重要性，将其设置得吸引力不足，结果导致分享率跌了 10%。

（2）关键节点二：挽回流程

除了优化核心路径的流程，还要针对即将离开核心路径的用户设计挽回机制。如图 5-31 所示，京东 App 针对离开活动页面的用户，利用其厌恶损失的心理设计了一个获得限时福利的挽回弹窗，由此将此类用户的下单数量提高了 62.1%。

图 5-31　2020 年京东"618"活动主会场的挽回弹窗

（3）关键节点三：分享流程

在分享流程中，需要做好分享的引导以及提高分享的传播效率。良好的分享引导不仅能让分享者尽可能多地进行分享，而且能充分利用所覆盖人群的渠道进行广泛分享。提高分享的传播效率是指促使用户进行的分享尽快达到极限值。比如，快手极速版的产品团队发现，大多数用户的邀请好友行为发生在参与活动的当天，那么是否能通过某种方式刺激用户在参与活动的当天就完成分享行为，从而提高分享的传播效率呢？经过思考，产品团队决定通过物质奖励来刺激用户，参与活动的当天完成邀请好友任务可得额外奖励（如图 5-32 所示），这充分利用了用户厌恶损失的心理，最终将拉新数据整体提高了 30%。

图 5-32　新手限时任务——邀请好友

（1）关键节点四：提现（核销）流程

在前面的流程中，用户完成了我们希望他完成的动作，我们也应该兑现奖励承诺，并为用户提供良好的奖励获取体验。优化此流程对我们有三大价值：第一，提现流程是风控的最后一道防线，优化此流程能减少作弊用户带来的损失；第二，降低获客成本；第三，提高邀请到的高质量用户数。这里通过快手的案例介绍设计提现（核销）流程的两个关键要素：一是首次提现要快，二是恰到好处地设置提现门槛。

首先，首次提现要快。快手为了激励用户快速完成第一次分享动作，针对此类用户专门设置了低门槛的 1 元提现阶梯，而且提现后"秒到账"。对于品牌认知度不高的产品，奖励的到账速度尤其要快，但为了防范"羊毛党"，奖励金额一般不宜过高。

其次，恰到好处地设置提现门槛。有人可能会问：这不会影响用户体验吗？如果提现门槛设置得过高，确实会降低用户继续邀请好友的动力，但恰当的提现门槛会让用户为了马上能提现而努力邀请更多好友，从而达到降低获客成本的目的。对此，快手设计了任务式提现类型，分别设置了 5 个提现阶梯，如图 5-33 的左图所示，分别是 1 元、3 元、10 元、20 元和 50 元。任务式提现类型对用户行为的激励不仅体现在邀请好友上，还能引导用户完成核心价值高的行为，从而达到提高留存、拉新指标等目的。如图 5-33 的右图所示，快手新业务"快看点"设计了专属任务式提现类型，即只有满足该任务的条件才能提现成功。

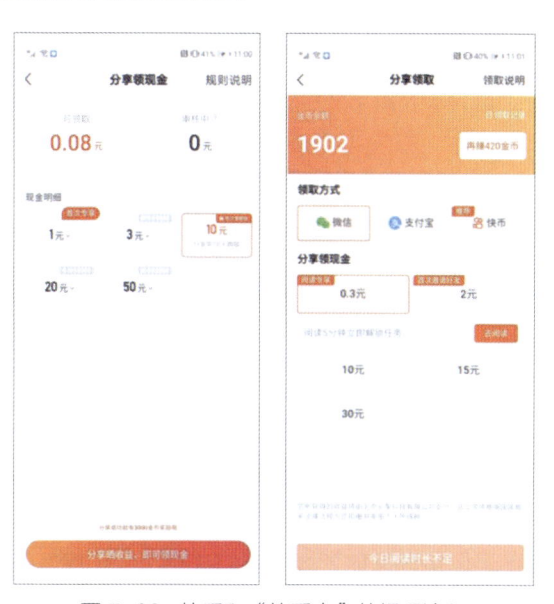

图 5-33 快手和"快看点"的提现流程

（5）关键节点五：受邀者流程

前面优化了分享者的分享流程，受邀者流程同样不能忽视，因为受邀者的体验直接影响分享者的奖励情况，进而影响分享者的动力。受邀者流程的优化主要解决两个问题：一是完成指定的任务帮助分享者快速获得奖励；二是在完成任务后，受邀者如何更好地留存。其中，受邀者的留存是做流程优化中的难点，要想解决该难点有两大策略：在活动主流程里，通过设置奖励机制让分享者引导受邀者体验核心功能，从而进行转化；在受邀者下载并激活 App 后制造牵引力，即额外发放新的奖励，做好新手期的用户养成。

这里以笔者的朋友做的出行类 App 新手养成计划为例进行分析。设计新手养成计划时要思考三点：引导用户完成多少单才能确认留存稳定？多张优惠券是一次性发放还是多次发放？如果多次发放，时间间隔如何设定？第一点，通过新用户订单量和留存的关系分析判断后得出，新用户在首呼 19 天、完成 4 单后，月留存情况趋于稳定，那么 4 单就是要引导用户完成的订单量目标。第二点，通过 A/B 测试得知，多次发放比一次性发放效果好，但要将多次奖励的总和进行提前展示。第三点，要清楚新用户完成首单后每一单到下一次呼单的时间间隔对留存的影响。根据数据分析得出：每一单与下一次呼单的时间间隔为 5 天时，用户留存情况稳定。于是，优惠券发放策略为：在用户完成首单后 20 天内的前 4 单，每单均可获得立减优惠券；发放时机为每单完成后发一张下次订单可用的优惠券，且每张优惠券 5 天内有效，如果第 6 天再完成下一单，因为之前获得的优惠券已过期，该订单不核销优惠券，但是完成后仍会发放优惠券。最终，此计划使用户完单转化数据增加了 4.7%。

这里要问读者一个问题：大部分关键触达转化率高，拉新的整体效率就一定会高吗？这里分享一下笔者在做红包邀请优化的时候踩过的"坑"。为了提高传播效率，笔者不断进行分享按钮引导的优化。因为根据传播学，增加参与传播的人数能有效改善传播效果，故而引导用户往人数多的渠道进行分享。为了引导用户往微信群进行分享，笔者在分享组件中的微信群分享按钮上加入了奖励金额最高的标签进行引导，结果分享率涨了 8%，但是整体的数据却没有涨。最后，深入分析发现是受该部分利益刺激的分享者已经基本分享得差不多了，应该让更多没参加分享活动的用户进行分享。所以，设计针对不同用户的奖励机制才是解决当前增长问题的良方。增长工作不在于你做了多少件事，而在于你是否抓住了真正要解决的"一"件事，要找到事情的本质。

5.7.3　基础玩法

一个好的活动 =（活动玩法 + 活动奖励机制 + 风控）× 全流程转化 × 势能。根据活动玩法、获得奖励的门槛，以及活动的奖励机制，至少能组合成 60 种基础玩法，为了实现增长效果的最大化，科学地选择策略十分重要。

根据活动目的设置奖励的门槛，根据产品所处生命周期中的阶段以及需要刺激分享的人群选择奖励的机制，根据产品决策模型选择活动的玩法，它们共同决定了有多少用户会参与活动，以及有多少用户会成功参与活动。

奖励门槛的设置一般分为两种模式。模式一是以追求用户数量为目的的助力模式，用于用户促活或者前期迅速积累用户池。一般情况下，受邀者在活动页面上点一下，分享者就可以获得奖励，奖励门槛比较低。模式二是以追求用户质量为目的的模式，奖励门槛相对比较高，一般要求受邀者完成产品的某个核心行为。

奖励机制一般分为虚拟奖励和实物奖励，它们能刺激到不同用户或者同一用户在不同场景下的分享动机。实物奖励主要满足用户有利可图的分享动机，对于下沉市场用户效果尤为明显。虚拟奖励主要满足用户炫耀、有趣和互惠等分享动机。产品所处生命周期中的阶段决定了奖励的成本：处于成长期时，为了快速获取用户一般预算比较多，实物奖励选择现金；随着产品进入成熟期，实物奖励一般就变成了代币类，比如优惠券、积分等。

产品决策模型一般分为低决策和高决策两种类型。产品类型的不同决定了拉新活动的玩法不同，其产品类型的核心区别是当下是否能快速产生需求，所以基于二者做拉新活动的主要区别是：对于低决策产品，容易通过利益刺激产生增量需求；对于高决策产品，不能直接通过利益刺激产生增量需求，需要通过让用户产生需求的联想，即把对产品的体验和用户生活中会经历的场景关联起来，不断培养用户的心智。红包玩法普遍适用于低决策产品，在一定条件下也适用于高决策产品，比如旅行类 App 在春运返乡高峰或者寒暑假这些场景下发红包就是有效果的。

为了让读者根据产品决策模型更好地进行活动玩法的选择，笔者针对市面上的优秀增长案例总结了常见的十三大活动玩法（如表 5-7 所示），并在下面介绍用得比较多的几个玩法。读者在学习优秀增长案例时一定要注意，能否获得理想的增长效果，不在于你学了竞品多少花里胡哨的玩法，而是在于是否洞察增长背后的动因。没有深入思考动因，就算是像素级地进行学习和模仿，效果仍旧不一定好。

表 5-7 常见的活动玩法

名称	目标	决策模型	分享动机	关键因素	K 值	成本	用户质量
群裂变	拉新	低	利益	诱饵（奖励）、玩法、转化率和风控	6~10	较低	较差
分销裂变	付费用户转化	高	利益	分销玩法、势能、转化率、海报和分销生态建立	较高	较高	高
打卡类	促活	高	社交、炫耀、成就	海报、热点势能、产品相关数据挖掘	较低	极低	高
测试类	拉新/促活/留存	均可	炫耀、谈资	热点势能、分享海报设计、匹配度	较高	极低	较差
红包裂变	拉新	高	利益	红包策略、风控、推广势能和转化效果	2.2~2.8	中等	较高
答题类	拉新/促活	低	使命、PK	题库设计、游戏化、PK 氛围、钩子设计	低	低	中
游戏化养成	拉新/留存/付费	低	使命、创造、未知和利益	玩法和成本平衡	较高	极低	中
拼团	付费	低	利益	产品选择、分享人群选择（长尾）、分享者和受邀者驱动力挖掘	3.6~4.6	中等	较高
免费拿/砍价	拉新	低	利益	奖励机制、转化率和风控	8	较低	中等

续表

名称	目标	决策模型	分享动机	关键因素	活动关键数据特征		
					K值	成本	用户质量
大转盘/翻一翻	促活/付费	低	未知、稀缺和利益	获奖概率设计、大奖提升参与度	中等	较低	中等
抽号	拉新/付费	低	稀缺、社交、成就和利益	产品稀缺性选择、玩法和海报设计	比较好	极低	较高
集碎片	拉新/留存	低	社交、拥有、成就和稀缺	产品稀缺性选择、玩法和转化	中等	较低	中等
组合	拉新/促活/留存/付费	低	稀缺、社交、炫耀、成就和利益	奖励机制、线上和线下定位、活动高效组合	较高	中等	中等

5.7.3.1 拼团

拼团是指多名用户一起购买商品时，可以用更优惠的价格获得商品，商家以此为刺激点利用用户的社交关系带来用户的裂变。通常来说，成团率在30%~40%之间，开团率在40%~60%之间。拼团活动能充分发挥作用的基础要素是产品的选择，产品要满足两点，一是用户高频使用的产品，二是产品在平台上的口碑比较好。

拼团活动根据目的不同可分为两大类，分别是真人拼团和模拟系统拼团，前者的目的是增加付费用户数，后者的目的是提升订单量。真人拼团根据发起人的门槛又分为两种：老用户才能发起的拼团，以及所有用户都能发起的拼团。只有满足一定条件的老用户才能发起的拼团适用于高决策产品类型，因为需要后端重服务进行转化，如果获取的用户质量不高，会造成将有限的销售资源浪费在低质量的用户身上，拉新效果低下，而老用户真切地体验过产品，所以能很好地进行宣传，从而促进拉新效率提升。所有用户都能发起的拼团适用于低决策产品类型，获取新用户后能自行转化。这里以最复杂的真人拼团为例进行流程讲解。

（1）用户发起拼团，系统先判断用户是否符合平台设计的发起拼团的要求。比如，若平台设计为老用户才能发起拼团，如果是新用户发起会提示不满足条件，如果是老用户发起则进入下一个流程。

（2）参与者参与拼团，系统依次判断是否满员、活动是否结束、成团时间是否过期，等等。如果判断结果都是"否"，则进入下一个流程；如果拼团活动已结束，或者产品库存不足，则提示拼团失败，只能原价购买；如果已满员，或者成团时间已过期，则引导参与者发起新的拼团，或者原价购买。

（3）拼团成功，参与者以优惠的拼团价格购买产品。为了更好地提高拼团效率，要对在规定时间内没有完成拼团的用户进行召回。

5.7.3.2 免费拿

此玩法就是分享者通过邀请好友免费拿到自己想要的商品，同时实现为平台拉新的目的。其玩法主要分为以下三步：

（1）用户 A 看到可以免费获得的商品列表，选择产品并填写地址后，活动的进度条显示达到 90% 以上。

（2）若想砍价，需要通过微信邀请好友帮忙，用户 A 将砍价链接发给用户 B。

（3）用户 B 砍价后，发现有可以免费获得的商品，于是也加入免费拿活动。活动实现循环裂变效果。

因为需要邀请到足够多的用户才能获得奖励，所以该活动具有一定难度，导致分享者实际的完成率并不高，通常能免费拿到商品的用户占比为 10% ~ 40%。由于没有免费拿到商品的用户摊平了活动成本，所以可以用较大的奖励作为"诱饵"，让参与者带来更多的新用户。此类活动不仅获客成本较低，K 值还比较高，做得好的电商 K 值能达到 8 以上，最差也能达到 3.5 左右。之所以 K 值能达到这么高，是因为"免费拿"这个钩子具有很强的吸引力。

这里重点分享一下不少免费拿活动在奖励机制方面遇到的问题。相关的奖励机制通常有两种设计方式：一种是多商品供选择，另一种是单一商品免费拿。究竟选哪种呢？虽然单一商品看似限制了用户的选择范围，但对团队的选品能力要求高，而且对头部用户的刺激不够，谁愿意拿多个一样的奖品呢？相比较而言，笔者推荐多商品供用户选择的方式，那样不仅降低了选品的难度，而且更好地刺激了头部贡献者。

5.7.3.3 游戏化养成

游戏化指将游戏设计元素应用于增长活动，使目标用户产生类似游戏的体验，通过游戏化的方式让用户觉得参与的活动像游戏一样好玩，从而达到增长目标。不管是传统行业还是互联网行业，游戏化活动都会越来越火爆。之所以大家都愿意尝试游戏化活动，主要因为以下三个原因：一是能降低分享者和受邀者的参与门槛；二是能增加年轻人的参与度；三是能增加新的分享场景，尤其是解决了用户非即时性需求产品的增长难点。为了帮助读者更好地设计游戏化养成活动，笔者基于多多果园等市面上做得不错的养成类游戏抽象出了一个游戏化养成模型，如图 5-34 所示。

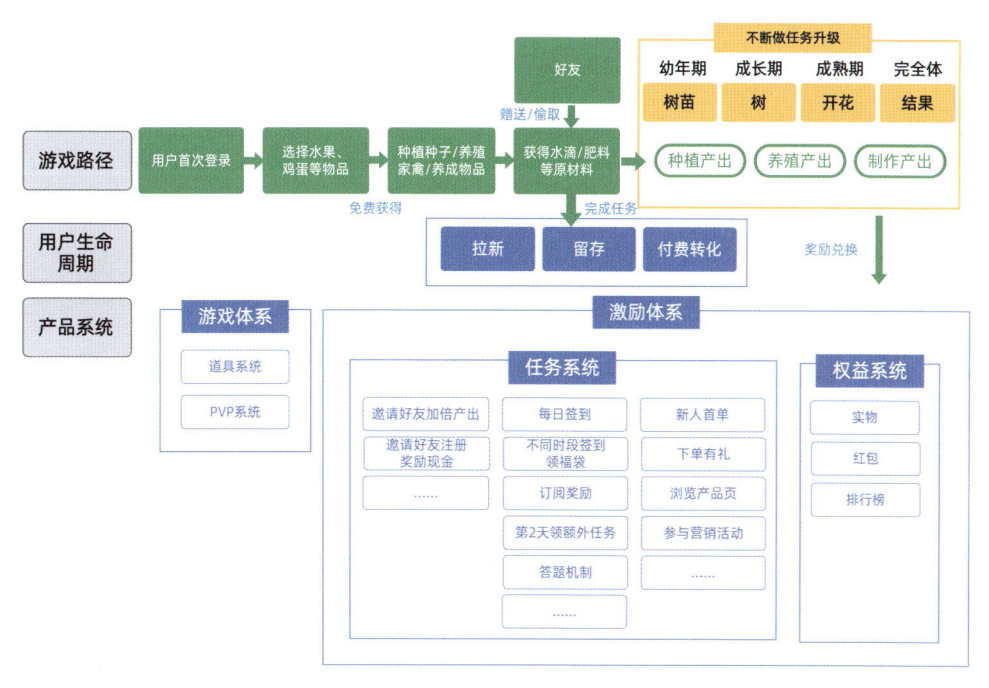

图 5-34 游戏化养成模型

在用户生命周期的不同阶段和游戏路径的关键节点匹配适合的产品系统，从而完成增长目标，这是游戏化养成模型的基建，主要分为两大部分，分别是游戏体系和激励体系。

(1) 游戏体系

游戏体系分为道具系统和PVP系统。

道具系统是游戏玩法的一部分，更加符合游戏本身的规则和玩法，增加活动的趣味性，从而增加用户完成游戏任务的可能性。一般的玩法是在游戏过程中，用户可以通过完成核心行为得到宝箱，宝箱中会有一部分随机道具。这些道具主要用于帮助养成物快速成长，比如冰晶花坛（浇水加速）、云朵宝宝（给果树浇水）、奇异水滴花（收集水滴）等。宝箱中还有一些用于增加趣味性、带有社交属性的道具，比如多多果园的看门狗（防止其他用户偷水）。

通过PVP（player versus player，玩家与玩家对战）系统可以利用对战和团队荣誉感刺激用户完成任务。以拼多多为例，游戏中的PVP主要体现在可以邀请好友进行浇水对战，15分钟内浇水次数多的获胜，其间还可以去好友的果园偷水和捣乱（如放杂草、虫子等）。

(2) 激励体系

激励体系分为任务系统和权益系统。

任务系统是游戏的基础，可以将需要用户完成的大任务拆解为多个小任务。通过引导用户完成游戏中的任务，可以达到促进付费、提升活跃度、拉新等核心目的，例如浏览商品、拼单、邀请好友种树等。次要任务有抽奖、打卡瓜分水滴、答题、抽签等多样化、趣味性的活动，可以在增加趣味性的同时提高用户的活跃度。

权益系统的功能是更好地让用户完成任务，例如通过实物奖励、红包奖励和排行榜等方式激励用户。

多多果园依靠游戏化养成玩法，在上线不到15天内，就实现了用户量达到4000万，每天超2亿人次使用，累计200万名用户收到水果。

游戏化的玩法不局限于养成类游戏，这里讲它是因为它是游戏化里做得最好的。

其他常见的游戏化玩法还有以下两大类。

- 模拟经营类：其特点是场景选择和产品相关联，游戏的自由度大，天然具备社交属性，利于用户在游戏中进行互动，在提高黏性的同时还能进行裂变传播。可参考案例有连咖啡和京东合作的"全民营业开小店赢分红"。
- 闯关类/排名打榜类：其特点是目标感强、动力足、竞争激烈，具体玩法是将任务拆分为一个个关卡刺激用户通关，通过不断开发新的关卡给用户惊喜感，在提高黏性的同时能更好地达成增长目标。可参考案例有《怪企鹅学滑板》（VANS 和腾讯智慧零售一同打造）、《丝芙兰冰雪派对》和《江小白城市英雄》。

5.7.3.4 分销

分销是指发动老用户（付费用户为主）或者新用户带来新用户（体验用户为主）的增长方式，重点是维护老用户（尤其是核心付费用户），发动他们展开产品化与规模化的邀请动作，同时借助销售服务完成新用户转化。分销是比转介绍更大的概念，只要一个用户可以邀请另一个用户完成指定动作，就称之为分销。

要想做好分销，需要考虑以下五大要素。

要素一：分销玩法，包含分销者的选择和奖励机制。

先看分销者的选择，根据成为分销者的门槛可将分销玩法分为三种模式，要结合产品类型和成本预算进行选择。模式一是无条件、无门槛的人人分销，比较适合低决策的产品。假设高决策产品采用该模式，很可能会获取一些产品意愿度不强的用户，还浪费了销售转化的资源，得不偿失。模式二是满足一定消费金额的老用户分销模式，比较适合高决策产品。假设低决策产品采用该模式，就会限制新用户的获取规模，毕竟低决策产品相对好转化。模式三是缴纳一定保证金的代理模式，也比较适合高决策产品。相比模式二，从分销者（此模式下也称"代理商"）角度看，因为付出了成本，要快速把投入的钱挣回来，所以分销的动力会更强。但由于门槛的提升，在这种模式下分销者的规模短期会受到限制，长期来看滚雪球效应明显，企业对分销者的管控力进一步加强，但也要额外付出更高的成本，需要有相应的组织架构进行赋能。具体是指企业要有一个渠道部，这个部门的主要工作职能就是开发代理商、帮助代理商销售产品。运作流程一般是：代理商缴纳加盟费、保证金、充值货款，具体金额根据实际渠道政策定。代理商会成为企业的区域代理经销商，直接销售产品。除此之外，企业的市场部还需要配合提供一些物料，比如海报、产品手册、案例手册等，通过帮助代理商在当地线下举办一些市场活动达到获取更多用户的目的。市场部也会向企业的渠道部提供渠道线索。

再看分销者的奖励机制。因为分销玩法主要靠物质奖励驱动分销者进行分享，所以奖励机制非常重要，用公式可表示为：奖励机制 = 固定奖励 + 随机奖励 + 阶梯奖励。不仅如此，还要做好奖励到账的及时性，以及奖励到账的即时提示。固定奖励是为了给用户确定感，让用户知道付出就会有回报。随机奖励是为了给用户惊喜感，能进一步提高用户的参与率和分享率，可以直接发放随机金额的红包，也可以采用类似火花思维的大转盘玩法。阶梯奖励是为了提高邀请 K 值，一般 K 值能达到 18 左右，二级分销带来的订单规模通常能占到整体订单规模的 1/3。根据分销模式的不同，奖励机制的设计核心逻辑略有不同。如果采用的是代理模式，通常不像前两种模式那样以鼓励为主，更多地会采用奖惩分明的考核机制。及时到账是为了打消分销者的顾虑，迅速建立信任感；到账的即时提示是为了加强分销者对奖励的感知，毕竟奖励到账时的心情是非常愉悦的，这个心情能让人更高频地分享。

除了考虑对分销者的奖励，也要考虑对受邀者的奖励，毕竟"双向奔赴"的奖励才是好奖励。对受邀者可以给一些和产品相关的专属奖励，提高受邀者的购买转化率。受邀者的转化率越高，分销者就越有动力。比如，对于教育类产品，分销者推荐报名，受邀者能享受到限时报名优惠或者独家课程干货。

要素二：势能。为了让更多的人都来参加分销活动，需要做一些活动来增加分销的曝光度，比如周周分享，或者节假日等专属活动。

要素三：全流程转化，主要是指通过不断打磨分销者的分享流程，提供便捷且优质的分享流程，降低分销者的分享阻力，从而提高分销者的转化率。例如，提供一键复制功能，基于平台准备好的高转化率的邀请语快捷生成个性化海报（如图 5-35 所示），在提高分享便利性的同时，提高分销者转化的成功率。

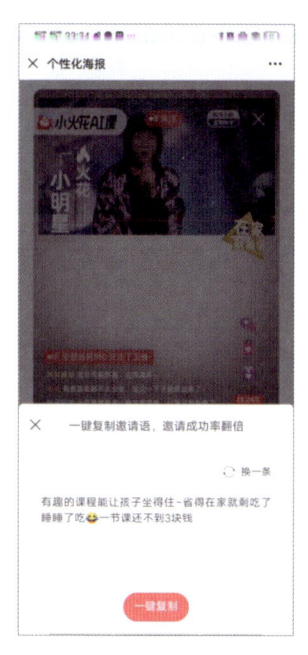

图 5-35 火花思维的一键复制邀请语功能

要素四：海报，主要是指做好两类海报的设计。一类是分销者招募下级的海报，设计重点要突出成为分销者的好处以及分销产品的价值，让分销者感受到产品好、分销难度低、奖励丰厚。另一类是分销者邀请好友转化的海报，为了降低分享者的压力，要突出受邀者能获得的好处。除此之外，海报也不能千篇一律，可以结合当时的场景进行海报的设计。笔者之前设计分销者招募下级的海报时，就曾结合春节假期"初五迎财神"的场景，仅将海报的标题改为"加入我们财神跟你走"，海报访问 UV 就比平时高了 4～5 倍。

要素五：分销生态的建立。这个要素主要包含两个方面，一个是合伙人对企业价值观的宣扬，另一个是用户分层培训机制。这里以樊登读书会为例帮助读者更好地理解。先看对企业价值观的宣扬，樊登读书会将它的价值观传递给分销者：每年一起读 50 本书，帮助 3 亿国人养成阅读习惯。这会让参与其中和即将参与其中的人认为要做的是一件对社会有益的事情，而不仅仅是像微商一样单纯挣钱。这样可以解决分销者分享压力越来越大的问题，他们在分享的时候不再觉得是在"消耗"朋友圈，而是在分享有价值的内容。再看用户分层培训机制，目的是帮助不同用户都能挣到更多的钱。新手能通过培训快速挣到第一笔钱，老手能通过一些新的分销技巧挣到更多的钱。樊登读书会在验证了"知识 IP+ 优质内容 + 矩阵号 + 付费投放 Dou+"推广模式的效果后，立即对 8000 多个分销商全面开展了运营培训。

做分销的时候可能会遇到两个问题，先看最常见的分销规模化问题，通常可采取以下四个策略应对。

一是节点奖励。随着风控机制的完善和用户数据的积累，后期可以围绕用户流程中的不同关键点做精细化奖励。对用户的奖励可以不像前期那样只针对付费行为，可以在注册时就给小奖励，把长期任务分解成一个个小的目标任务，将分销难度变小，加快奖励的发放，这样会促使更多的分销者参与分销。例如，VIPKID 设计分销（转介绍）玩法时，就将用户的关键流程分成了注册、试听、付费、留存四个部分，完成均有奖励，对付费的奖励不仅针对新用户的正价课，针对老用户还有续报课的奖励。

二是赋能分销者针对不同用户提供多样化的转化抓手。例如，不再对所有用户都通过商品介绍页这个单一抓手开展分享活动，而是针对品牌认知度不高的用户提供企业品牌介绍页作为抓手、针对有需求但是犹豫不决的用户提供有价值的内容分享页作为抓手。这样，通过提高分销转化率让更多分销者持续分享，保证分销的规模。

三是建立公海（一定时间内未跟进的客户资源）和私海（私人范围内的销售资源）用户池，把一些销售人员来不及跟进的线索提供给分销者，解决分销者社交关系有限的问题，从而延长分销者的生命周期。

四是不要局限于线上招募分销者，还可以采用线下招募城市代理人的方式，在增加分销者数量的同时，做到线上和线下的双轮驱动。线下场景除了引流作用，还有一个很大的优势就是能够建立信任感和增强品牌感，因为在线下可以进行面对面的沟通，快速拉近人与人之间的距离。

做分销的时候可能会遇到的另一个问题是成本问题。当获取的用户量达到一定规模时，企业就会考虑降低成本，通常的做法是接入实际奖励成本更低但奖励感知相对较强的积分商城，但该策略不适合代理模式。这个做法的主要考核目标是接入积分商城后能保证效果不降，但成本能够有效降低。

5.7.3.5 组合活动玩法

上面讲了市面上常见的几种活动的单一玩法，下面介绍如何将至少两种基础玩法叠加在一起构造新的创意，玩出新的花样，激发不一样的化学反应。叠加玩法不是无序地组合，而是选择目标人群历史沉淀效果好的活动进行组合。组合活动玩法分为以下四大方式。

方式一："一石多鸟"刺激不同需求。

因为裂变分享要满足用户的很多方面需求，如果一直进行多活动、单利益刺激，即使活动做得再多，带来的实际效果也有限。结合不同行业的数据来看，一般 60%～80% 的用户只参加一个活动。这时，就需要用多利益点、多活动刺激不同用户的分享行为。例如，某头部背单词软件企业调研发现，用户喜欢现金奖励，于是打卡活动、邀请活动，还有结业分享活动都进行现金奖励，结果发现用户分享率不高。这时，企业想到是否可以尝试用新的奖励抓手刺激之前没有参与分享活动的用户，于是就设计了一个探索实验（如图 5-36 所示），刺激用户的不同分享需求。打卡活动的奖励从原来的现金红包变为用户的学习自我督促和"凹爱学习人设"，来刺激用户进行分享；结业分享活动的奖励也从原来的现金红包变为"凹我很厉害人设"，来刺激用户进行炫耀。结果实验 2 比实验 1 的参与率高 11%。所以，对同一类用户不要只用一种方式进行刺激，哪怕是效果很好的现金红包，也不能持续吸引用户，要在不同场景下满足用户不同方面的需求、进行分享驱动力的挖掘。

图 5-36　对用户不同方面的刺激的 A/B 测试

方式二：增长连环计。

增长连环计是指根据处于生命周期中不同阶段的用户组合开展目的不同的活动，不能仅局限在拉新阶段，在整个增长的生命周期内开展多个环环相扣的活动，让竞争对手抄作业也得抄一段时间。比如，某头部生活服务平台新开拓某城市的时候，业务部门希望增长部门设计一个拉新活动，不仅能新增用户，还能让新用户参与交易，交易完成后还能培养用户养成长期留存在平台的习惯。但结果往往是得不偿失，越是什么都想满足，越是什么都满足不了。一般，一个单一活动只有一个目的，越简单效果越好。因此，按目标进行活动拆解并重新组合：如果目标是增加新用户、获取用户规模，就选择助力玩法；如果目标是追求新用户质量，就选择激励用户完成核心任务的玩法；如果目标是培养新用户的长期留存习惯，就采用任务券包的策略。最终，用增长连环计将这三个活动组合，从而实现获取的用户数量多而且复购频次高等多个目标。

方式三：方式一 + 方式二。

此方式是指利用差异化活动巧妙地将处于生命周期中不同阶段的用户串联起来，并用不同的奖励刺激用户不同方面的分享需求。例如 2021 年抖音央视春晚红包活动的组合玩法，红包作为物质奖励刺激部分用户进行拉新，排行榜则利用使命感和荣誉感刺激另一部分用户进行拉新，这就实现了通过不同奖励刺激用户不同方面的分享需求，而签到和答题活动则用于满足提高用户留存这一需求，实现了增长连环计的设计目的，如图 5-37 所示。

图 5-37 2021 年抖音央视春晚红包活动

方式四：线上 + 线下组合。

面对成本日益昂贵的线上流量，线上与线下联动的玩法也会慢慢成为未来一个新的增长方向。对于该方式，最重要的就是做好线上与线下的定位。以盒马为例，线下活动主要负责引流，线上活动负责留存 + 复购。基于这样的定位，盒马采取了只能用盒马 App 下单，并且只能用支付宝线上支付的方式，即使有些消费者因为不能用其他支付方式而在收银的最后一刻流失。这样坚定的背后是因为盒马看到了线上能带来长期的坪效[1]增量，假设线上和线下的收入比例是1:1，收入将会是原来的两倍。

5.7.4 智能裂变中台搭建方法论

为了应对用户对活动的"抗药性"，需要快速拓展各种不同的玩法来刺激用户参与活动，这必然会消耗大量的技术资源。而且，从玩法提出到最终活动上线的时间也比较长，影响增长效率。因为这些不同玩法的底层逻辑是相似的，只是基于用户展示层做了不同的包装，因此搭建灵活、可拓展的裂变中台很有帮助。基于裂变中台的能力，我们可以快速拓展出适用于不同场景和玩法的裂变活动，实现通过 A/B 测试快速试错，用测试的冗余性换取增长的确定性，提高业务的运转效率。同时，可以沉淀各种玩法在不同场景下的效果数据，基于不同的业务形成可复用的经验，避免重复试错，从而高质量、大规模、低成本、高效率地获取用户。

基于用户的"旅程"搭建通用的智能裂变中台，主要分两大阶段和五大模块。

先看第一阶段（从 0 到 1）：通过人工智能实现提效降本，支持各条业务线。该阶段的里程碑主要包括三大模块的建设：智能曝光、裂变工具和智能分析。

5.7.4.1 智能曝光

智能曝光模块的主要功能是根据业务目标和要引导裂变的用户的特点，推荐适合的曝光入口，从而保证流量的利用效率，包含以下三个功能。

（1）用户推荐：初步先支持人工圈选参加活动的用户群。

（2）流量分配：支持手动选择流量入口，以及设置与入口相匹配的文案。

（3）人群 A/B 测试：支持基于不同策略对种子用户执行 A/B 测试，或者基于同一策略对不同种子用户执行测试。

5.7.4.2 裂变工具

裂变工具的功能是基于不同活动目标进行裂变玩法配置，提升产品的裂变效率。

---

1. 坪效的计算方法为（线上收入 + 线下收入）÷ 店铺面积。

（1）裂变工具增、删、改、查：将 5.7.3 节中分享的拉新玩法沉淀成工具，供其他业务线使用，或者满足业务线玩法随时升级的需求。

（2）规则配置：配置裂变玩法的玩法规则和邀请策略，支持手动配置。玩法规则主要包括参与人群的选择、活动开始和结束时间、活动玩法选择等。邀请策略主要包括确定不同层次用户邀请几个好友能得到什么样的奖励、权衡是否需要配置阶梯奖励等。

（3）活动页配置：提供可视化活动页配置功能，在配置中实时展示页面效果，所见即所得，大大提高活动页配置效率，并且提供与不同裂变玩法工具相匹配的丰富模板样式，通过对页面模板的手动配置，就可以方便、灵活地执行 A/B 测试，找到转化效果最佳的落地页。

5.7.4.3　智能分析

智能分析模块的功能主要是通过白盒分析的方式，在活动的前、中、后对裂变全流程进行监控和反馈，主要包含以下四个子模块。

（1）裂变工具效果分析：整合裂变工具的相关数据，分析裂变实验的历史效果，对裂变工具进行不同维度的打分。通过此模块可解决在新产品的冷启动期间不知如何选择增长策略的问题，以及根据重点运营的用户的情况选择最佳活动。

（2）裂变大盘分析：分析裂变拉新与整体拉新的情况对比以及趋势、变化，计算 K 值、K 值的占比以及贡献分布、裂变级数等，帮助增长操盘手详细了解每个活动玩法的特点以及对业务的提升作用。

（3）全流程数据分析：对曝光、点击、参与、分享者分享、受邀者点击、受邀者再次分享等数据进行全流程分析、洞察，找到存在的问题点以便解决。

（4）单次裂变 A/B 测试：每次裂变活动结束后，针对裂变大盘数据以及全流程数据对比分析实验组和对照组数据，帮助增长操盘手快速复盘增长策略的效果。

第二阶段（从 1 到 N）：裂变中台智能化，实现根据设定的业务目标、结合沉淀的数据推荐适合不同用户群的裂变工具，并推荐适配的裂变抓手，设计 A/B 测试，持续跟踪裂变实验结果。该阶段的里程碑主要包括两大模块的建设：智能配置中心和好友列表推荐。

5.7.1.4 智能配置中心

智能配置中心包含三个子模块。

1. 智能配置

此模块主要提供以下三个功能。

（1）增长目标制定：主要涉及拉新、留存、付费用户增长相关指标，以及希望达成的其他合理量化指标。

（2）裂变工具分析：基于不同业务线（不同产品类型）和不同方向，对各裂变工具的历史业务数据进行沉淀。

（3）裂变工具推荐：基于相同业务线（相同产品类型）和不同方向，预测使用不同裂变工具获得的指标数据，并由此推荐合适的工具使用策略（单一工具或组合工具），从而将增长效果最大化。

2. 智能曝光功能升级

此模块主要提供以下三个功能。

（1）种子用户曝光推荐：在满足拉新裂变的业务目标的情况下，针对种子用户的情况推荐最适合的曝光位置。此功能可解决用户重复触达的问题（即不同项目的活动触达同一群体，同一项目的多次活动触达同一群体，该用户群体因重复参与活动产生疲劳感，导致分享率下降）。其实此系统除了适用于拉新，还适用于老客召回及老客提频等业务。当种子用户数量不够、不足以获得更多产出时，还可以通过 lookalike（相似人群扩展）模式进行用户量的扩展。

（2）流量分配：系统能够高效分配流量，在满足流量收益最大化的原则下，合理地进行入口自动化配置，支持手动设置流量入口及文案。

（3）人群 A/B 测试：新增算法种子用户这种测试类型，支持算法种子用户与人工种子用户的 A/B 测试。若测试效果好，将用户沉淀到人群包里；若测试效果差，根据数据结果进行迭代、优化。

3. 裂变工具升级

此模块主要提供以下三个功能。

（1）规则配置：系统能够基于目标人群的特点和产品所处的阶段自动生成奖励模型，在提升产品裂变能力的同时，最小化获客成本。

（2）智能奖励：系统能够根据不同裂变工具的特点，结合业务需求和用户对奖励的敏感度等，形成智能化奖励模型，进行差异化奖励发放，从而保证在相同成本的情况下，裂变效果最好。

（3）活动页管理：在第一阶段的数据沉淀的基础上，向不同用户提供文案、模板、图片和权益等的智能化组合，呈现给不同用户的都是效果最好的智能化落地页，高效赋能业务。

5.7.4.5 好友列表推荐

好友列表推荐的设计核心是排序逻辑。排序逻辑的确定主要基于对"好友间的亲密度"和"受邀好友价值"这两方面的综合考虑，即通过二者的综合排序进行智能推荐。对于好友间的亲密度，主要根据分享者和受邀者的关系进行挖掘（例如通过"朋友的朋友"人脉网、Wi-Fi 连接、上一次互动时间以及地理位置等）。好友间的亲密度越高，邀请成功率则越高。受邀好友价值代表受邀者在未来带来新用户的能力，主要包含两方面：一是对业务的价值，二是对裂变的价值。分享者与受邀者的社交关系越紧密，通过活动带来的用户质量越高。此模块的目的是通过以上手段提高分享者邀请好友的成功率，进而提高 K 值和用户质量。

5.7.5 顶级活动 SOP 画布

为了让大家做增长活动时，既能有全局的思考，又能在执行中对关键节点进行细化和量化，这里提供一个活动 SOP[1] 画布，如图 5-38 所示，其内容来自笔者多次参与大厂 S+ 级活动之后的沉淀和总结。下面会围绕该画布进行讲解。

---

1. SOP 是 Standard Operation Procedure 的缩写，即标准作业程序，就是将某一件事的标准操作步骤和要求以统一的格式描述出来，用来指导和规范日常工作的开展。

第 5 章 增长作战地图之拉新四大方向 | 165

前期准备：定方案

背景
- 行业（占有率/增速）
- 产品（DAU峰值和低谷）
- 竞品（行业排名）

目标拆解/指标量化
- 用户（DAU）
  - 拉新
  - 促活
  - 用户付费转化
- 交易（GMV）
  - 提高复购率
  - 提高客单价
- 品牌（分享用户数）
  - 认知度
  - 美誉度

定预算
- 有预算
  - 补贴用户
  - 买流量
  - 做品宣
- 无预算
  - 资源置换
  - 虚拟奖品

活动玩法
- 是否需要招商
  - 确定商家池
    1) 根据活动品类和地域等确定商家品类
    2) 根据等级、评分、品牌等数据圈定商家
    3) 在保证品质的情况下，商家越多越好
  - 确定折扣区间
    - 整体折扣
    - 爆单利益点
  - 确定商家权益：流量级别
- 势能
  - 时间
    - 站内高峰
    - 热点（微信指数、活动日历等）
    - 活动拐点
  - 资源
    - 流量资源（流量申请表）
      - 站内S级曝光资源
      - 提醒类资源
      - 公众号等推送
      - 站外PR推送
    - IP资源
    - 合作伙伴
- 活动策略
  - 游戏化（游戏八角模型）
  - 防作弊机制
  - 活动节奏（预热期、正式期、爆发期和尾声期）
- 传播
  - 不同渠道传播时间点设计
  - 传播噱头

活动执行

上线前
- 项目管理：定排期、定负责人
  - 设计：创意玩法多讨论，尤其是传播噱头
  - 开发：实现方式以及实现难点
  - 商分：埋点和分析的数据
  - 市场：推广节奏
- 测试验收
  - 招商：商家数、商家质量和折扣是否符合需求
  - 设计：页面无遗漏、符合场景化目标
  - 开发：和需求一致性高
  - 商分：数据埋点准确、无遗漏
  - 市场：渠道流量和质量
- 上线通报
  - 提前1~2天通知相关方准备
  - 上线邮件抄送

上线后
- 数据监控
  - 是否存在与测试环境不一致导致的bug
  - 根据实时数据调整活动奖励，以实现大量获取用户的最优ROI；防作弊机制更新、活动难度是否过高/过低、是否需要调整……

活动后期收尾

复盘模版
- 活动目标：是否完成？和历史数据、同类活动对比；完成和未完成的原因
- 活动数据：拆解后的北极星数据，完成好的节点和完成不好的节点，以及原因
- 活动传播：易出圈内容、易传播文案和话题的特点
- 经验总结
  - 符合预期和未符合预期的地方
  - 好和不好的原因
  - 怎么可以做得更好
- 方法论沉淀：策略、用户喜爱的玩法、用户感兴趣的话题等

图 5-38 活动 SOP 画布

5.7.6 活动复盘模板

复盘不是走形式,应该像美团一样通过复盘发现问题,分析原因,把成功的经验抽象成执行标准,所有人整齐划一地执行,依据失败的经验建立相应制度,让同类问题不再发生。这样不断思考、沉淀,企业才会在未来更有竞争力。正是通过认真复盘,美团才能在团购、外卖、酒旅等领域快速学习、战胜对手。美团的业务人员即使再忙,也会拿出20%~30%的时间进行复盘。

一个好的复盘模板主要包含四个方面(如表5-8所示):一是回顾总体目标完成得好不好;二是基于总体目标的拆解回顾工作过程中做得好的动作(有什么优势)和做得不好的动作(有什么劣势);三是形成认知沉淀,思考怎么做可以复制做得好的动作,或者避免出现做得不好的动作;四是将形成的沉淀用在未来规划中。

表 5-8 复盘模板

回顾目标—评估结果,找到优势/差距	分析原因—回顾过程	总结规律和经验教训	探究措施
当初的目标是什么;目标是如何拆解的;回顾是否存在没有目标、目标不清、缺乏共识、缺乏目标之类的问题;在工作过程中对目标做了哪些调整;现在看目标是否合理;逐一评估结果(目标、结果、差距、达成率等);和预测结果相比,优势/差距在哪里;和行业整体相比,优势/差距在哪里	当初计划了哪些举措,哪些执行了,哪些未执行;计划外情况有哪些,工作中出现了哪些影响目标达成的客观情况;分析成功经验/举措;与目标存在差距的原因是什么,在处理方式方面有什么不足/教训(考虑因素:进度、质量、成本、策略、风险、供应链、沟通等)	成功经验能否复用;沉淀认知;对用户、行业和产研协同等的认知能否在未来创造价值;有哪些教训(下次不再犯同样的错误)	为了维持/扩大优势,或为了缩小/消除差距,要开始做的事情、要停止做的事情、要继续做的事情;需要列出日程计划(短期计划,长期计划,是否在下个项目中实现)

美团外卖通过复盘发现某活动的GMV超目标完成,其关键动作是将商家能否参与优惠活动的条件设置为:在大众点评平台上的得分高于4.9,该类型商家的用户持券率不超过某阈值。如果用户手里的优惠券没有用完,即使优质商家再加大优惠力度,

活动的 CMV 也会受影响。美团会将复盘得到的规则沉淀到系统里：对于某类型商家，如果此前的优惠券还有一定比例没消费完，系统会禁止这类型商家再上新的活动。这样，能够避免因人员流动或者命令执行不到位，而让通过复盘获得的经验没有继续发挥作用。

5.7.7 活动检查单助你打造爆款活动

通过 10 多年增长工作的经验沉淀，笔者总结了一份类似航空业常用的检查单的"裂变增长玩法—魔鬼细节检查单"（如表 5-9 所示），可以帮助增长人设计活动、活动后自查，解决同样玩法但操盘效果不同的问题，以及产品运营驱动增长和宏观增长策略不一样的问题。对于宏观增长，只要方向对，增长效果至少有 60 分的保障；而对于产品运营驱动增长，却是细节决定成败，只有好的玩法还远远不够，各关键要素要同时满足要求才能打造"出圈"的爆款活动。

表 5-9 裂变增长玩法—魔鬼细节检查单

关键要素	类型	分类
推广势能	资源盘点	资源（明星、央视、IP、KOL、KOC 和渠道伙伴）； 时间（热点事件、产品/平台独有的节日、需求比较旺盛的阶段）
活动玩法	多版本测试	不同活动玩法测试、多版本奖励策略、关键页面流程、分享话术、海报、按钮文案等
奖励机制	多变奖励	随机奖励：给出区间值或随机金额，引导用户完成任务获得奖励 阶梯奖励：针对不同的邀请人数提供阶梯奖励，引导用户多邀请、多得奖 惊喜奖励：当用户完成特定动作时触发，引导用户完成任务获得奖励 固定奖励：明确告知用户付出就会有回报，例如邀请一名好友能得多少钱 奖励多样性：除了现金红包，也可以发放和产品相关的物质奖励
风控	风控设计	及时止损机制：遇大批"羊毛党"时下线或者切换到优惠券奖励，针对"羊毛党"的行为恶劣程度给予不同的处罚 提现设计：提现是风控的一道屏障，除了第一笔奖金采用小额、快速到账的形式（建立信任感），一般采取阶梯式提现设计，遇到疑似"羊毛党"则增加提现审核时间

续表

关键要素	类型	分类
全流程转化	低门槛引导	利他性：通过虚拟权益奖励引导用户进行分享，减小分享压力
		限时奖励：在规定时间内完成首次分享就可以获得额外奖励，驱动用户快速迈出第一步
		损失厌恶：离目标完成就差一点点了，再分享一下就可以得到大奖了
		多样性：分享单价低的小课、分享大课、分享机构的信息增强信任感，在满足受邀者多样化需求的同时提高分享者的收益
	实时反馈	实时奖励：奖励实时到账，促进用户再次分享、传播，赚取更多佣金；品牌知名度越低，越需要做好实时奖励
		进度通知：在邀请活动中通过公众号/App/小程序等反馈实时进度，提醒用户多次传播
		操作提示：完成分享行为时，引导用户去通知好友
全流程转化	目标感强	不同路径再次引导：用户转发、分享完邀请信息时，再次引导用户将其分享到微信朋友圈，成功率会更高
		通过奖励再次激活：用户未获得奖励时，提供小奖励，促进用户再次参与活动
		挽留弹窗：用户点击"返回"按钮时，触发弹窗，引导用户留下，用适当利益刺激用户
		召回设计：用户未完成指定任务时，进行精细化召回
		从众引导：随着增长套路越来越多，应用效果没有以前显著了，但是可以优化，充分利用用户的社交关系，例如"某好友已经得到奖励"，增强信任感
	设计体验	奖励刺激：通过金钱的动效、红包满天飞等方式强化奖励的感官刺激
		获得感体验：奖励金额动态增加，进度动态增长——离拿到奖励不远了
		加强引导：增加跳动/指向类动态元素，强引导用户点击按钮

5.8 产品生命周期不同阶段的重点拉新方向

上面介绍的四大拉新方向，应用于产品生命周期的不同阶段会有不同的效果，其选择依据为所处产品生命周期阶段的目标和具体方向的特点是否匹配。拉新方向的特点取决于三个方面，分别是规模、质量和成本，基于此可以总结出各种拉新方向在产品生命周期不同阶段的特点（如表 5-10 所示）。图 5-39 直观展示了在产品的不同时期各种拉新方向的分布情况。

表 5-10　各种方向在产品生命周期不同阶段的特点

方向	规模	质量	成本
自然量拉新	中	中高	低
投放	高	中	高
场景化拉新	低	高	低
活动拉新	中	中	低

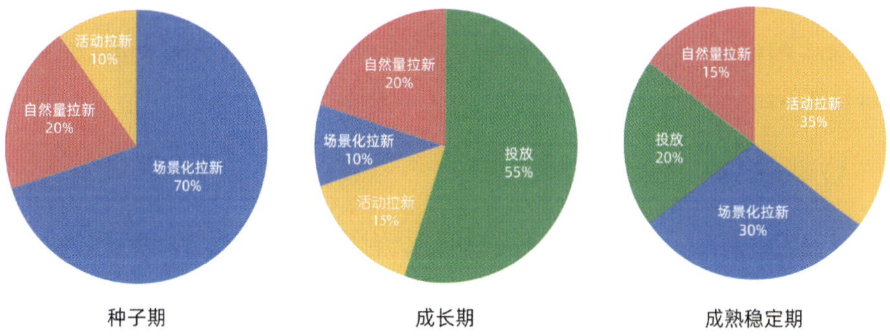

图 5-39　在产品的不同时期各种拉新方向的分布情况

（1）冷启动阶段：种子期

在产品的冷启动阶段，最核心的目标是快速验证当前产品是否能满足市场需求。在这个阶段，切忌用"花钱"的增长方式，因为会导致看不清用户是因为"钱"来，还是因为其本身的"需求"来。所以在拉新时，应将主要精力放在基于产品核心价值的针对高质量目标用户的场景化拉新方向上，在此方向上分配 70% 的精力。其次，通过优化搜索来提高自然增长的量，在此方向上分配 20% 的精力。最后是活动拉新，在此方向上分配 10% 的精力。

（2）快速获客阶段：成长期

过了冷启动阶段、进入快速获客阶段后，产品的核心目标是快速获取用户，抢占市场份额，所以应将主要精力放在获客规模大的投放这个拉新方向上，在此方向上分配 55% 的精力，打造投放的 SOP，通过投放来扩充用户池。同时，也要准备进行活动拉新，在此方向上分配 15% 的精力；优化影响用户量自然增长的搜索方式，在此方向上分配 20% 的精力；持续开展场景化拉新，在此方向上分配 10% 的精力。而且，在该阶段，为了迎接即将到来的产品成熟稳定期，除了投放这个主要的拉新方向，也要不断探索其他拉新方向，目的是找到低成本获客模型。

（3）稳定阶段：成熟稳定期

在产品的获客情况趋于稳定后，随着渗透率的提高，获客空间会不断减小，此时的核心目标不再是用户量大规模增长，而是在考虑 GMV 的基础上不断控制成本。所以，此阶段的拉新方向以获客成本低的活动拉新为主，在此方向上分配 35% 的精力。其次，通过场景化拉新持续、稳定带量，在此方向上分配 30% 的精力；在投放方向上分配 20% 的精力；在自然量拉新方向上分配 15% 的精力。对于不同类型的产品，在各种拉新方向上的投入会有所不同。

（4）衰退期和流失期

产品处于衰退期时，增长的重点在召回上，对拉新分配的精力就不用那么多了。等产品进入流失期后，核心目标主要是将现有 App 作为流量池为新的 App 引流。

一句话总结：当产品处于生命周期的前期时，需要通过广告投放等策略带来高 ROI 的用户，快速抢占市场份额；当产品进入成熟稳定期后，需要通过口碑等策略带来越来越多的自然用户，以及更多地通过已有用户的推荐获取新用户，降低获客成本。本章介绍的四个拉新方向不是孤立的，相互之间具有促进作用，例如正是由于投放的品牌广告的曝光，裂变拉新效果才能更好。

第 6 章
增长作战地图之提高用户留存率

在前面的章节中分享了用户拉新，那么对拉新的用户如何进行高效的承接和留存是本章重点要介绍的内容。

QuestMobile 数据显示，截至 2021 年 12 月，中国移动互联网用户规模已达 11.6 亿人，2021 年 5 月首次出现负增长，这意味着流量红利时代结束，进入存量争夺阶段。所以，不同互联网赛道的玩家，不得不把突破增长困局的关键点放在如何提升存量用户的留存价值上。

留存率是一个非常重要的指标，它影响用户生命周期的方方面面，具体体现在以下四点。

第一，降低获客成本，提升获客效率。

因为提升留存率不仅有助于提高我们产品的口碑和投放的转化率，有效降低获客成本，还能让更多的老用户推荐我们的产品给朋友使用。因为老用户推荐的成本一般低于其他渠道的拉新成本，所以老用户带来的新用户占比越高，成本越低。用户获客成本越低，越可以加大拉新的预算，从而带来更多高质量的用户。

第二，衡量用户拉新的质量。

因为留存率能直接反映用户的核心需求与产品功能的匹配情况，以及对产品的忠诚度情况，所以留存率常用来衡量用户拉新的质量。

第三，用户活跃的基石。

留存率高具有极强的复利效应，当新客数不变时，三十日留存率每提高 1%，一年后 DAU（日活跃用户数）提高 10%。我们假设公司 A 目前每月新增用户数为 100 万，公司 B 每月新增用户数为 200 万，公司 B 比公司 A 每月新增两倍的用户，但是由于公司 A 比公司 B 的留存率高 20%，三年后公司 A 比公司 B 的用户数还多 94 万。

第四，高利润的重要保证。

提升留存率可以延长用户使用产品的生命周期，用户留下的时间越长，我们越有机会做付费转化，才能不断提高 ARPU（每用户平均收入）值，实现产品可持续增长。根据就职于贝恩公司的弗雷德里克·瑞克赫尔德的一项研究，用户留存率每提高 5%，利润就会提高 25% ~ 95%。

6.1　让用户愿意留存"一辈子"的顶层设计

　　在整个生命周期里，留存用户其实相对来说比较复杂，一是用户离开产品的原因千奇百怪，二是留存见效慢，三是不同产品类型面对的留存难点有所不同。如果想不清楚，就会造成资源投入的性价比不高。为了降低读者操盘用户留存的难度，笔者结合自己的工作经验设计了用户留存的思考框架——留存顶层设计，具体内容请参看本书的拉页，它能指导你在用户留存的四个阶段（振荡期、选择期、稳定期、稳定再突破期）运用八大策略运营好三大类用户（低活跃度用户、中活跃度用户和高活跃度用户），从而提高留存率。它包含以下内容：北极星指标的制定、北极星指标的拆解后的增长方向、底层模型和不同阶段的产品策略。下面将详细介绍相关内容。

6.2　北极星指标的制定

　　我们先看顶层设计中留存的北极星指标，留存的北极星指标根据产品自然使用周期以及产品所处行业的毛利率综合进行基准线的制定。通过对上千家上市公司财报分析，我们总结出 上市公司各行业的平均毛利率是 30%，毛利率一般不低于 15%，净利润率不低于 7%。

　　留存的北极星指标制定的前提条件是先清楚地定义留存率，即首次完成激活行为的用户中有多少百分比的用户在衡量留存的周期（次日、三日、七日……）完成回访的关键行为（一般选择对留存有帮助的行为）。根据定义我们知道，指标口径需要确定留存的关键行为和留存周期。我们先看留存的关键行为的制定，这里要特别注意，激活行为和回访的关键行为可以一致，也可以不一致，大部分类型的产品行为是一致的。但像 SaaS 类型的产品行为通常是不一致的，比如 Jira，激活行为是完成一次 Jria 任务的创建，而回访则是完成 Jria 的任务浏览。

　　再看留存周期，主要根据产品自然使用周期制定留存天数指标。由于有些行业的产品具有周期性，比如金融、旅行和教育等产品，如果制定留存率的时候还是按照大家常看的次日留存率、七日留存率和十五日留存率，就会违背事物发展的正常规律，显然不合理。我们应该以产品自然的使用周期来关注留存率，确定留存考核口径，而不是一味地追求大家都在看的七日留存率等。

你可能会问：如果我的产品是金融产品，我就完全不用关注次日留存率和七日留存率了吗？答案是否定的。如果你能利用高频的产品服务做好场景金融服务，次日留存率和七日留存率也是相当可观的，只是在产品留存率指标优先级上"长留"更重要。做好"长留"至少能让自己的产品在市场上存活下来，如果再优化好"短留"，你的产品就非常有竞争力。

有了留存天数指标，接下来通过行业毛利率找到业务自负盈亏的平衡点进行留存基准线的量化。不同行业的自负盈亏的平衡点均不相同，像快手这类 ARPU 值低的产品的留存率必须高，但如果是超级跑车这类高客单价的产品，长期留存率如果为 2%，可能就要自负盈亏了。除了毛利率，像生鲜等行业的产品还要把损耗率计算在内，只有生意良性地运转，才能给用户提供更好的产品。

达到行业基准线后，我们的留存率就到"天花板"了吗？答案是否定的，我们应该像图 6-1 所示的产品 B 那样，将留存率做成漂亮的微笑曲线，而不是像大部分读者都在追求达到产品 A 的行业基准线之上的平稳留存曲线就万事大吉了，这并不应该是我们的终极目标，我们应该不断地深挖用户需求。

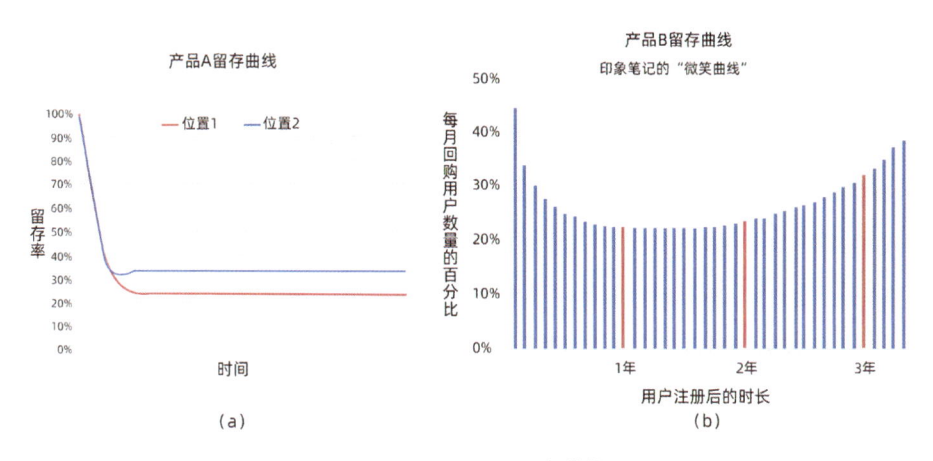

图 6-1 不同产品的留存曲线

在计算留存率的时候，你是否会以为：对于一个新产品或者对留存产生影响的策略，要看月留存率，时间就成本太高了？那是因为你采用的是直接根据定义计算留存率，此时可以采用留存函数的方法来计算它。把留存数据放到一个平面直角坐标系中，横坐标是时间，纵坐标是留存率。在这个坐标系中就会产生离散的点，这些点描绘成一个分段函数，如图 6-2 所示，该函数就是留存曲线。

$$R(n) = \begin{cases} 1, & n = 0 \\ a \cdot n^b, & n > 0 \end{cases}$$

该方法对于任何一个产品都适用，即只要给出前几天的数据，就能把公式中的 a 和 b 计算出来，从而预测这个产品之后任何一天的留存情况，进一步计算用户的生命周期。根据次日留存率（48.09%）和两日留存率（38.1%）这两个点，就能求得留存的指数函数，进而算出十四日留存率为 15.71%，如图 6-2 所示。

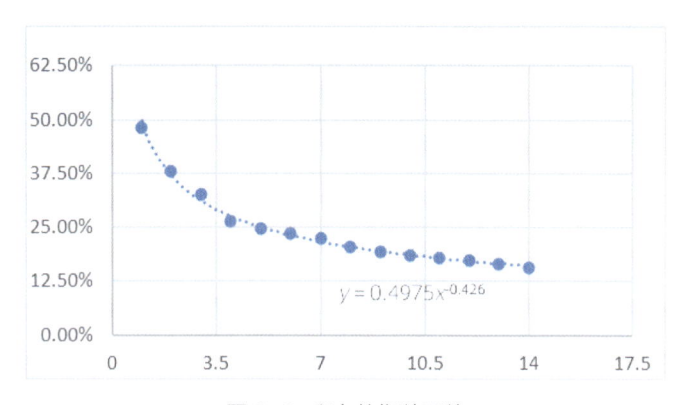

图 6-2 留存的指数函数

6.3 北极星指标的拆解

"提高留存率"这一北极星指标按生命周期可以拆解为不同时期的四个目标，这四个目标对应留存的四大方向。其中低活跃度用户激活就是我们常说的新用户留存，其余的都属于老用户留存。

（1）**在振荡期激活低活跃度用户**：具备低产出、高收益的特点。有如下两个原因，一是由于用户刚开始接触产品，往往带着些许尝试新鲜事物的高涨情绪，利用用户探索性的好奇心理，能相对轻松地提高新用户留存率；二是新用户留存是留存的起点，它的数据提高能带动整体的留存数据都提高。

（2）**在选择期提高中活跃度用户留存率**：重点是让用户养成使用产品的习惯。

（3）**在稳定期提高高活跃度用户留存率**：重点是用户习惯的固化并强化产品价值心智。在稳定期，留存率提升的复杂性较高，数据提升相对缓慢。复杂性高主要体现为以下两点，一是用户留存的原因是类似的，但是流失的原因却是千奇百怪的，比如腾讯游戏分析了部分高活跃度用户流失的原因居然是他们谈恋爱了，没时间玩游戏，这就很难通过数据分析出来。二是影响留存率的因素比较多，比如使用体验、市场同类商品的丰富度和是否有新的技术更替等。

（4）**在稳定期再突破**：重点是让用户感受到惊喜，让留存率在原有的基础上再上一个台阶。如果能做到这一点，就说明你的产品非常具有竞争力。

6.4 底层模型

要想让用户持续留存，留存策略就要满足如图6-3所示的要点和提升思路，此处应用的是在4.5节讲过的BJ Fogg（福格）模型，它能够帮助我们在明确留存提升目标后，判断当下最有效的留存策略。

	行为 =	动力 ×	能力 ×	触发
关键策略	想要用户持续留存，让用户感受价值	让用户离不开的转化成本	使用难度	提示用户采取行动
提升思路	✓ 超预期解决用户问题 ✓ 持续给用户新的价值 ✓ 创始人赋予产品的核心价值观	✓ 人：社交关系 ✓ 财：时间、金钱和数据 ✓ 情绪：品牌心智	✓ 养成习惯 ✓ 增加用户体验	✓ 场景化 ✓ 饱和式
产品本身特性	✓ 刚需 vs 非刚需 ✓ 单一功能 vs 多功能	✓ 规模效应产品 ✓ 直接、间接竞品多、可替代性强	✓ 生命周期长 vs 生命周期短 ✓ 低频 vs 高频	✓ 高价值 vs 低价值
提升策略	✓ Aha时刻 ✓ 精细化运营	✓ 提高用户参与度 ✓ 设计关系链 ✓ 情感驱动 ✓ 激励体系	✓ 优化核心体验 ✓ 强化产品核心功能 ✓ 活动	✓ 触达用户四手段

图6-3 留存的底层模型

6.4.1 动力

若要提高动力，一般包括以下两个关键点，一点是让用户感受到价值，另一点是增加让用户离不开的沉没成本。

（1）让用户感受到价值。

让用户感受到价值主要是指用户知道你的产品能帮助他解决哪些问题和持续给他带来新的价值。这是驱动用户留存的内因，其余都是外因，外因通过内因起作用。基于以上两点提升思路，一般有常见的两大提升策略，分别是 Aha 时刻和精细化运营。

（2）增加让用户离不开的沉没成本。

产品的沉没成本越高，用户越离不开这个产品。这一点比较适合具有规模效应及 SaaS 类型的产品。一般有以下三点，一是社交关系，二是时间、金钱和数据成本，三是情绪价值。

社交关系是指你和产品发生的关系，以及你与产品的用户互动制造的关系，让人总想打开应用看一看。比如用户杨女士，她的"主阵地"虽然在抖音，但是每天都会打开快手看一看，担心错过好友的动态，在抖音上也是先看朋友发的视频并进行互动或评论。看完熟人动态后，她才开始看新闻资讯等视频，基本上每天要花一两个小时。

时间是指学习产品付出的成本，以及在平台上使用的时间，尤其是 SaaS 产品，一般不仅有学习的门槛，还需要付出大量的时间去决策选购哪个产品。金钱是指在平台上待消费的金额或者积分等代币待兑换的部分。待消费的金额如用户在神州租车上充值的余额，积分等代币待兑换的部分如航司的里程数。数据是指你在产品上的行为数据等，比如你在豆瓣上写的影评、在抖音上发布的视频、在马蜂窝上写的游记、在网易云音乐上留下的歌单，你使用产品的时间越长，产品越了解你，越会推荐你喜欢的商品、视频等。

情绪价值是指产品在用户心目中的心智，以及带来美好情绪感受的记忆点。此处的心智如果以美团外卖为例来说明，那就是：用户想点外卖，就会很自然地想到并打开美团外卖 App。

基于以上三点，常见的一般有四大提升策略，分别是提高用户参与度、设计社交关系链、情感驱动和构建激励体系。

6.4.2 能力

能力就是降低使用难度，主要通过养成习惯和提升用户体验这两点作为提升思路。常用的有两大提升策略，分别是优化核心体验和强化产品核心功能。

6.4.3 触发

触发就是提示用户采取行动，其思路主要是培养用户习惯，在建立心智的过程中进行适时提醒，以免用户遗忘。

通过上述留存的底层模型分析，我们了解到不同产品做用户留存的难易程度和难点不同，根据难点决定我们做用户留存的思路，并配以相应的策略。

如果你的产品是用户"非刚需"的，用户使用产品时没有明确的需求，那么你留存的提升思路就应该集中在让用户持续感受到新的价值方面。例如，"非刚需"的少儿编程童程童美，平均留存时长为 45.7 个月，3 年留存率达到 44.1%。达到这个数据的背后是核心功能课程的打磨、师资的数量和质量的提升，并在此基础上提供的多元交付形式，例如，阶段性的机器人大赛、能力测评、研学营地等产品，持续给用户创造价值。

如果你的产品是用户"刚需"的，用户使用产品有明确的需求，那么你做用户留存的思路应该是降低使用难度，即找到解决问题的关键点，并持续进行改善。

判断完产品类型是否"刚需"后，还要对产品的竞争情况进行判断，如果产品的间接竞品较多，那么在让用户感受到产品的核心价值或者降低使用难度后，就要构建自己的沉没成本，这样才不用担心用户"移情别恋"。

即使产品的间接竞品的用户多，但产品的生命周期短或者相对低频使用，也别在使用习惯养成上过多地浪费精力。在让用户感受到产品的核心价值或者降低使用难度后，应该在提高用户参与度的场景化策略上多下功夫。比如，你的产品是查公积金的 App，公积金数据都是一个月更新一次，用户使用它的频率自然就低，此时就应该基于公积金使用的场景做一些功能拓展。

总之，产品的类型决定了你做用户留存的难易程度，越是"刚需"、使用频次越高、规模效益越强、用户自然生命周期越长、可替代竞品越少且越容易产生沉没成本的产品，留存就越容易。但是不管什么类型的产品，基于产品的核心价值提高用户留存率都是亘古不变的。

前面分享了基于产品类型和竞品情况选择留存策略的思路，下面我们分四个留存阶段介绍十个提升留存率的策略。

6.5 振荡期：实现新用户激活的两大策略

所谓振荡期，就是指刚刚接触产品的用户，会因感受不到产品价值而急剧减少的时期。为了防止用户急剧减少，该时期的重点是让潜在用户迅速感受到产品的价值，从而变为激活用户。新用户激活是至关重要的一个阶段，主要体现在优化的性价比很高。因为用户刚开始使用新产品时，新鲜感和注意力都比较高，容易受产品影响，所以一个微小的改变在激活数据方面往往能带来显著的效果。下面通过一正一反两个策略来介绍激活新用户的方法。

6.5.1 策略一：Aha 时刻 + 触达用户四个手段

我们先看正向策略，Aha 时刻 + 触达用户的四个手段，也就是首先通过留存分析找到用户留存的 Aha 时刻的行为，然后用产品的手段让用户尽早接触这些行为。下面分别介绍 Aha 时刻和触达用户的四个手段。

6.5.1.1 Aha 时刻

为什么说新用户激活的关键目标就是找到 Aha 时刻呢？我们思考一下，新用户激活的最终目标是什么？是通过用户持续使用产品，并不断从中感受到价值，使用户长期留存。所以以最终目标为基准，倒推到早期哪些关键行为能帮助用户长期留存，找到这个关键行为就找到了 Aah 时刻。

Aha 时刻的本质是用简化的行为数据模拟用户首次得到价值的时刻，并不断深挖价值背后的原因，从而让新用户的核心诉求被满足。我们可以用如图 6-4 所示的公式定义 Aha 时刻，也就是找到谁在什么时间节点完成多少次激活的关键行为。找到关键行为的方法一般有两种，一种是偏感性的，另一种是偏理性的。偏感性的方法是指通过你对产品的理解或者用户调研这种定性的方式，选出与留存率相关性系数较高的前几个行为作为关键行为候集，通过有无该后续行为进行数据对比，找出一个留存率相关性系数较高的行为。偏理性的方法是通过全量的有此行为和无此行为进行分群对比，从而根据数据分析得出和留存率相关性系数较高的行为。但仅仅考虑相关性还不够，还要考虑发生该行为的用户渗透率，这样才能保证留存率处于较高水平。因为，留存率的提升值 = 人数 × 渗透率 × 留存率，若留存的人数有限，那么对提高留存率的帮助也不大。

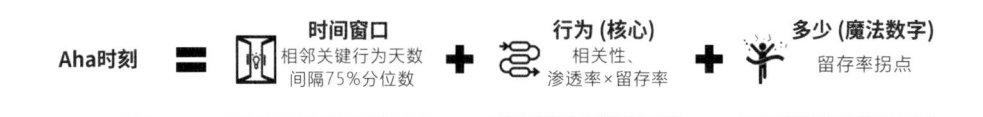

Aha时刻 = 时间窗口（相邻关键行为天数间隔75%分位数）+ 行为（核心）（相关性、渗透率×留存率）+ 多少（魔法数字）（留存率拐点）

图 6-4 Aha 时刻产品定义

时间窗口一般基于用户相邻两次关键行为天数间隔 75% 分位数的方法确定窗口期的大小。比如，选取昨日发生过关键行为的用户作为研究对象。分析这些用户最近两次关键行为发生的间隔天数。如果 75% 的用户间隔天数都在 x 天，则 x 天可以作为流失行为的窗口期。

魔法数字是指找到在一定的时间窗口内，完成 x 次行为的留存率变化的拐点中的 X，X 为边际提升幅度最小的点，即用户在多少次行为时对用户留存的帮助不大了。这个 X 就是我们常说的魔法数字。在个别情况下，X 的最终确认还要综合考虑性价比，就是留存收益和用户付出的一个平衡问题。众所周知，肯定是希望用户完成的次数越多越好，但是一开始就让用户完成多次行为明显不现实，所以要找到不给用户造成负担的阈值。特别说明一下，不要纠结于具体数字，或者追求最完美、最科学的魔法数字。魔法数字并不是绝对的，只是找了在该阶段内性价比最高的方式。因为次数之间都具有相关性，比如是 7 天看 50 个视频、40 个视频，还是 3 天看 20 个视频，其行为都会影响留存，我们只是选择了代表大多数用户统计的情况，后续可以根据不同用户进行精细化指标的制定，使之更加完美，更有针对性。

基于公式的三个因子填满后，还要进行 A/B 实验才算真正的大功告成。你可能会问：为什么找到 Aha 时刻了还要进行验证？因为我们找到的都是相关性，而不是因果性，相关性的检验必须通过设计 A/B 实验验证，如果验证成功，就可以判断找到的 Aha 时刻是真正的 Aha 时刻，只有经过 A/B 实验验证成功的才是真的 Aha 时刻。

利用 Aha 时刻提高留存率有两点需要特别说明，分别如下。

一是因为用户的多样性，不同的用户行为可能不同，感受到的价值也可能不同，Aha 时刻是找到了大部分新用户最可能激活的一个行为作为目标。

二是 Aha 时刻的应用是判断背后的原因，而不是盲目追求机械化的数据（找数据是手段，而不是目的），从而偏离了初心（真正能让用户感受到产品的核心价值）。我们来看下面这个案例，小 Q 负责一个英语学习 App 的 Aha 时刻是完成连续三天的打卡学习，为了促进用户更好地完成 Aha 时刻的行为，她采用的方式是未完成打卡学习任务就扣押金，并通过 Push、公众号等手段进行提醒，从而推动用户完成动作，结果出乎小 Q 的意料——Aha 时刻的完成率确实提高了，但是留存率却没有提高。因为盲目追求数据，机械地强制推动用户完成 Aha 时刻的行为，采取频繁提醒打扰、扣押金造成用户金钱的损失等非常不好的用户体验，忽略了用户真正的动机，即使 Aha 时刻的完成率提高了，最终留存的目的也未如愿。

6.5.1.2　引导用户触达 Aha 时刻的四个手段

如果用户在 Aha 时刻的行为的完成率不高，可以用如图 6-5 所示的四个手段来提升完成率，手段的选择主要考虑用户成本和转化率这两个方面。金字塔越往上引导，用户成本越高，它适合用户价值高的产品类型，否则容易入不敷出。但价值高的产品类型，其决策成本也高，如果用户对产品认知度不高，靠金字塔的前三层通常不能高效转化，就需要第四层尽早介入。因为转化都有黄金周期，在该周期没有转化的用户，就很可能被竞品转化了，所以根据产品类型的特点选择合适的手段非常有必要。

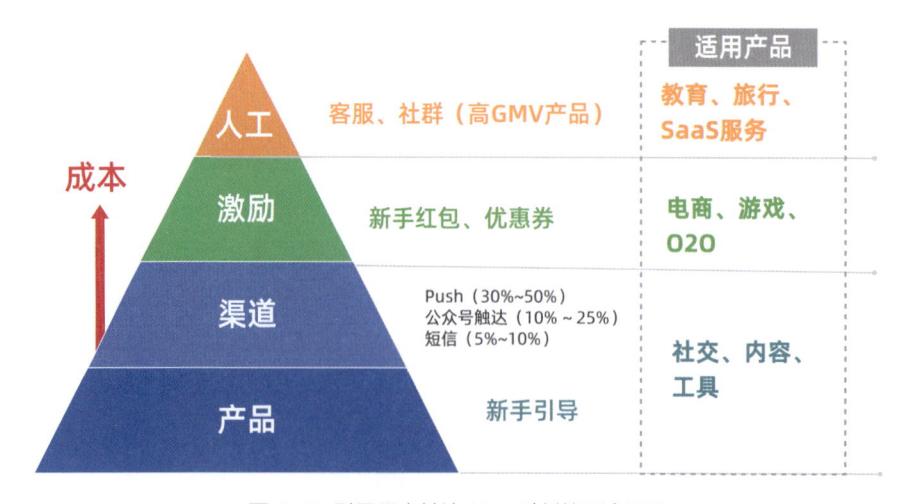

图 6-5　引导用户触达 Aha 时刻的四个手段

图 6-5 中的金字塔共分四层，由高到低分别为人工、激励、渠道、产品。金字塔最高层的人工手段（1 对 1 客服和社群服务等）比较适合 LTV 高的产品，比如教育、旅行和 SasS 服务等。金字塔第三层的新手红包等激励方式比较适合 LTV 相对高、决策成本比较低的交易型产品，比如电商、游戏和 O2O。金字塔第二层的多渠道触达和金字塔底层的新手引导等比较适合低 LTV 且决策成本低的流量型产品，比如社交、内容、工具等。以上四种触达的手段因为成本问题，很难做到向上兼容，但是在不影响转化率的前提下（即用户对你的产品有一定的认知度，无须成本高的人工进行产品宣讲来促进转化）可以向下兼容，达到降低用户获取成本的目的。

根据自己的产品类型和用户意愿度选择适合的触达手段后，如何高效地执行呢？下面介绍四种手段。

手段一：通过自己产品的新手引导手段引导用户体验 Aha 时刻。

让用户在短时间内轻松上手，去体验产品的功能，感受产品的核心价值，若要新手体验好，主要应满足以下两个要素。

要素一：适度适时引导。

绝大部分产品恨不得将所有功能的引导都出现在打开 App 的那一刻。这里要说明的是，切忌一打开 App 就出现很多功能，引导关键功能即可，余下的可以结合实际场景去引导，就像得到 App 的新手引导一样，在用户到达指定的功能场景时才会出现微引导，这样新手引导的作用才能充分发挥出来。因为用户的注意力集中在当下急需要解决的问题，如果给用户太多的引导，用户不但不会看，甚至还会认为是一种打扰。

要素二：引导样式。

引导样式的种类比较多，但无论哪种样式，核心都要满足引导通俗易懂、交互感强、文案简单直接，要是能增加趣味性和及时反馈的类游戏化机制就更好了，如图 6-6 所示，字节跳动海外版 App 通过优化引导样式，新用户次日留存率提高 10%，新用户三日留存率提高 8%，新用户七日留存率提高 1% ~ 1.8%，上滑操作渗透率上升 3%，错误操作渗透率降低 1.5%。当时优化的背景是因为字节跳动海外版 App 与同类产品相比，新用户留存率比较低，团队分析新用户对上滑操作理解有障碍，尝试用 ROUND1 和 ROUND2 两种样式进行 A/B 实验，改变上滑引导操作，让更多的新用户初次使用时学会上滑拉取更多有趣的视频，提高 Aha 时刻完成率，从而提升新客留存。最终发现 ROUND2 的效果更好。

图 6-6　字节跳动海外版 App 新手引导实验

手段二：通过产品自身及外部渠道进行多渠道触达。

产品自身的渠道，比如 App 内的 Push、公众号、企业微信和视频号等多渠道触达方式，Push 一般能覆盖到 30%～50% 的用户，也有做得好的能覆盖到 85%～90%；公众号触达一般能覆盖 10%～25% 的用户；外部渠道一般指公司内的 App 矩阵、短信和广告投放等方式。短信触达能覆盖到 5%～10% 的用户，也有做得好的，能覆盖到 30%。

渠道触达一般不是通过单一的方式进行触达，通常是多渠道组合。要想达到最佳的渠道触达效果，应满足三个关键：一是找到用户高频活跃的渠道，二是选择黄金触达时期，三是选择适当的频次。

手段三：通过新手红包、优惠券、新手专区等激励方式进行引导，除了钱，也可以将产品核心价值作为激励方式进行 Aha 时刻的行为引导。

从不同行业的数据来看，手段三通常能让次日留存率提高 3%～6%，激励方式的整体转化率能达到 50% 以上。若想保证手段三的效果，则根据产品类型选择适合自己的激励方式是核心。通常来说，流量型产品一般选择的是能体现产品核心价值的激励方式，比如游戏选择的新手道具、社交产品选择的礼物等。交易型产品一般选择与钱的关联性比较强的激励方式。客单价比较高的交易型产品通常选择新手优惠券礼包等。客单价比较低的生活服务类等交易产品选择新手专区。

下面以美团买菜 App 为例介绍如何选择不同的激励方式进行引导。

案例：美团买菜 App 靠新手特价专区实现新用户激活

背景：美团买菜 App 的运营人员发现，用优惠券的方式进行新用户的引导时，完成首单的激活偏低，经过分析发现，影响用户首单转化的阻力有两个，第一个是优惠感知相对弱，第二个是交易成本高、下单链路长，用户需要花时间选品凑单，缺乏快捷的转化链路。

策略：如图 6-7 所示，利用新手专区能提高新用户激活的效率，解决用户两大问题。一是优惠感知，通过用户调研得知，这是用户决策中最重要的影响因素，它能起到鼓励用户低成本尝试的目的，美团买菜 App 采取的是 1 元特价菜的专区模式。二是交易成本高，用户不知道买什么时，我们通过热卖畅销榜来降低用户的选择成本。为了更好地刺激首单的转化，利用八角游戏模型的损失厌恶原理对未完成首单交易的用户进行挽回，若用户在指定时间内未购买，则放弃新人专属福利资格。

下面请思考一下：如果你负责的产品有上述相似的问题，那么仅满足以上两个要素就能成功实现用户激活吗？答案是否定的。假如你的产品处于品牌认知度低的阶段，用户由于不信任，买的时候就会犹豫，效果肯定就不会像本案例这么好。为了解决这类问题，你可以利用 KA（Key Account，重要大客户），展现在专区推荐的商品都是 KA 的产品，用户一看大品牌都与你的产品合作，说明你的产品也是有保障的。

图 6-7 美团买菜 App 新手专区

关键结果：因为涉及数据等敏感问题，所以笔者就说一下行业组合策略的提升效果。新手专区 + 新手红包组合拉新策略与只有新手红包策略相比，前者的激活转化率高 30% ~ 35%。

手段四：通过社群转化或者电销等人工方式进行引导。

例如，火花思维 App 通过微信社群或者智能外呼一对一进行组合营销，目的是在有效的成本范围内提高新用户激活转化率。先社群转化，社群未转化成功的再进行智能外呼 1 对 1 服务。因为利用智能外呼获取用户的成本高于微信社区营销。现在有的企业为了提高智能外呼的接通率，采用了来电显示是快递电话，在此不提倡这种取巧的策略，因为这消耗的是消费者对你的信任。

6.5.2 策略二：优化核心体验，减少用户流失

我们再看反向策略。除了思考用户为什么留下来，更重要的是要思考用户为什么走，我们可以使用用户体验地图分析用户离开的原因，从而找到可消除用户负向体验的方法，有的放矢地进行产品优化。该方法不仅适用于新用户激活，还适用于整个留存周期。

6.5.2.1 常见用户流失的原因分析

美国某调研机构通过分析用户流失的原因得出一个结论，如图 6-8 所示，只有 27% 的人会因为有更好的选择而离开，所以你的产品真正的竞争对手只有 27% 的机会，你有 73% 的机会可以提升留存率，那么有什么理由不针对这些用户做好留存优化呢？如果产品优化得好，竞争对手连 27% 的机会也没有。除了自身产品体验优化比竞品做得更好，还有一大不可逆的原因，就是市场环境造成的行业更替，下面依次进行讲解。

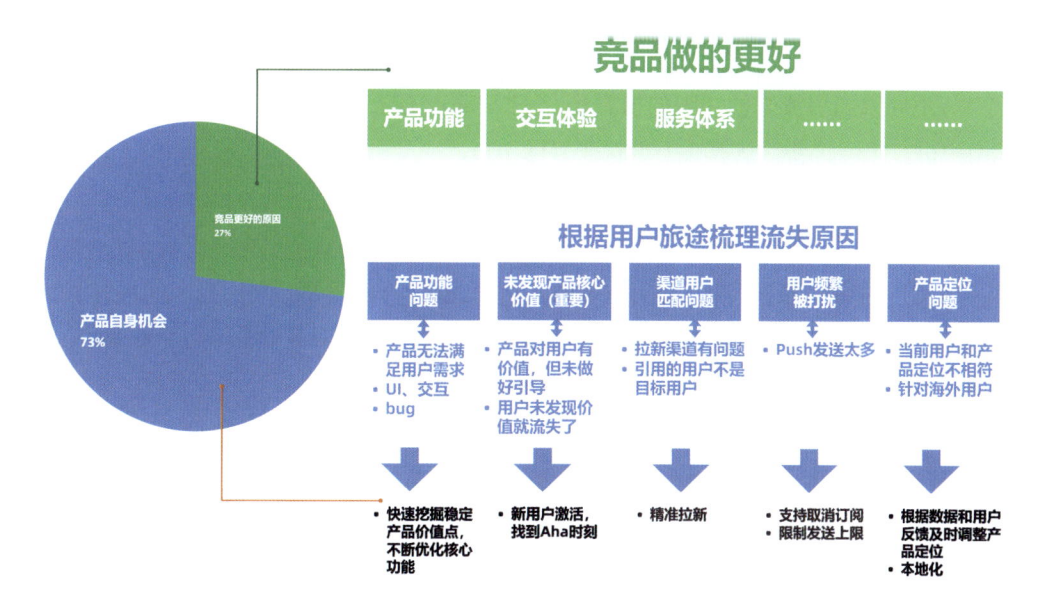

图 6-8 流失用户的原因分析

（1）通过优化产品自身，能找到以下常见的五大流失原因的解决方案。

原因一：产品功能问题。

主要包含用户体验（尤其是新用户体验），例如，一开始的操作难度大（用户感到挫败感太强），功能或 UI 设计得不好，甚至有明显的 Bug、性能不稳定和机器不兼容等常见的功能问题。比如，某个性化手机电台，优化前的版本需要经过四个层级才能找到自己喜欢的音频，通过更改产品结构，优化为只有一级的层级结构后，新用户能快速发现新的内容，老用户能及时收听现有电台的更新，由于提升了电台最核心的收听功能体验，新用户周留存率提高了 8% 左右。

原因二：未发现产品的核心价值。

用户使用该产品后不知道最核心的功能是什么，产品提供的价值是什么。若要解决该问题，就需要做好新用户的激活引导。例如，一个头部教育公司发现其网站首页的功能过于庞杂，导致用户的理解成本高，大量用户没有体验到优质课程就离开了。为了解决该问题，该产品加入了新手引导策略，引导用户发现并使用核心功能，最终新用户的次日留存率从 30% 上升至 58%。

原因三：渠道用户匹配问题。

从不同渠道引流来的用户的留存率相差 10% 左右，甚至更多。我们应该根据目标用户进行精准拉新，从源头上剔除非目标用户。

原因四：用户频繁被打扰。

因发送的 Push 条数过多，为用户带来了负面的体验，或者用户在休息时间被打扰，从而导致用户卸载了 App。为了减少用户流失，除非重点事件，否则在 23:00 到 6:00 不再给用户发送消息。

原因五：产品定位问题。

例如，小年糕 App 产品最初的定位是年轻人家庭共享照片，结果发现很多老年人在用该产品进行社交，互相发节日祝福，于是便更改了最初的产品定位，变成了老年人内容社交的产品。现在小年糕 App 日活跃用户数已经上千万了，累计用户数达 5 亿。

针对海外用户，流失的原因还应该考虑本地化的因素，比如 Pinterest，把名称"钉图片"改成"保存"，仅仅是一个文案的变化，对新用户留存率的提高却很明显。

（2）竞品做得更好。

竞品做得更好主要体现在两个方面，分别是核心流程体验（产品功能、交互体验和服务体系等）做得更好，以及满足用户的差异化需求，其中差异化需求是最核心的方面。例如，阿里巴巴的用户数超过了 eBay，前者主要是在支付的核心流程上做得更好，推出了能够担保交易的支付宝，并且对中小商家实行 0 佣金政策，在交易购买流程上，针对消费者还推出了能够让人感觉到温暖的阿里小二，用户可以像面对真人一样和他讨价还价或者咨询问题，不再是和冷冰冰的机器沟通。腾讯 QQ 战胜 MSN，就是满足了用户差异化需求，当时中国人大部分在网吧上网，需要保存聊天记录，这是 MSN 不具备的。

基于以上两个案例我们知道，当竞品比我们的产品做得好时，要更进一步了解用户群体的诉求，改善产品功能。

（3）市场环境造成的行业更替。

市场环境造成行业更替，是指经济政策、新技术的更新导致用户需求的改变，从而造成用户流失，其结果往往很难控制。随着4G技术的发展，网络费用不仅降低了，网速还变得更快了，用户更倾向于在视频平台消费短视频，从而导致原来图文产品的用户流失。针对该原因，要及时发现市场环境的变化，调查行业内用户的增速是否放缓了，及时用新的技术满足用户更好的需求，把旧产品的用户引入新产品中。

6.5.2.2 通过消除负向体验来提升留存率的方法

根据峰终定律得出，在体验没有达到一定标准的情况下，消除负向体验更重要。在产品达到一定标准，即满足行业的留存率后，让用户感到超出预期的、惊喜的服务对提升留存效果更显著。这里以低活跃度用户为例进行讲解，因为低活跃度用户刚开始探索产品时，激动指数比较高，优化的成本不仅低，效果还好，对中活跃度用户也同样适用。通过消除负向体验来提升留存率的四步骤如图6-9所示。

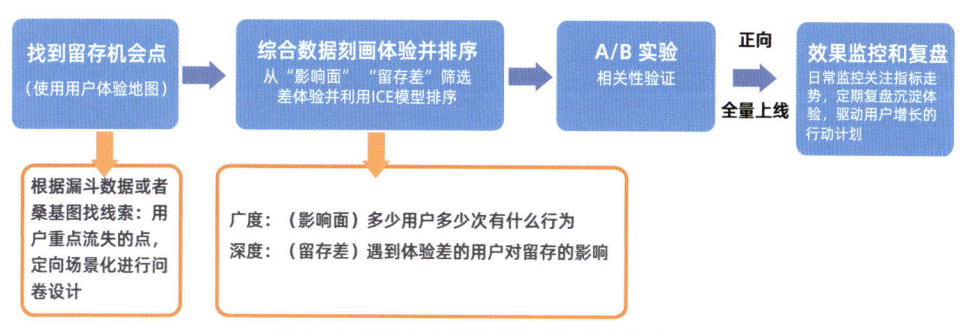

图6-9 消除负向体验以提升留存率的步骤

（1）步骤一：利用用户体验地图找到留存机会点。

先通过诊断工具——用户体验地图找到不同关键节点流失的用户，如图6-10所示，再根据不同人群流失的关键节点设计问卷或者进行数据分析，找到用户流失的真正原因。

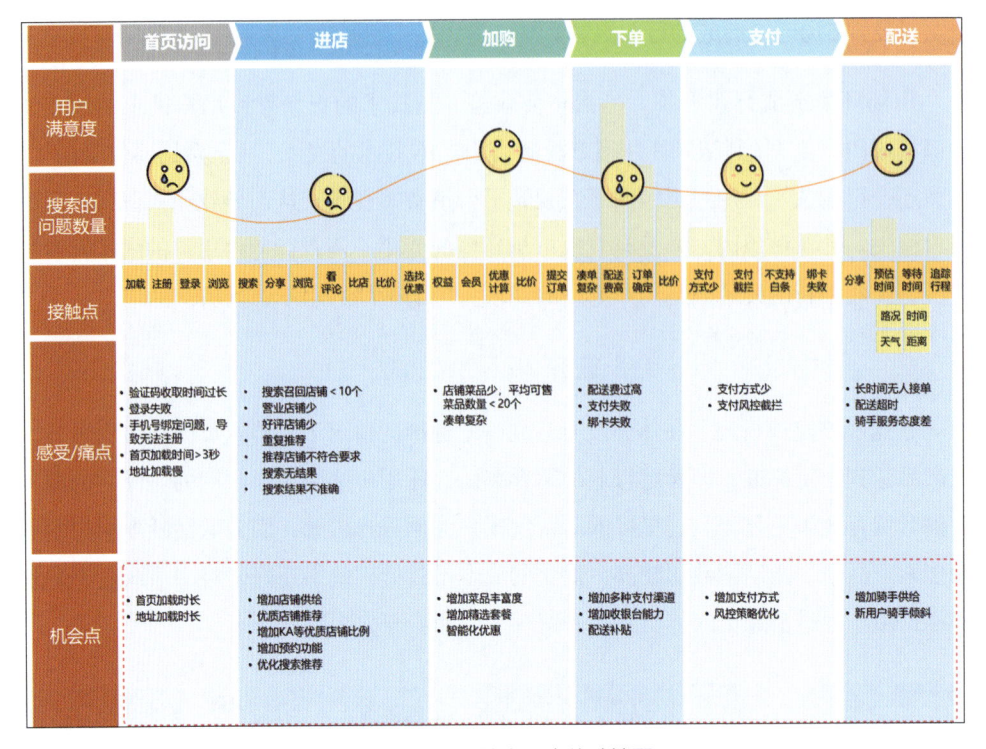

图 6-10 美团外卖用户体验地图

问卷设计要针对在该节点流失的用户进行场景化重点询问，而不是像传统的问卷调查那样，不区分用户，并且一股脑儿地问用户许多问题，造成用户不愿意回答或者回答得很敷衍，场景化有侧重的调研方式能有效地解决上述问题，对问卷的质量和数量覆盖很有帮助。

（2）步骤二：利用 ICE 模型进行差体验排序。

评价标准主要是通过"影响面 × 差体验对留存影响的幅度"计算留存率的提升空间。影响面是指影响的广度，也就是影响到多少个用户的多少次行为，数据口径一般为各环节的影响面 = 发生过至少一次该环节中差体验的 Session 数（去重）÷ 未到达该环节起始节点的 Session 数。Session 是指用户访问的一个连续会话，业务上通常用于记录用户在一段时间内连续访问的行为。

差体验对留存影响的幅度是指影响用户的深度，从数据上表现就是造成留存率降低的幅度，最后通过 ICE 模型结合技术成本进行排序。以美团外卖留存优化为例，长时间无人接单是目前最需要解决的问题，再进一步对用户进行分层，发现新用户遭到骑手取消订单后留存率下降 8%，活跃用户中的中活跃度用户的留存率下降 2.6%，对非常活跃的老用户基本没有影响。针对以上结论，应采取的策略是在骑手供给不足的时候适当向新用户倾斜，但当遇到极端情况（如骑手严重不足）时，还是以效率为主。

（3）步骤三：A/B 实验（相关内容在本书 4.8 节有详细讲解，在此不再赘述）。

（4）步骤四：效果监控和复盘沉淀。

日常监控关注指标走势，定期复盘，不断积累使用户增长的经验。考虑到长时间无人接单的负向体验对新用户的影响最大，在设计时，权益和服务应该适当地向新用户倾斜。

6.6 选择期：低活跃度用户升级为中活跃度用户的六大关键策略

过了振荡期之后就到了选择期，客户在这段时间内对我们的产品已经有了初步的了解，并开始探索我们的产品，看看这个产品有没有满足他更多的需求。在这个阶段，我们关注老用户的留存情况，老用户再细分为低活跃度用户、中活跃度用户和高活跃度用户。低活跃度用户变为中活跃度用户的关键是让用户养成习惯。根据行为心理学，要想形成习惯，需要 21 天以上的重复行为，要想养成稳定的习惯，需要 85 天的重复行为，所以提高中活跃度用户的核心就是让用户在一定周期内重复 Aha 时刻的行为，如图 6-11 所示，中活跃度用户就是在完成 Aha 时刻的行为的基础上增加核心行为的频率，重点是找到时间频率。那么找到时间频率的魔法数字后，如何提高行为的发生频次呢？有以下六大策略。

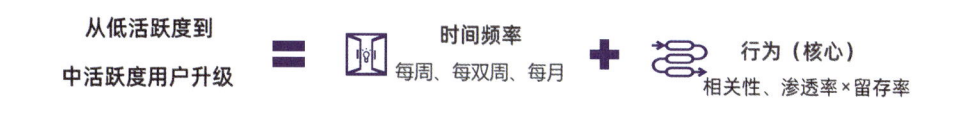

图 6-11 从低活跃度用户到中活跃度用户

6.6.1 策略一：优化产品功能

我们可以通过如图 6-12 所示的功能渗透率和功能留存率四象限图梳理不同功能所属的类别，找到自己产品的不同功能所处现状，从而有的放矢地进行留存率的优化。

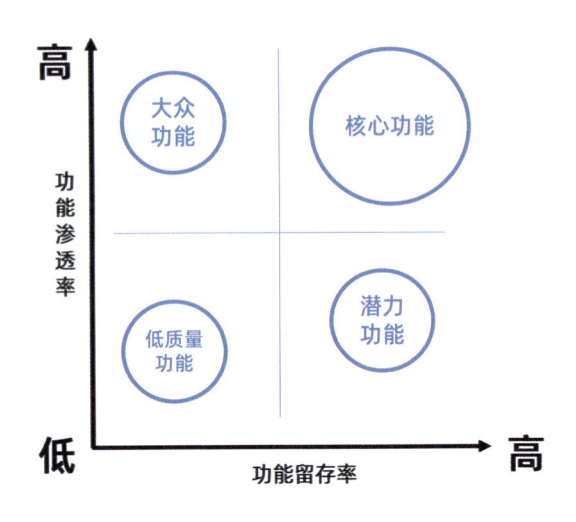

图 6-12 2×2 功能渗透矩阵

在图 6-12 中，横轴是功能留存率，它等于当前周期依然使用该功能的用户数 ÷ 上一个周期使用该功能的用户数。纵轴是功能渗透率，它等于当前周期使用该功能的用户数 ÷ 当前周期整个产品的活跃用户数；横轴和纵轴会把功能价值分为四类，分别是大众功能、核心功能、低质量功能和潜力功能。

大众功能是指用的人比较多，但留存率未能达到理想值的功能。针对该功能的优化重点是：提升留存率。由于该功能用的人数较多，则说明大家有这个需求，至少会用一次，但是后续不再用了，说明他们用了之后，该产品的功能可能没有解决他们的问题，成为"过客"，所以这有很大的提升空间。

核心功能是指用户使用的功能渗透率高、功能留存率也高的功能。提高的关键是找到影响核心功能体验的本质并长期有耐心地持续优化下去，将好的核心体验做大、做强。

低质量功能是指用户使用的功能渗透率低、功能留存率也低，目前还没有达到预期标准的功能。针对该功能，我们应该理性评估，是继续优化还是视之为伪需求，从而放弃资源的投入。我们可以通过用户调研进行分析，看看是否为用户的真实需求，如果是真实需求，再进行重点优化。

潜力功能是指用户使用的功能渗透率低，但功能留存率相对较高的功能。也就是用了该功能的用户会经常用它，但大部分用户不使用，针对未来潜力功能提高渗透率有两个优化方向，方向一是增加曝光，解决入口深的问题，增加曝光不是粗暴地在流量多的地方疯狂地加入口的流量思维方式，而是用户的思维方式，探索和激发更多的用户使用该功能的场景入口。

方向二是提高转化率，解决那些曝光已经很多，但是转化率低的问题。如果曝光入口优化没有问题，大概率是该功能太小众，核心是找到小众变大众的突破点。比如，全民 K 歌 App 发现使用短视频功能的用户留存率比较高，但是渗透率却不高，经过用户调研发现，用户有"偶像包袱"，担心自己不够美，而 App 自带的美颜功能也不是很好用，造成用户对露脸有很大的心理负担，于是就开发了"蒙面唱将"功能，并配有各种录制特效，从而解决用户的"偶像包袱"问题，该功能上线后的用户留存率大幅提升。

6.6.2 策略二：精细化运营

什么时候我们需要精细化运营？当我们通过数据发现不是所有的用户留存率都低时，要想提高用户留存率，就需要重点运营占比大、留存率低的那部分用户，满足不同用户的差异化需求。

精细化运营是在一定条件下提升每个局部单元的收益，从而得到全局更优的业务结果，其公式如下：

$$\sum_{a=1}^{\text{所有区域}} \left(\sum_{g=1}^{\text{所有用户}} \left(\sum_{S=1}^{\text{所有场景}} \left(\sum_{p=1}^{\text{所有路径}} （局部单元收益） \right) \right) \right)$$

其中，区域是指产品服务的地区，用户是指用户分层（优化的重点）。关于如何正确、合理地分层的内容，在本书 4.3 节已经讲解过了，一般会根据基础画像信息、行为信息和业务信息进行分群，并洞察留存的机会点。场景是指时间和空间，此外要针对高频场景进行重点优化。所有路径是指用户的行为路径，一般通过桑基图进行聚类分析。

做好精细化用户运营主要分为四步，如图 6-13 所示。下面结合海外头部 K 歌 App 用户分群提高留存率，具体讲解一下如何做好精细化运营。

$$\sum_{a=1}^{\text{所有区域}} \left(\sum_{g=1}^{\text{所有用户}} \left(\sum_{S=1}^{\text{所有场景}} \left(\sum_{p=1}^{\text{所有路径}} (\text{局部单元收益}) \right) \right) \right)$$

看清问题：通过上述公式看清局部问题

假设：
1. 正：按用户旅途寻找，影响留存的原因
2. 反：思考造成用户流失的原因

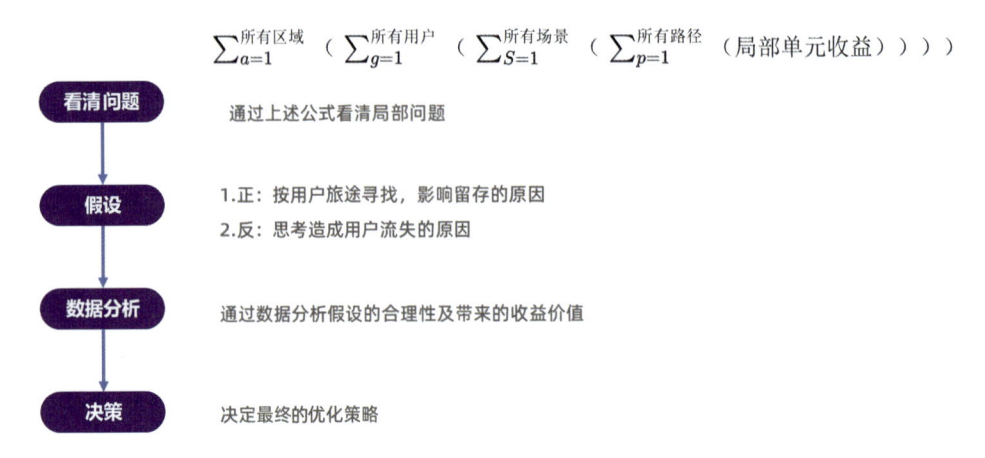

数据分析：通过数据分析假设的合理性及带来的收益价值

决策：决定最终的优化策略

图 6-13　精细化用户运营四步法

案例：海外头部 K 歌 App 用户分群提高留存率

第一步，洞察留存的机会点。主要是看清留存问题，先定位局部问题，再找局部问题的关键要素。也就是先通过分组对比不同局部的留存变化，找到局部中对当前业务总体数据帮助最大的部分，再通过分组对比局部中的不同要素，找到要素中对局部影响最大的点。我们发现，造成海外头部 K 歌 App 用户的留存率整体下降 30% 的主要原因是马来西亚和泰国市场的留存率不高，导致整体的留存率下降。下面再思考一下新投放的这两个国家具体是哪里没有做到位。

第二步，根据两种方式找到假设，一是按用户旅途寻找影响留存的原因，二是思考在用户旅途中用户流失的原因。这里采取方式二提出三个假设，假设一是新增用户质量不高，用户没有需求。假设二是用户找不到自己感兴趣的内容。我们把假设二再细拆分为两个假设：一个是内容本身供给少，搜索不到结果；另一个是首页推荐有问题，用户不能快速找到自己喜欢的内容。

第三步，基于上述假设，通过数据进行分析并验证，如图 6-14 所示。

国家	新增用户数	首页歌曲上报率	上报歌曲的点唱率	搜索用户比	搜索结果点击率	推荐点击率
马来西亚	5005	79.36%	63.22%	44.32%	95%	32.44%
菲律宾	24404	82.55	69.87%	43.57%	94.5%	47.98%
泰国	2339	84.04%	68.16%	45%	93%	35.66%
越南	1887	85.67%	73.85%	53.54%	96%	48.58%

图 6-14　不同国家的用户行为数据

假设一：用户进入后都产生了核心的行为，即唱完一首歌（通过首页歌曲上报率检测），说明拉新的用户质量还可以。

假设二：内容丰富度不够，通过搜索结果发现，点击率在 95% 左右，说明内容的丰富度供给是充足的。

假设三：马来西亚和泰国的推荐点击率低于其余国家，说明搜索推荐算法有问题，这是留存率低的根本原因。

第四步，进行策略决策。从前面的分析可知，在新投放的两个国家留存率低的主要原因是首页推荐算法的问题，所以应该优化首页曲库和用户匹配的算法问题。

6.6.3 策略三：提高用户参与度

为什么提高用户参与度能很好地提高用户留存率呢？因为留存率提高的本质是养成习惯，频次和强度的提升能很好地加深这个习惯，这和刻意练习一样，要求我们在重复练习过程中完成特定的目标。为了强化习惯的养成，还可以在用户有阶段性成果时及时反馈。而提高用户参与度主要有四大方法，分别是提升频次、增加强度、增加使用场景和增加功能数。其中后两个方法会在本书 6.7 节进行详细讲解。

频次，是指用户使用产品或者产品的某个功能多少次，也就是一个行为被重复的次数。常见的手段是根据产品的特点让用户有所牵挂，即形成牵引力，从而让他们持续地使用，比如视频网站的追剧功能。

强度，是指用户每次使用产品或者产品的某个功能的深度。深度泛指用户在产品上花费的时间或者金钱，比如爱奇艺为了增加用户的使用强度，设置每个剧播完之后会自动连播的功能，知乎的文章在用户看到最后的时候也会有自动切换到下一篇的功能。但提升频次和增加强度的前提条件是遵循产品自然的使用周期，所以该策略不太适合部分低频购买、高客单价的产品，比如二手车、SaaS 等。

6.6.4 策略四：社交关系链

社交关系链之所以对提升用户留存率有很大的帮助，是因为人具有社会属性，当人离开一个社区或一段关系时，伤心、难过是难免的。利用人天生爱社交的特性，可以提高用户留存率。在产品中，社交关系链的形成需要五个阶段，如图 6-15 所示。

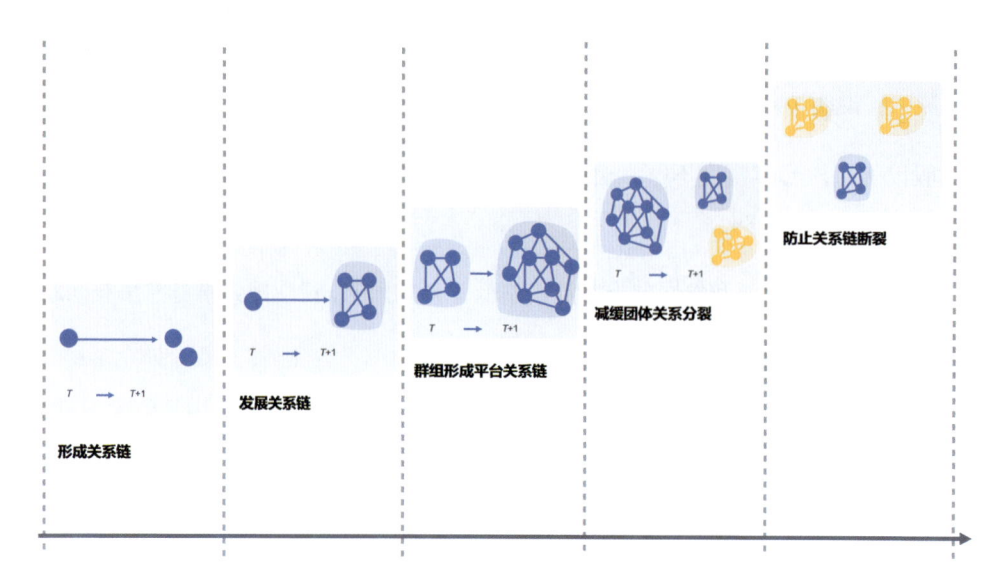

图 6-15 社交关系链形成方法论（注：图中的 T 表示自然日，T+1 表示自然日 +1）

（1）**形成关系链**：该阶段的重点是通过好友关系帮助用户快速感受到产品的价值。常见的策略是引导用户授权通讯录，看哪些好友已经在使用产品，帮助用户快速和产品建立起联系。

（2）**发展关系链**：通过第一步已经建立了好友关系，但这个关系可能还处于沉默的状态，所以该阶段的重点是利用策略将社交关系激活。一般有三种手段，分别是产品机制、任务体系和活动。产品机制手段运用的案例有快手 App，在快手 App 中，用户关注的主播开播或者朋友发内容，都会通过 Push 等手段提示用户收看，从而把关系激活。任务体系手段运用的案例有《QQ 飞车》游戏中的师徒任务，他们采用深度学习算法计算用户间的影响力，得出师徒关系是最牢固的。为了建立紧密的师徒关系链，系统会设置一些限制条件，比如每个徒弟最多同时拥有一个师傅，师傅最多有两个未出师的徒弟，核心指标留存率提升了，过程指标点击率提升了 59%，通过率提升了 65%。活动任务如腾讯游戏中的组队 PK 功能，组队主要通过网络关系度量玩家的相似性，一般从三个维度进行推荐，一是根据大家玩游戏比较近的时间推荐。二是利用好二度人脉进行好友的好友推荐，比如之前不认识但一起玩过副本的朋友。三是根据附近地理位置推荐，最终的好友关系链数据量提升了 230%。

（3）**群组形成平台关系链**：该阶段的重点是在原有用户和用户关系链的基础上增加两条关系链，一条是用户和群组的关系链，另一条是用户和平台的关系链，将之前一边的关系变为三边的关系，关系更加牢固后，留存率就会提高。下面以腾讯问卷为例，帮助大家更好地理解它，之前的关系链是出卷人和答卷人的定向关系，现在可以将答卷人推到更大的答题小组里，这样答卷人不仅可以答之前指定出卷人的问卷，还可以答平台上有类似需求的问卷，进而将出卷人和答卷人的关系链发展成平台链，如图 6-16 所示。

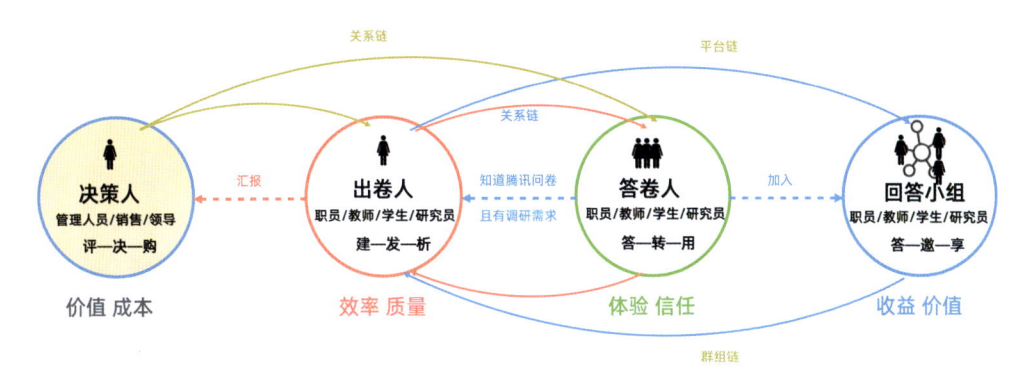

图 6-16　腾讯问卷关系链到平台链

（4）减缓团体关系分裂：建立了稳定的关系后，还需要不断加强群组和群组之间的互动，这是该阶段的重点。和人的感情一样，一旦双方互动少了，就会有分开的可能性。比如快手直播的 PK 功能就用于粉丝团帮助自己的主播 PK 成功，以免自己的主播受到惩罚。

（5）防止关系链断裂：关系都有断裂的风险，例如，相爱的人都有分开的可能，更何况是别的社交关系。该阶段的重点工作就是提前做好预警和召回相关的工作，相关内容将在第 8 章详细讲解。

6.6.5　策略五：情感驱动用户留存

情感化是现在越来越有效的用户留存手段，但却是被增长黑客忽略最多的。产品的功能服务于用户需求的同时，更应该注重情感的交流。人的思考模式分为快思考的系统 1 和慢思考的系统 2。其中，系统 1 是感性、情感和直觉本能的反应模式，占据我们决策的主导地位。系统 2 需要我们保持足够的专注力，并进行主动控制，会耗费很大的精力。用户更倾向于用系统 1 进行思考，是因为系统 1 与系统 2 相比，其耗能更少。人的天性就是懒惰的，所以倾向于用系统 1 思考，并且情感越浓烈，越能增强系统 1 的效应。基于此，我们要很好地利用情感化做留存，具体需要满足以下两点。

1. 缓解用户的负面情绪

众所周知，在生活中等待是最容易让人产生负面情绪的，我们在设计互联网产品时也是如此，为了缓解用户因为等待所产生的焦虑，首先要减少等待时间。但有时候界面加载时间是受很多客观因素影响的，没有办法保证其速度，这时就要做一些措施来转移用户的注意力，缓解其焦虑心理，比如，游戏公司在进行游戏包的更新时会有游戏技巧的说明。

2. 制造仪式感和回忆的烙印

特别的东西之所以特别，是因为它们承载了特别的回忆或者联想，帮助拥有者唤醒了特别的情感。其实很少有人在意东西本身，重要的是东西承载的故事和给用户带来的曾经刻骨铭心的感受，这也是一些 IP "炒冷饭"，其销量也不差的原因。这给我们做用户留存的启示就是应该想办法多给用户留下记忆点，比如《集合啦！动物森友会》（简称《动森》）游戏中设计的生日会模式，用户可以互相举办生日会，《哈利·波特》游戏中霍格沃茨魔法学校会很有仪式感地给玩家打电话，通知其入学和参加烟火秀活动，以及在蔚来社区记录天数和行驶旅程等。线下如海底捞为顾客的生日营造的特殊氛围，可以充分调动顾客的感官，从而使顾客留下难忘的记忆。

若要将这两个要点很好地应用到自己的产品设计中，则可以利用用户旅途工具进行梳理，看一下哪些环节让用户产生了焦虑，此时就利用情感化策略进行缓解，哪些环节可以制造仪式感，让用户留下记忆。利用峰终定律时，尤其要注意关键节点的高峰和结尾的把握。就像美团外卖人员在送药完成后会对买药的人说一句"祝你早日康复"，人在生病的时候情感都是脆弱的，这时候温暖的话能加强系统 1 的运转，强化"买药就选美团"的心智。

6.6.6 策略六：利用活动提高用户留存率

利用活动提高用户留存率的方式有很多，比如打卡签到，但笔者认为，未来游戏化的活动会是增长的一大方向，所以这里重点讲解游戏化活动。之所以是游戏化的，是因为游戏的目标感强，在游戏中，我们被一步步地引导，让我们充满目标使命感，而不是挫败感，同时游戏里也有实时反馈系统，它能带来明确的任务和切实可行的工作，可以让我们立刻直观地感知自己创造的价值。再加上具有趣味性的规则玩法，就会产生大量多巴胺分泌，使人快乐，进一步强化了对该事物的快乐记忆，让我们不知不觉沉迷其中，从而提高留存率。在大家的认知中，小程序的用户留存率都比较低，但是传统电商品牌"全棉时代"却通过游戏化的活动提高了用户留存率，并用种棉花的活动让用户建立品牌认知，关键玩法是在小程序里开启了"种棉花"的小游戏（参见图 6-17）。在游戏中，用户可以通过完成任务换取水滴、给棉花浇水，来领取全棉时代相关的产品。这就使得用户要每天登录小程序进行浇水，无形中提高了用户对该品牌的黏性。为了提醒用户每天参与游戏，让用户完成模板消息的订阅，该任务奖励和下单得到的奖励是一样的，用户一看成本低、收益大，都进行了任务订阅，结果任务完成率达到 80%。有了模板消息的订阅，并且通过每天 8 点进行消息推送，进一步增加频次来提高用户留存率，使得用户的主动打开率基本能达到 60% ~ 70%。

图 6-17 "全棉时代"种棉花游戏

6.7 稳定期：提升高活跃度用户的两大策略

在平稳期，用户留存率会处在一个相对稳定的阶段。在该阶段，人群运营的重点也从中活跃度用户变为高活跃度用户，下面通过分享的两大策略来达到让用户习惯固化和强化产品价值心智的目的。

6.7.1 策略一：提高用户参与度

提高用户参与度共有四种方法，前面已经介绍了提升频次和增加强度的内容，这里谈谈适合用于增加高活跃度用户的另外两种方法：增加使用场景和功能数。

1. 增加使用场景

它是指满足现有用户更加丰富的需求，优先满足价值链上的高频功能，尤其是针对高决策类型的产品，若要提高用户的留存率，此法很有效，当然低决策类型的产品同样适用。常见的手段就是基于场景联想刺激用户需求，根据用户需求深挖用户场景，深挖的场景越高频越好。例如，保险产品虽然是一个高决策产品，用户不会每天来投保或理赔，但是可以增加保险相关的场景，比如微保推出全新的"We 系列服务"，包括"WeFit 健康计划""WeDrive 好车主计划"等计划，像 WeDrive 以车相关的场景进行拓展，目的是打通各个险种和配齐该险种的一系列场景服务，做了免费查违章的小工具拓展查违章场景，还可以设置每月一次自动通知，结果促进用户留存率提升了两倍。

2. 增加功能数

使用功能越多，用户留存率越高。比如，在抖音用户看的短视频里插入直播（参见图 6-18），插入直播的好处一是用户使用功能越多，留存率越高；二是时长和留存率呈正相关性，直播本身的时长就长，引导用户使用直播能增加时长，从而提升留存率。类似的还有在视频里插入热点、合集等。

图 6-18 抖音增加功能数来提高留存率

6.7.2 策略二：激励体系

激励体系就是建立在用户数据模型的基础上，通过找到用户成长的关键路径和核心驱动力，搭建激励通道，形成一整套驱动用户成长的机制。通过激励方式引导用户对产品进行探索，从而逐渐加深用户与产品之间的联系，从而产生依赖持续性留存。激励体系的架构请参看本书的拉页。

激励体系中最重要的就是解决两个问题：一是判断什么行为需要激励，并建立统一的行为激励标准，二是针对激励行为选择合适的激励手段。

先看问题一，需要先将用户的行为转换为一个个任务，然后针对这些任务，根据统一的奖励机制设立相应的兑换汇率。汇率体系是任务体系的核心，任务体系是激励手段得以运作的核心，该汇率贯穿两个激励体系，分别是财富体系和荣誉体系。财富体系的作用是对用户的利益进行分配和管理，主要包含积分体系，积分体系主要负责不同积分类型的获取和消耗管理。荣誉体系的定位是对用户权和名的分配，包括等级、头衔、勋章、排行榜、权益体系等功能模块。

最后看问题二，市面上有很多让人眼花缭乱的激励手段，大家可以根据笔者总结的各种激励手段的特性，以及适合激励的行为和适用场景进行选择。激励手段的选择切忌贪多，很多激励手段没有起到很好效果的主要原因就是设计得过于复杂，用户没弄清楚其中的原理，效果自然就差。所以，找到最适合自己的激励手段才是"王道"。

6.7.2.1 任务体系

下面先分享激励体系中的基础模块——任务体系，它是统一行为和权益汇率关系的桥梁。在任务体系设计的初级阶段，主要做好任务类型的设计和奖励的获取条件。

根据目的的不同，激励任务可分为五类，具体如下。

- **新手任务**：针对新用户，激励用户完成 Aha 时刻的行为或者一些基本信息的收集，其门槛不宜过高。
- **核心任务**：希望激励用户提高核心行为的完成频次。
- **每日任务**：该行为能有效地提升活跃度，每个任务有固定成长值的设置。

续表

- **支线任务**：支持非核心业务或者新功能上线增强曝光等激励需求。

- **限时任务**：同类任务中突出希望用户完成的重点任务。

奖励获取条件包含以下六个设置。

- **奖励对象**。什么样的用户（用户分层）能参与，比如，是新用户还是老用户；哪个城市的用户能参与。

- **奖励的门槛设置**。主要分为四种：单一独立任务，满足行为 X，得奖励 Y。多条件独立任务，满足行为 X1 和行为 X2，得奖励 Y。阶梯任务（连锁任务），满足行为 X1，得 Y1；满足行为 X2，得奖励 Y2，X 条件相同，阈值不同。并列任务，满足行为 X，得奖励 Y；满足行为 A，得奖励 B，多个任务并行执行，前置任务未完成前，也可以进行后置任务。

- **奖励类型**。是增加抽奖次数，还是赠送积分等物质奖励。

- **奖励下发逻辑**。奖励发放的机制是自动的还是手动的。

- **奖励获取时间**。主要针对限时任务类型进行设置。

- **奖励获取上限**。是指该任务获取的奖励上限。也就是说，任务完成超过一定次数时，不再给予奖励。

设置上限的目的是使产品收益最大化，如果目的是老用户促活的行为激励，则应设置一定的上限，因为用户一天内完成指定行为到达一定次数后，就能稳定地留存，此时再进行额外奖励，用户留存的增量并不明显，所以便不需额外投入。如果目的是商业化变现，且 ROI（投资回报率）为正，一般不设置上限。比如，金币悬赏任务的奖励频率就是每 10 分钟播放一次广告，单日无上限。

任务上线后，在做相关的策略优化时，最常遇到的问题有以下两个。

问题一：任务领取率不高。针对该问题，主要采取以下三个优化手段。

手段一：在全链路中增加对任务奖励获得感透传，让用户建立做任务得到权益的稳定心智。主要有两大策略，一是增加曝光入口，核心为场景化任务关键流程的入口展示，其次为用户关于固定入口心智的建立。二是结合场景（时空）做全链路的透传。

手段二：精细化任务推荐。主要针对不同业务或同一业务之间的不同任务，基于用户曝光频次、任务完成状态、任务结束时间，并结合用户所处生命周期进行综合推荐排序。不同业务之间主要指基于单位大战略背景下给不同业务的任务分配不同权重。同一业务之间主要根据对当前业务目标的贡献度给不同业务的任务分配不同的权重。曝光频次是指当前展示任务如果曝光次数超过 X 次，则展示下一优先级任务，即如果用户在一定的曝光次数内没有转化，则判定对当前任务的兴趣度不高。任务完成状态优先展示正在做的，其次是即将要做的，最后是已经完成的。任务结束时间是指任务越临近，越优先展示。生命周期主要是根据用户当前所处的阶段进行选择推荐，以达到跃迁到下一个层级的目标，假设用户处于新用户这个层级，系统只会推荐新手任务，让他快速进入低活跃度用户层级，而与中活跃度任务相关的任务则不会推荐。

手段三：趣味性的任务挑战活动。比如，斗鱼支付 200 鱼丸报名，按规定时间完成打卡任务，即可瓜分奖金池，奖金池由前一天报名该活动的用户组成，如果未完成任务，则报名费不退还。

问题二：任务完成率不高。主要有以下两个方面，首先，也最核心的是任务难度过高，应当适当降低难度，把复杂的任务拆解到多个子任务。其次是基于任务状态做好关键节点的提醒。以连锁任务为例进行说明，端内可以在每单任务完成的节点均设置消息提醒，引导用户完成下一单，端外用 Push 等形式增加与用户沟通的触点。

6.7.2.2 权益体系

介绍完激励体系的基础模块后，下面介绍激励体系中最重要的权益体系。权益体系抓住了用户的核心诉求，其设计得好坏直接影响激励体系的成功与否。权益体系通过虚拟和实物资源满足不同用户的需求，其应用场景非常多，它在会员体系里能辅助用户更好地提升会员等级，在积分体系里，能促进用户完成更多的积分任务。这里以会员体系为例进行讲解，积分等场景的应用同理。

权益设计的主要思路是通过增强用户使用的动机，来减少用户使用产品的阻力。其设计的关键是应用在本书 4.5 节中讲解过的福格模型，如图 6-19 所示。

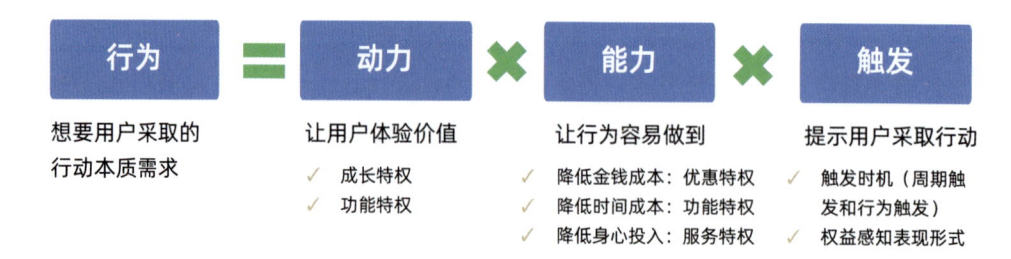

```
行为 = 动力 × 能力 × 触发

想要用户采取的        让用户体验价值         让行为容易做到           提示用户采取行动
行动本质需求
                    ✓ 成长特权           ✓ 降低金钱成本：优惠特权   ✓ 触发时机（周期触
                    ✓ 功能特权           ✓ 降低时间成本：功能特权     发和行为触发）
                                        ✓ 降低身心投入：服务特权   ✓ 权益感知表现形式
```

图 6-19 利用福格模型进行权益设计

1. 动力

动力是权益设计的核心。它通过权益让用户感受到产品的价值，从而增加办理会员的动机。增加动机有两大类权益类型，权益一是成长特权，指加速等级提升，从而快速解锁特权享受到产品额外的价值，比如 QQ 会员，在原有通过累积活跃天数来获取相应 QQ 等级增长的基础上，还可以根据会员等级来加速 QQ 等级的增长。权益二是功能特权，其本质是基于产品核心功能提供超预期的服务。

2. 能力

能力是指让用户减少付出成本的能力设计，从而使产品希望用户完成的行为更容易做到。用户付出的成本通常表现在金钱、时间和身心的投入程度三个方面。基于能力的权益设计也有两大类，这里叫作权益三和权益四。权益三是优惠特权，降低金钱成本是用户接受程度最高的，如折扣券、专属优惠、免邮费券和专属会员价等。权益四是服务特权，降低用户身心的投入程度，让用户省心。在权益设计上，通常是提供优质的售后保障服务、专属的客服跟进，让用户少操心或不操心，从而减少焦虑。时间则是降低用户时间成本的投入，也属于功能特权范畴，比如滴滴会员使用滴滴打车时，免等待，即会员可以不用排队，优先叫车；京东会员拥有华为折叠屏手机的优先购买权；爱奇艺等视频 App 的提前点映，让用户有提前获得感等。

介绍完四种权益类型后，你可以围绕产品的核心价值盘点一下自己的资源，按成长特权、功能特权、优惠特权和服务特权四个权益类型进行盘点。这里要注意 B 端和 C 端驱动力的不同，C 端更多的是优惠驱动，B 端更多的是帮助企业做更好的营收，主要靠功能和服务驱动。

盘点完权益后，如何进行权益的短期和长期运营呢？回答这个问题其实不难，短期运营主要做好以下四点。

一是，不断增加权益的丰富度，将权益做大做强，但不是权益的简单堆砌，而是根据用户调研和小流量测试，找到用户内心真正渴望的权益。

二是，虽然权益补贴的成本和用户获得感知度成正比，但是除了考虑权益对用户激励行为的吸引，也要结合成本做到持续性稳定激励，找到成本和转化的平衡点。

三是，在预算有限的情况下，将权益预算适当地向重点要运营的分层用户上倾斜。

四是，为了更好地降低权益成本，可以采取和商户合作的方式。如果产品能够帮助商户筛选价值更高的用户，提升营销效率和运营效率，商户就会愿意合作，从中获取更多的优质用户，留存老用户。

长期的主要目标是打造用户权益心智。比如亚马逊的 Prime，打造的是"家庭数字娱乐电商生活"；Costco 则独占的是"性价比"这个心智场景。

3. 触发

权益触发机制直接影响权益的曝光度和感知度。主要应注意两个要点，一是触发时机的选择，二是触发的权益感知展现形式。

要点一：触发时机。

触发时机有两种，分别是周期性触发和行为触发。周期性触发主要指按一定周期自动向用户发放固定权益，应用比较多的是付费会员。例如，京东 Plus 会员每月自动到账 6 张运费券。

行为触发指用户完成平台规定的具体行为后触发权益，等级会员或者付费会员均有应用。例如，饿了么超级会员每完成指定金额的 1 单并在线支付成功，即可获得 1 个奖励金，奖励金可用于订单金额抵扣。

要点二：权益感知展现形式。

通过对不同行业会员的操盘，笔者发现会员权益感知对会员的影响能达到 35% 以上，因为在实际操作中，权益本身是不外显的，再好的权益也不得不感叹"酒香也怕巷子深"。这里以阿里巴巴的权益感知四梯度为例进行第一个要点的显性化说明，如图 6-20 所示。

金字塔的顶层：透出传播价值：情感化
用户有情感　Prada享9.5折，96%的88VIP会员觉得好

透得更好：智能化
用户所需要的　已买3次，9.5折预计可省xx元

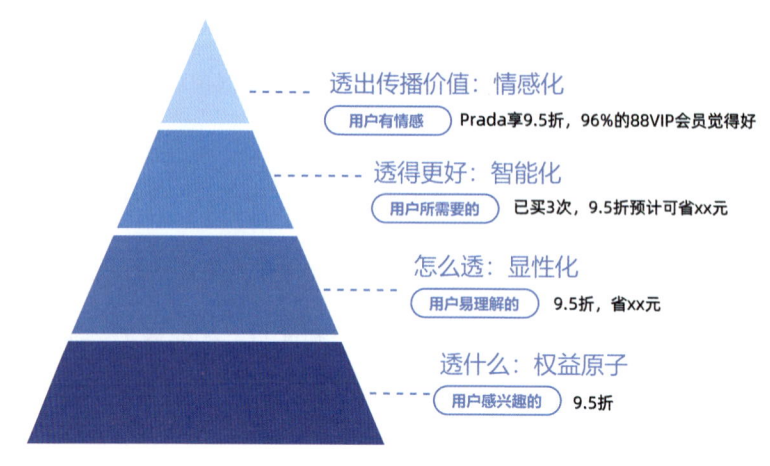

怎么透：显性化
用户易理解的　9.5折，省xx元

透什么：权益原子
用户感兴趣的　9.5折

图 6-20　权益感知的四梯度设计

金字塔的底层是简单的利益展示，在链路上到处都在说88VIP 9.5折，但这样并不能让用户理解9.5折到底能带来什么结果。于是阿里巴巴在上面进行了显性化升级，让用户更加容易理解，将文案优化成"9.5折，省xx元"。金字塔再往上升级是结合用户行为的个性化进行智能化展示，如"已买3次，9.5折预计可省xx元"，还可以结合用户当时购物的情景进行情感化展示，如Prada享9.5折，96%的88VIP会员觉得好。

如何衡量权益体系做得好与坏呢？可以参考如图6-21所示的阿里巴巴的权益评估体系，短期对权益考核的核心指标主要是留存率，长期对权益考核的核心指标主要是用户心智。考核的核心指标主要有权益感知度、线上易用性、使用率和NPS四个维度。

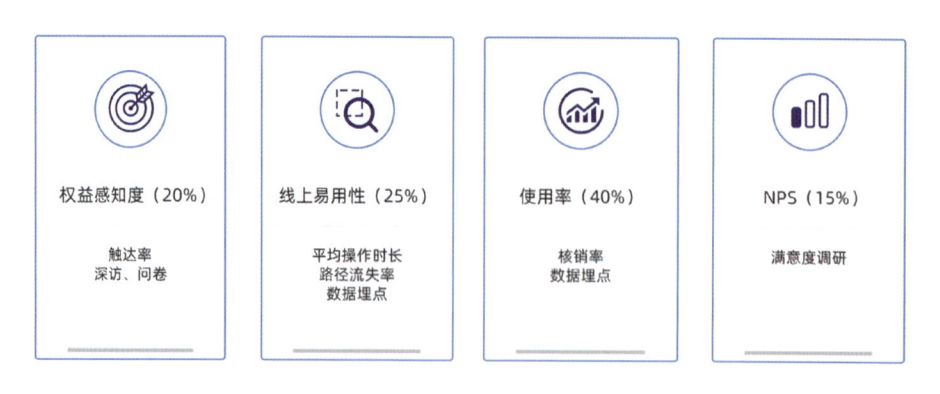

权益感知度（20%）	线上易用性（25%）	使用率（40%）	NPS（15%）
触达率 深访、问卷	平均操作时长 路径流失率 数据埋点	核销率 数据埋点	满意度调研

图 6-21　权益评估体系

权益感知度在考核体系里一般占比为20%，主要通过问卷调查的形式了解用户是否知道都有哪些权益，这些权益是否有吸引力，用户是如何知道会员权益的；线上易用性在考核体系里一般占比为25%，主要通过数据埋点的方式对产品漏斗进行考核，分析用户平均操作时长或者哪个步骤跳出比较多，如果时间过长或者关键节点步骤跳出比例高，就需要考虑是不是哪个设计让用户感觉不合理，需要优化。使用率在考核体系里一般占比为40%，之所以占比最高，是因为权益的吸引程度是激励用户行为的核心驱动力，主要通过数据埋点的方式了解权益兑换核销比例。用户对权益的 NPS 在考核体系里一般占比 15%，主要通过问卷调查的方式了解用户对哪些权益不满意，以便后续有针对性地进行产品迭代。这四种考核指标分配是阿里巴巴通过对不同业务线的会员进行大量实践后总结出来的一套权益评估体系，供大家参考。

6.7.2.3 会员等级体系

介绍完权益体系的内容后，再介绍一下权益体系主要的应用场景之一——会员等级体系。会员等级体系是用一套权益来激励用户产生付出金钱或者视角的目标行动，并不断与用户产生情感连接，构建让用户离不开的沉没成本，从而达到提升用户忠诚度和用户价值的目的。这是提升留存率的一种有效手段。

根据权益的获得方式，会员体系可分为付费会员模式与等级会员模式两类。它们最主要的区别是等级会员模式采用的是行为的积累，付费会员模式采用的是消费者的购买预期。等级会员模式适用于高决策和低决策产品，但权益选择需要具备供给无限的低成本或者具有边际效应等特点。假设视频产品不采用付费会员模式，而是采用等级会员模式，那么高额的版权费将会导致业务发展不健康。

也许你经常会有这样两个疑惑：什么样的产品适合采用会员模式，适合采用会员模式的产品又应该在什么时机搭建会员体系呢？下面分别从产品、业务和竞争三个视角来给大家解惑，如果你的产品符合下列情况中的两项，那么你就可以采用会员模式。

从产品视角来看，自己的产品没有形成绝对优势或垄断地位，用户购买或使用相对高频（复购率高），产品体验至少"及格"（即留存率满足行业基本水平）。

从业务视角来看，当业务发展到了一定阶段，用户基数积累到了一定体量，呈现类似二八效应的头部效应，需要对用户进行精细化的分层运营，会员体系就是一个用来定量分层运营用户的好工具。

从竞争视角来看，希望用户长期留存在自己的产品体系内，增加用户的转化成本。

如果判断完自己的产品适合采用会员模式，那么如何进行体系化搭建呢？如图 6-22 所示，从 0 到 1 搭建会员等级设计体系总共分为四步。

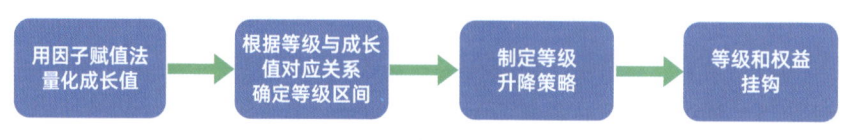

图 6-22 四步设计会员体系

第一步，用因子赋值法量化成长值。

成长值是一套面向用户的价值衡量标准，我们可以将其理解成"兑换体系"中的"货币"。在等级会员体系中，会员的升降级是基于周期内会员成长值的变化来界定的，只有当成长值达到了一定标准，会员才可以升级，反之则降级。例如，京东的京享值、淘宝的淘气值，这些都是成长值。

我们通过因子赋值法搭建统一的用户行为底层规则和赋值规则，能使成长值更合理、更科学地体现用户行为和价值目标的关系。这里用一个公式来量化成长值：

成长值 = 基准值 × 行为 × 价值系数 × 价值系数权重 × 意愿度系数 × 意愿度系数权重

其中，基准值就是我们进行参考的行为标准，后续系数的调整都基于基准值。

行为是指拆解与业务目标相关的用户行为，它直接反映了你对业务的理解，决定了你重点运营用户的方向。

价值系数的设定主要取决于行为对业务目标的贡献度和基准值的比例。行为通常分为三类，其中两类是直接和 GMV（商品交易总额）相关的，分别为转化类型和分享类型。你可能会产生疑问：分享行为怎么能和 GMV 直接相关呢？因为分享后会带来新的交易增量，我们就用这个增量进行价值衡量。最后一类是间接和 GMV 相关的活跃行为类型。那么活跃行为的价值如何衡量呢？具体思路是找和直接目标的相关性，有两种方式，前提都是基于现有用户数据，一种是根据该行为发生的频次和收入的相关性进行计算，另一种是对发生该行为和没有发生该行为的用户进行分群对比，包括对 GMV 贡献的差异和平均下单金额对比。

意愿度系数是指用户完成行为的难易程度，难易程度根据不同行为类型有不同的衡量标准，活跃类型行为通过时间来衡量，转化类型行为通过金钱来衡量，时间和金钱花得越多，代表越难，意愿度系数越高，从而得到更多的成长值，这里还要对花费的时间和金钱进行统一，我们将时间转化为价格的标尺，找到用户的时间和订单金额的相关关系，从而进行衡量，即用户累计一定时间，花费金额达到拐点，达到花费金额的拐点和时间的比值就是花费时间和花费金钱的汇率。

最后是价值系数权重和意愿度权重确认，因为行为的发生是动力大于阻力，所以衡量成长值时除了考虑价值的占比，还要考虑用户阻力的占比。通常，价值系数权重占比为 80%，意愿度权重占比为 20%。

这时你可能会有一个疑问：上述确认成长值的方法都要基于存量进行分析，利用这些方法分析虽然很精确，但是需要有一定数据的积累，如果该条件不具备怎么办？针对这个问题，你可以根据业务经验或者当前业务看中的目标进行系数的确定。

下面以电商量化每个行为的成长值为例，帮助读者将方法论更好地与实际联系起来。为了保证行为梳理不遗漏，我们可以利用用户旅途工具进行关键行为的梳理，如图 6-23 所示。首先用用户旅途工具进行关键行为的梳理，即登录→浏览→下单→收货→评价→分享，然后根据用户对产品核心价值目标 GMV 的贡献度赋予系数权重分，并确定基准值，这里选取平均下单金额，设定为 1，下单次数等转化类型行为创造的增量 GMV 和平均下单金额对比，依次得到对应的价值系数。用户的分享方式包括商品分享、晒单等，我们主要看不同的分享方式带来的 K 值（即一个用户最终能带来多少个下单的用户），再用这个值和平均下单金额进行对比。活跃类型行为登录主要是对比已经登录的用户和没有登录的用户的 GMV 贡献的差异，从而确定价值系数。确定意愿度的思路和确定价值系数的思路一致，这里就不再赘述了。

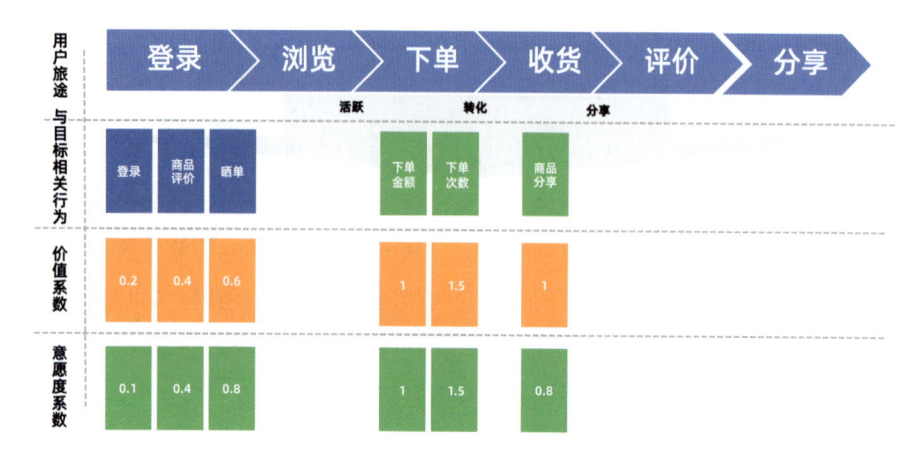

图 6-23 电商量化成长值

第二步，根据等级与成长值的对应关系确定等级。

先根据历史数据和"定义影响等级的行为"，计算出用户每日可获得的最大分值（Smax），最大分值主要看 5% 的头部用户，这里假设计算完每日获得的最大分值是 200。

再根据头部用户使用的生命周期，自定义用户成长到最高级所用的时间（Tmax），从而计算出生命周期的最大分值。假设头部电商产品的生命周期一般是 3 年。但是用户并不是天天都处于活跃阶段的，查看近 200 天的用户活跃数据，得出 5% 的头部用户活跃天数为 93 天，从而计算出用户在该产品的整个生命周期中一共可积累的最大分值 Mmax =Tmax × Smax=200 × 93 × 3=55800 成长值。

确定产品等级数，常见的等级有 4～7 级，具有社交属性的产品等级会比较高。

计算各等级所需成长值。一般按照复利公式 $F=P \times (1+i)^n$ 计算，其中，F 为当前所处等级，P 为前一个等级的成长值，n 是当前等级数，i 是速率，即当前需要调节的变量，速率一般分两种。一种是小速率的，等级级数多，用户可以频繁感受到等级带来的变化。由于周期长，给用户的主观感受是升至顶级难度大，这种类型的分层已经很大程度地弱化了阶层观念。适合的产品类型有社交产品、游戏产品和教育产品等。另一种是等级级数少、用户实际升级难度大、等级阶层观念强，各等级阶层激励具有明显的差异性，用户有升级的动力。适合的产品类型有工具产品、电商产品、旅行产品、内容产品、生活服务和金融产品等。

选择复利公式的原因是初级用户等级的提升快而平滑，体验成本低；中级用户作为主力价值用户，等级提升难度适中。顶级用户的等级升级难度一定要大，这样不但可以让等级高的用户有更多的满足感，更让中级用户有升高等级的欲望。如果采用线性关系提升等级，就会造成用户因初级的升级难度大，从而丧失升级动力，中级提升失去成就感。

这里要特别说明的是，没有所谓的万能公式，因为自家的业务和用户，以及当前所处的阶段都不尽相同，都是以业务为基础，先在 Excel 中选择幂函数，再根据每个等级的成长值数据慢慢调整拟合出来，如图 6-24 所示。

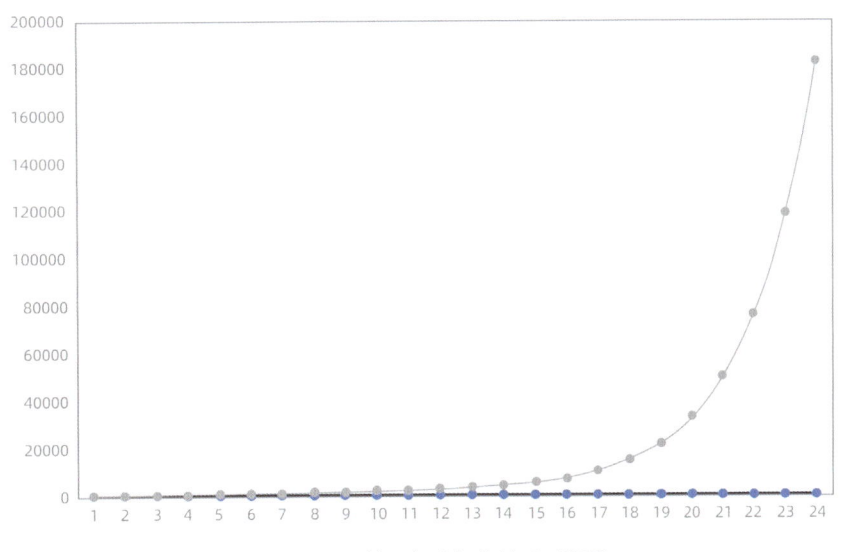

图 6-24　等级与成长值关系对照图

第三步，制定等级升降策略。

等级会员根据现在的行为是否对未来产生价值，可以被细分为等级动态升降和固定等级两类。

等级动态升降的选择标准是现在的行为不能对未来产生价值，它广泛应用于电商和 O2O 服务产品。例如滴滴，即使你之前经常打车，但未来不打车了，对平台来说价值也不大了，因为你之前的行为不能为未来创造价值。

固定等级的选择标准是行为具有累积属性，即现在的行为对未来产生价值，主要应用于社交、内容产品。比如小红书，你之前发布的内容，在未来的某一天也能让读到这些内容的人获得帮助。

总之，等级升降策略制定的关键就是"能否持续创造价值"。

第四步，等级和权益挂钩。

先基于核心功能进行权益梳理，再根据调研或者数据分析结果，将权益和会员分层级匹配。将梳理的权益设计成问卷，分析不同权益对不同等级用户的吸引力，一定要每个等级都有一个主打的用户权益。用户等级上线后，可以通过权益的使用率来调整每个等级用户的主打权益，如图 6-25 所示。

图 6-25 会员和权益匹配

到此，我们介绍了什么时机搭建会员模式，以及如何搭建该模式的理论知识。下面我们来看看滴滴专车面临自身增长和外部竞争对手的压力时，如何通过搭建会员体系来解决问题。

案例：滴滴专车会员体系的搭建

从产品视角看，随着获取新用户成本的增加，滴滴需要提高留存率，从而提高后端转化率，降低用户获取成本。此外，用户达到一定规模并相对稳定后，平台需要提升活跃度，增加用户黏性，从而提高用户价值。通过如表 6-1 所示的上线前专车用户流水贡献分布可以知道，95.7% 的用户贡献了 68.6% 的 GMV，4.3% 的用户贡献了 31.4% 的 GMV，专车用户价值基本满足用户价值的二八分化，但需要进一步提升高价值核心客户的忠诚度，促进用户留存，从而把更多的消费迁移到平台。

表 6-1 专车用户流水贡献分布

用户等级	本月里程	用户数	用户数占比	订单占比	流水占比
普通用户	[0，50）	2698511	82.2%	45.4%	37.7%
银卡会员	[50，150）	446581	13.5%	27.7%	30.9%
金卡会员	[150，500）	126685	3.9%	22.7%	25.8%
白金会员	[500，1000）	8876	0.3%	3.7%	4.8%
黑金会员	[1000，正无穷）	517	0.1%	0.5%	0.8%

从竞争视角看，滴滴希望用户长期留存在滴滴产品内，而不是其他打车App内，神州专车也正在冲击IPO（首次公开募股，Initial Public Offering），IPO成功后，现金流更加充裕，会加大力度争夺市场现有的用户，所以滴滴需要现在就加强培养用户对滴滴产品的忠诚度。

滴滴根据调研了解到了不同层级会员关心的核心利益不同，比如，银卡会员更希望获得"一次免费乘车机会"。因此，综合考虑后，滴滴通过"赠送一次乘车机会""更多的优惠券"或"专车里程兑福利"等设计出了如表6-2所示的权益体系。

表 6-2 滴滴的权益体系

级别	用户需求	权益	权益解释
银卡及以上	价格	专车券	两张10元代金券，乘坐专车时可抵现，实时升级到银卡时会发两张券，到下月1日会再发两张
金卡及以上	不会产生临时加价/溢价	急速发票	发票将于一个工作日内寄出
		优先客服	客服优先接听金卡用户来电，金卡用户免去等候的时间
		溢价保护	需求过旺时，临时调价10元封顶，多出的费用由滴滴承担
白金及以上		优先派单	其订单会要优先派给司机，叫车速度更快
		双倍里程	每一次打车后，兑换里程可以双倍累计

续表

级别	用户需求	权益	权益解释
黑金		免溢价	滴滴承担因需求过旺产生的溢价调价
		出行管家	配置私人专属客服团队，并提供高品质客户服务
		急速应答	其订单将第一时间派送给司机，最大限度地缩短叫车时间
		等级保护	用户升至黑金等级后，其身份保留三个月

通过这个会员体系的搭建，滴滴在留存、促活和流水方面都取得了良好的效果，用户留存率提升了12%，活跃用户次月里程留存率从65%升到75%，提升了10%。不同层级的用户均有增加，普通用户、银卡用户人数增长17%左右，各级别用户的活跃度均有提升，平均增长9.5%左右，金卡以上级别用户的订单、流水的大盘占比进一步提升，从31.4%提升到35.6%，提升了4.2%。

6.7.2.4 积分体系

下面介绍权益体系主要的应用场景之二——积分体系。搭建积分体系的目的通常是奖励高价值行为，根据某种规则发放的仅限产品内使用的等价物。积分能起到引导用户持续产生特定行为的作用，所以能有效地提升用户留存率，尤其是产品同质化严重的时候，积分能够有效地增加用户的沉没成本，进一步提高留存率。在搭建积分体系前，先问自己一个很重要的问题：自己的产品适合搭建积分体系吗？要想回答这个问题，就需要从产品类型和产品所处的生命周期这两个角度进行判断。

从产品类型角度来看，中高频次使用的产品适合搭建积分体系，低频次使用的产品不适合搭建积分体系，因为提升空间有限，对促进用户留存帮助不大。积分只能起到锦上添花的作用，核心还是产品功能本身，使用频次低的产品主要靠激发产品使用场景来提高留存率，但有一种特例：如果你处在一个业务丰富的企业里，则可以通过积分串联服务场景，提高积分影响面，从而起到提高留存率的作用。

从产品所处的生命周期角度来看，产品经受了市场和用户的验证，具有一定的稳定性和可持续性，并且用户规模达到一定的量级。也就是说，在产品的成熟期可以搭建积分体系，因为大部分积分的预算来自产品产生的利润。

只有以上两个条件都满足，才可以通过积分体系四部曲进行搭建，如图 6-26 所示。

图 6-26 积分体系四部曲的搭建

第一步，确定积分预算。

积分发放中最重要的环节就是做积分预算。预算的计算方法有两种，一是参照系法，二是正向推算法。我们先看参照系法，根据历史积分预算情况和系数相乘进行计算，系数主要由当年目标较上一年目标的变化来决定。如果之前你所在的企业没有搭建过积分体系，找不到合适的参考系，那么可以用正向推算法根据公式进行计算，积分发放总预算 = 积分成本 × 汇率，积分成本 = 营收 × 积分占营收的比例 ×100%。

通过公式可知，只要确定最关键的两个变量积分成本占营收比例和汇率，就可以算出来。下面以作业帮为例，介绍如何进行积分预算。

案例：作业帮的积分预算

作业帮希望通过积分来促进互动行为，他们之所以采用积分体系，是因为当时互动和营收的相关性比较高，属于高价值行为，符合激励手段中积分的场景。

积分预算是把班课营收的 1% 作为课中教学激励，当时作业帮上课用户的 ARPU 值大约是 300 元，也就是一个学生 3 元，10 节课的互动，所以每次互动成本就是 0.3 元，当时的汇率是 1:100，乘以货币汇率 100，积分就是 30。一个用户单次互动积分数 × 平均互动次数 × 互动用户数 × 产销比 = 积分发放量。这里假设有 100 万名用户，需要积分互动 4 次，产销比一般是 30% ~ 50%，我们按 50% 计算，需要的积分发放量就是 3600000 积分。

上面是以单个积分任务为例进行讲解的，如果多个行为对用户留存都有价值，该怎么做积分预算呢？这里假设有三个行为，分别为行为 1、行为 2 和行为 3。一个学生的积分成本还是 3 元，积分的投放量不变，但要奖励的行为由 1 个变成 3 个，单次互动的积分就不再是 30 积分了，而是三个行为的积分之和，共 30 积分。我们需要根据用户留存价值的高低来合理分配这 30 积分，确定一个积分规则，对留存帮助大的行为多分配积分，对留存帮助小的行为少分配积分。这里假设行为 1 的用户留存价值占比最高为 50%，则完成行为 1 即可获得 15 积分。

确定积分成本后，再确定积分和实际现金价值的兑换汇率，就可以算出积分发放的总预算。简单地说，兑换汇率就是 1 积分等于多少元。积分价值的衡量要考虑用户获取积分的难度、频次、消耗周期及产品对积分的预算。互联网产品中积分的价值多是 1 元 =100 积分，偶尔有 1 元 =10 积分，1 元 =200 积分，其他过高或过低的积分比例并不常见。过高的兑换比例（如 1 元 =1000 积分）会造成用户积分数量过多，积分价值感弱；过低的兑换比例（如 1 元 =1 积分）会降低积分体系的运营空间，无法有效地激励用户的日常行为，用户的积分数量一般也会低。

第二步，积分获取。

积分获取和积分消耗是积分体系的有效循环，积分获取主要就是解决行为和积分的兑换比例，这个和等级成长值的分配方式一样，这里就不详细讲解了。用户不同价值的行为对应的就是不同的积分任务。

第三步，积分消耗。

积分消耗设计的核心原则是：健康可持续的价值感和吸引力。

积分消耗有两种方式：一种是主动消耗，另一种是被动消耗，如图 6-27 所示，主动消耗积分通常有以下三种手段。

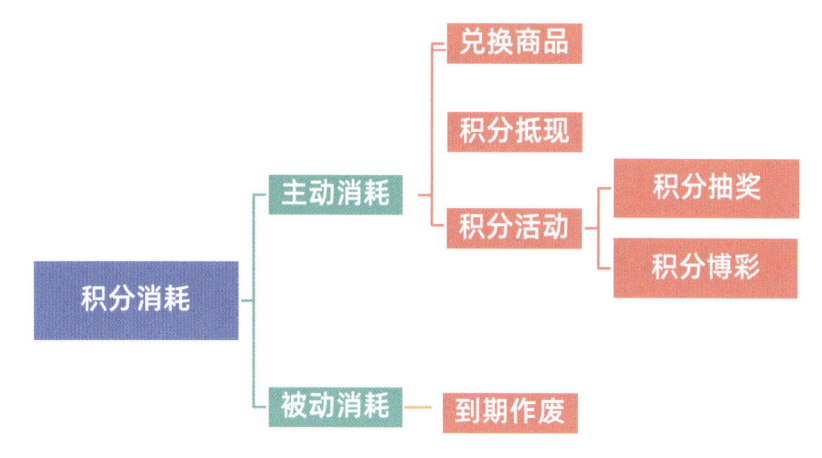

手段一：在积分商城中，使用积分兑换商品或者权益。

图 6-27　积分消耗的方式

手段二：用积分进行交易抵现。使用积分以一定的比例进行现金抵扣，这种抵扣一定是金本位的方式，即使用积分和其他货币进行组合支付。比如，京东用京豆+现金的方式进行商品支付。因为直接和现金进行关联，所以利用积分抵现方式时需要关注用户使用积分后的流失风险及恶意作弊风险，为了降低这两个风险，在设计产品时一般要满足四个条件：条件一是设置积分抵现的使用门槛，比如满 20 元（含）才可用积分抵扣现金；条件二是设置订单抵现比例，最多抵扣不得超过每笔订单应付金额的 50%；条件三是设置积分使用的最小数量，比如京东满 500 京豆才能使用；条件四是结合风控模型对作弊用户进行拦截，如果风控分超过了设置的警戒线，则不允许该类型的用户使用积分抵扣。

手段三：积分活动。一般有以下两种常见的玩法。

玩法一是积分抽奖活动，这个可以说是解决积分通货膨胀的"神器"，基于过往经验，至少能消耗现有存量积分的 30%。常见的抽奖方式是大转盘和刮刮乐等玩法。

玩法二是积分博彩，即消耗很少的积分后，有机会获得更多的积分，但在设计时要注意避免因赌博倾向太严重而出现违规的情况。市面上常见的玩法如图 6-28 所示。

图 6-28 积分玩法

被动消耗。主要是设置积分定时归零操作，定时进行积分清零时一定要注意临期提醒，以免积分白白浪费，导致用户体验差、持续有客人投诉。

第四步，积分评估与优化。

一般从以下四个方面进行积分体系的评估，做得不好的地方也是我们要进行优化的。

积分的消耗比。它等于积分消耗数÷积分发放数。一般这个数据在 30% ~ 50% 之间。如果低于这个指标，也就是我们常说的积分超发问题且积分价值感不足，会导致财务成本提高。除了上文讲的积分的消耗策略，还有增加兑换有吸引力的权益。你是否会认为积分超过这个指标，就说明你的积分体系做得非常好？若是这样，那你就大错特错了。积分消耗快，说明你的积分值钱，但不够珍贵，应该驱动用户为了某种利益把积分攒起来不花，才能更好地达到驱动核心行为的目的。

有效牵引。能够牵引特定的用户群持续完成平台期望的某种行为，主要考核的指标是频次，以及频次提升后对应留存率或者 GMV 的提升等。

积分价值感。也就是积分价值容易感知且足够高。从感性上，主要是通过用户调研，了解到对积分的认知度。从理性上，通过使用率和领取率这两个指标，主要通过主动领（盒马采用该方式使效果提升 3 ~ 5 倍）、积分提醒、加强曝光等建立认知，并不断加强高性价比的特色权益来增强积分价值感。例如，华住会的权益感知就比较强,会员通过积分可以兑换酒店房间入住。

收支平衡。主要看 ROI 是否大于 1,核心手段是通过精细化策略来提高 ROI。精细化是指在积分达到相同效果的基础上,能起到优化积分成本的功效,比如,万豪酒店采取现金 + 积分的方式兑换酒店房间,利用在淡季和旺季不同时段进行精细化运营,淡季兑换房间消耗 5000 积分,但旺季要消耗淡季的两倍积分,以达到鼓励大家淡季多多去消费,从而提高营收的目的。旺季因为兑换房间需要消耗 10000 积分,门槛更高了,这样就降低了用户获取的成本。

6.7.2.5 勋章体系

勋章体系主要通过激励行为的深度,让用户在不知不觉中养成某种行为习惯,从而提高留存率。勋章设计的关键是如何让用户有荣誉感,利用用户爱收集和爱炫耀的特点,正向激励用户参与的深度。按照获取勋章的条件,可以将勋章划分为任务类勋章和指标类勋章。任务类勋章是定性的,用户只需要完成指定的任务即可获得。指标类勋章是定量的,需要用户完成一定量的操作行为,并根据数据量划分不同的勋章等级。

勋章体系里的优秀案例如 Keep,它将线上和线下相结合,用户在线上为了领取限量的徽章,就会完成指定任务,完成任务后会在线上发朋友圈炫耀自己的勋章,在线下还会买一个平均 50 元的勋章。这样用户不仅多了一个线下炫耀的渠道,还会拍照放在线上的朋友圈进行二次炫耀,一个勋章实现线上和线下多触点、多频次曝光。用户为了下一次的炫耀,还会不停地完成平台引导他要完成的行为。有兴趣的读者可以深入研究该案例。

6.7.6.6 排行榜

排行榜主要是细分业务的用户圈层或激励头部用户,刺激用户参与竞争,积极向上,用户为了在竞争中取得更好的名次,就会投入大量的时间和精力,从而使企业达到提高留存率的目的。

排行榜设计的关键是巧用贫富差异的设计和善用团队荣誉效应这两点:设计的排行榜应该能看出明显的贫富差异,但为避免用户因贫富差距过大而放弃在排行榜中竞争,则需在用户完成关键行为后,迅速调整其在排行榜中的名次,让其收到正反馈。其中微榜单和榜单时间的快速变化尤其重要。微榜单是指只将用户和朋友或者相似人群进行比较——用户不会看到自己在 100 万名用户中排在 82345 名，只会看到自己在 100 名好友中排名前 3。榜单时间的快速变化是指每周的榜单都会刷新，让大家都回到公平的起点上。还可以利用团队排行榜，因为，虽然不是每个人都爱当第一，但想必都不愿意成为拖团队后腿的那个人。为了团队的荣誉，往往能达到很好的激励效果。一般来说，针对头部用户的激励效果会更明显，大部分情况下，短期效果会明显，长期效果则明显减弱，但游戏行业除外。

6.8　稳定再突破期：用户持续高活跃

还记得在本书 6.2 节讲解的留存率高的微笑曲线吧，随着用户使用产品的时间增加，留存率会迎来新的拐点，要想迎来新的拐点，就要运用好 T 型战略工具，让用户发现产品更多的价值。

美团就采用了典型的 T 型战略。T 中的一"横"是指美团靠主营业务团购先建立好流量的根基，再进行场景扩展，形成"竖"，这一"竖"首先选择了电影，推出了猫眼电影。因为电影在当时是典型的高频次生活场景，每年有数亿人次的消费，并且电影相关设施的 IT 化程度很高，大部分的电影院都支持在线购票甚至在线选座，系统对接难度不大，消费者在线购票的习惯相对来说也好培养。

在电影之后，美团在基于满足用户吃得更好、生活更好的价值观驱动下继续向同一批用户或者不同用户的需求进行探索，形成了更多的"竖"，做了酒店、外卖、打车、优选等一条条深入垂直领域的"竖线"。基于横向用户扩展后，再纵向深入，而纵向的"一竖"扎得越深，企业的生态能力越强，壁垒也越高，留存率自然也就越高。

不仅整个美团企业，美团业务线也有自己的 T 型战略，美团先将"竖"的外卖业务纵向做深，基于供应链扩展做了快驴进货等业务，所有业务都是环环相扣的，可谓"道生一，一生二，二生三，三生万物"，做深业务的同时找寻可延伸场景。横向基于满足人群怎么吃，除了外卖，还基于用户做饭的场景，推出了生鲜、商超和电商等品类，横向再基于核心配送能力让用户生活得更好，围绕"怎么送"推出了美团跑腿的闪送业务，围绕"送什么"推出了鲜花、生鲜等非标品品类和药品等标品。

最终，美团利用 T 型战略，从一个顶级的团购平台迅速向一个综合性的生活服务平台演化的同时，用户的留存曲线也迎来了一个又一个的新拐点。

第 7 章
增长作战地图之用户价值提升

做好获取、激活和留存用户的终极目标就是从他们身上获取收益，并且逐渐提高每位用户带来的收益，提高用户收益就是提高用户的 ARPU 值和付费用户数量。本章给大家介绍一下如何通过增长全域作战地图中的七大策略来提高用户价值。

7.1 提高付费用户价值的顶层设计

业务不同，提高付费用户价值的侧重点不同。对于低决策类型的产品，侧重点是提高用户频次和提高付费用户数，因为低决策产品通常利润比较低，需要靠做大规模来增加营收；对于高决策类型的产品，侧重点是提升平均用户价值，因为高决策产品的用户使用产品的周期性低，用户和产品的接触点有限，频次的提升受业务规律的制约较大。每个侧重点对应不同的策略。要基于业务和当前目标选择适合的产品策略，如果想提高用户频次，可以采取的策略有造节营销活动和精细化运营；提高付费用户数可以采取的策略有提高全链路转化率和情感化策略；要提升平均用户价值，可以采取新的商业模式、收入模式、付费会员等策略。

不管是低决策产品还是高决策产品，关键都是要做好提高付费用户价值的顶层设计。顶层设计主要由三大部分组成，分别为北极星指标的制定与拆解，基于北极星指标拆解后的增长方向，实现北极星指标的关键策略。

7.2 北极星指标的制定与拆解

制定北极星指标的目的是帮助企业规模化提高付费用户价值。一级指标重点看不同收入模式下付费用户价值的占比。因为不同收入模式的利润不一样，用户的价值自然也就不一样，企业都希望高利润的收入模式占比大。二级指标基于收入模式将收入进行拆解，具体拆解为：付费用户数 × 平均付费，即 ARPU，基于二级指标的付费用户数还可以继续拆解为三级的 DAU × 付费用户转化率。虽然通过二级指标可以反映出产品带来的商业价值，但是我们并不知道未来我们量化指标的空间在哪里，需要用 100% 减去付费用户转化率，得到的差值是我们未来增长的天花板。二级指标

ARPU 可以进一步拆解为三级的客单价和频次，这样拆解的原因是，不同类型的产品付费场景不同，所以客单价和频次都不相同，优化的重点也不一样。如果你的产品类型是低价产品，那你必须想办法提高频次。如果你的产品类型是低频产品，那你就要想办法提高客单价。

通过对北极星指标的拆解，我们知道提升用户价值有三个指标，分别是提高付费用户数、客单价和频次，下面就针对如何提升这三大指标的七大策略进行详解，如图 7-1 所示。

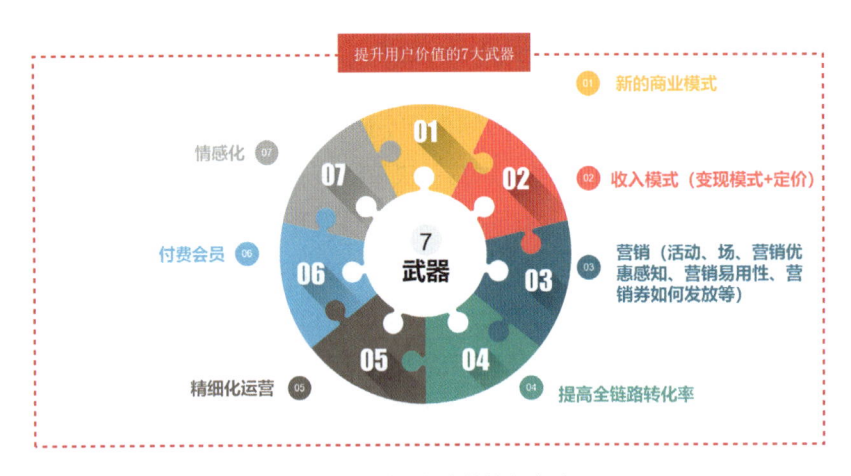

图 7-1 提升用户价值的七大武器

7.3 提升用户价值的七大武器

首先需要确定商业模式和变现模式，它是图 7-1 所示的七大武器中的核心基础。如果商业模式及收入模式中的定价策略都没有优化好，那么做其他的策略意义不大。没有解决最为核心的问题，其他策略做得再好也无济于事，因为没有抓住本质。

7.3.1 武器一：新的商业模式

商业模式的设计要以创始人赋予产品的核心价值观为内核，产品定位和企业价值观的不同会导致商业化的轨迹不同。下面我们将快手和抖音进行对比来讲解来帮助读者加深理解。

抖音基于媒体属性平台的定位，流量集中度高、以公域流量为主，更适合信息流广告变现，因为流量的分配权是掌握在平台手中的。而快手基于普惠社区的定位，流量集中度低、私域流量占比高，但用户和达人之间的信任度、互动性更高，基于此形成了以信任为基础的私域玩法，最终成长为多方受益的一个新物种。传统电商是"货架+公域"的人货场思维，而快手电商是"内容+私域"的升级思维，是从终结需求到创造需求的信任经济，它从货架到内容，从交易到关系，从消耗流量到创造新的流量价值。如果货物质量不过关，即使是两个垂直类目销售额都排行第一的主播也将被永久封禁。在这样的价值观坚持下，快手的电商复购率能达到 70% 以上，不过私域流量占比高也会让平台的抽成难度更大（因为创作者、商户会认为流量是自己积累的，不是平台给的），快手的直播打赏抽成比例比抖音的直播打赏抽成比例低 20% 左右。所以为了提高用户价值，基于核心价值观，应将私域和公域更好地融合，更好地进行高利润广告形式的变现。

即使要进行高利润广告形式的变现，也要遵守快手的核心价值观决定的以用户体验为第一要义，商业变现要克制。所以对快手的广告模式来说，在平台收益、用户体验和广告效果这种商业模式的三角形中，用户体验是重中之重。但是广告的产生势必会对用户体验造成一些影响，平衡用户体验和商业需求上的可持续发展就成了一个难题。快手自主研发了一套商业化机制——用户体验量化体系。通过这个体系，可以用量化的方法测算出某个广告对用户体验有没有损害，有多大伤害，以此为依据实现商业化与用户体验之间的平衡。用户体验量化体系设定了一系列量化指标，可精确衡量每条商业内容给用户带来的个性化价值。商业内容给用户带来的价值越高，例如点击率、播放时长、转化率、关注、评论等正向互动率越高，快手的策略就会越向这样的商业内容倾斜。在这样的商业化机制下，越是能给用户带来高价值的内容，效果就越好，同时投资回报率也越高。

通过快手的例子我们知道，真正好的商业模式应该是能够融入平台调性之中的，让商业价值和用户体验挂钩，这是对商业生态最健康和最直接的激励方法。新的商业模式是无法事先预测的，是在满足用户需求的基础上自然而然产生的，因此希望读者能打破旧的商业模式定义，用新的商业模式的理念，重塑商业模式类型，开发出全新的市场。

- 旧的商业模式：相互独立，各自在自己的环节里完成交易，彼此间通过利益互换建立联系。俗话说就是，从一个口袋转化到另一个口袋，但总的价值没有发生变化。

- 新的商业模式：改变交易链路上利益相关者的交易结构，设计"商业共生体"，生态链路上的每个角色互相赋能，提高效率，创造新的商业增量，维系商业共生体的高效与稳定。

新旧商业模式的对比如图 7-2 所示。

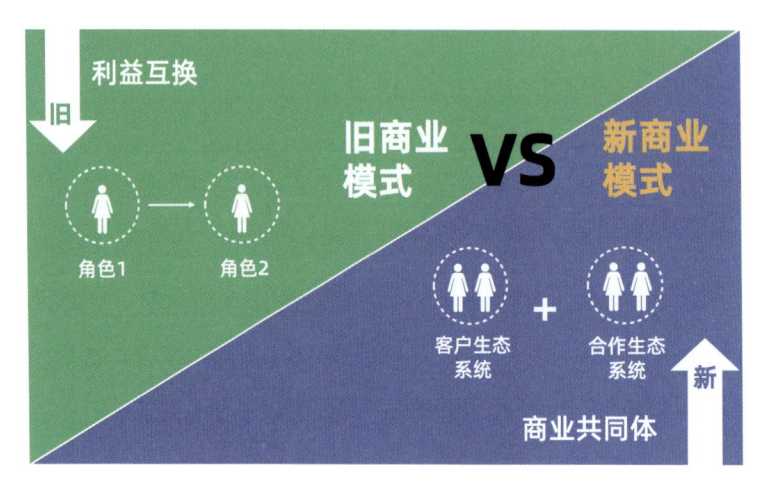

图 7-2 新旧商业模式的对比

案例：贝壳改造"房产交易"经纪，创造产业增量

房产中介在旧的商业模式中，存在经纪人为了中介费互相撬单等恶性竞争。比如，张三努力寻找客户，带客户看房，介绍房子的优缺点，客户也答应马上交易。就在此时，李四给客户打电话："这套房子找我买，中介费可便宜 1000 元。"于是客户和李四成交了。张三辛勤耕种，什么都没得到，李四暗地撬单，盗取所有胜利果实。由于恶性竞争，导致卖房中介减少。在旧的商业模式中，因为有独家委托协议的限制，造成帮着一起卖房的人少了，成交变慢了，房子甚至卖不出去，业主的利益受到连带损害，进而造成整个行业周转效率变低。

贝壳基于行业痛点，用一套名为 ACN（Agent Cooperate Network，经纪人合作网络）的逻辑，在遵守房源信息充分共享等规则的前提下，将经纪服务流程细化、标准化，同品牌或跨品牌经纪人以不同角色共同参与到一笔交易并记录在 ACN 网络平台中。房屋成交后再按照各个角色的分佣比例进行佣金分成，从而打通各经纪品牌、经纪人之间的隔离墙，实现房源、客源信息共享与高效协作。把经纪人之间头破血流的竞争变为合作卖房，按照贡献分配佣金，按劳分配，提升全行业效率。这个 ACN 模式很像广告行业的自定义归因模型。

通过 ACN，各个角色都有了新的增量，不少门店在收入增长 1 倍以上的同时，房屋的成交天数也大幅缩短，从 143 天降到了 109 天。贝壳通过商业共同体的方式重塑旧的多边商业平台，业绩也实现了大约 3.5 倍的增长。

每个服务/零售业态都值得按照贝壳的方式进行思考，思考一下其商业模式能否通过商业共生体创造新的增量。当你设计出一种新的商业模式时，你会发现整个世界都变得美好了。

7.3.2　武器二：收入模式

商业模式就好比人类的心脏，收入模式就好比是动脉。收入模式代表了公司从用户那里取得利润的变现模式，也决定了公司的利润率。收入模式由变现模式和定价共同决定，因为每一种收入模式在不同的定价机制的影响下，都会产生不一样的效果。定价机制是非常复杂的，它受公司的战略目标、竞争对手的定价策略和消费者的心理等多种因素影响。

7.3.2.1　变现模式

我们先介绍收入模式里的变现模式。变现模式的基础是产品价值。在初期的时候，一般只有一个被证明了的变现模式，后期会在产品和用户的互动中衍生出新的变现机会。就像快手电商，最开始是因为有人通过快手卖出了大山里的农产品，快手基于此才做了电商的变现模式，希望能扶贫助农。

市面上目前共有三大变现模式，分别是基于交易（商品或服务差价和交易抽成）的、基于增值服务（订阅）的和基于线上营销的。交易的核心是丰富的 SKU 和高效的服务。交易模式开启的前提条件是公司和供应商的议价空间比较大或者平台能产生新的价值增量。增值服务开启的前提条件是用户对产品的忠诚度。线上营销开启的前提条件一是有一定的流量，二是用户认可流量的价值，三是平台数据沉淀。如果你的产品符合三大变现模式开启的条件就可以选择对应的变现模式。

7.3.2.2　公司定价战术

变现模式确定后，还需要确定定价战术，这样才能将收入模式最终确定下来。定价非常让人头疼，定高了付费用户少，定低了公司利润没有最大化。陷入如此纠结的境地是你不了解定价的本质及基于定价的本质如何制定合理的价格策略。

我们先看图 7-3 所示的定价 CVA（Cost Above Value）模型，它是由唐纳德·塞克斯顿教授提出的。目标顾客感知价值为 V，就是客户愿意为产品付多少钱。由于产品生产都是有实际成本 C 的，所以从用户身上获得的最大利益等于 V–C。一般产品的定价是在 C 与 V 之间找到一个点 A，在这一点顾客才有购买动机。

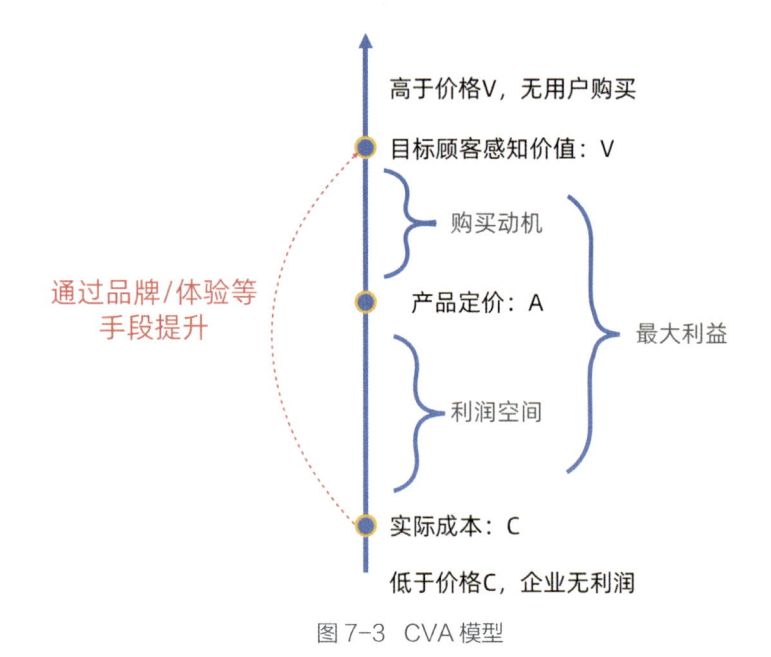

图 7-3 CVA 模型

那如何确定价格 A 呢？最好的方式是基于用户创造的价值进行定价。比如，Jasper 帮你写各种营销文案，AI 的封装成本才 6 毛，但是他售价高达 232 元，其定价的依据是节省的写文案的人力成本和效果提升 50% 后给用户创造的价值。

7.3.2.3　应对竞争对手

产品价格虽然基于自己的维度定好了，但还要根据竞争对手的价格策略及时对定价做出调整。因为竞争对手价格的变化会对用户购买需求产生影响。我们是和竞争对手打营销价格战，还是一起提价呢？本书里笔者一直在强调一个观点，增长来源于大家的共创，要和竞争对手良性合作，一起把行业盘子做到最大，不要在有限的盘子里厮杀，应将蛋糕最大化，让每个公司分得的利润更多。那怎么评判这个行业是大家共创，一起走向欣欣向荣呢？就看这个行业的价格是不是会持续提高。比如，白酒行业在过去这么多年，从来没听说过茅台要降价促销占领市场份额，都只有茅台带头涨价，五粮液、梦之蓝、泸州老窖紧随其后进行涨价。相比较而言，啤酒行业就一直在打价格战，看似消费者赚到了，其实是牺牲了产品质量换来的。生存是公司的第一法则，为了降低成本只能降低品质，相反，集体提价可带给消费者更好的品质。下面我们就具体分析一下如何做价格策略调整。

1. 差异化营销补贴

压低利润的降价和无差别的营销补贴不是好的手段，但是差异化营销补贴对于刺激增量用户需求的确是一个好的手段。差异化营销补贴是指商家在为不同层次的消费者提供相同等级的商品或者服务的过程中，对不同用户进行让利从而刺激消费者购买。补贴的方式一般有特价产品专区、优惠券、减免、打折等。

当价格固定时，商家只能从固定的一群接受当前价格的消费者身上获利，而通过营销补贴进行价格下探，可以促进更多用户群的覆盖以创造增量价值，从而实现对不同用户制定不同价格实现利益最大化。如图 7-4 所示，不同价格导致不同的需求量，从而对公司的收入产生不同的影响。通常价格和需求呈现反比例关系，价格越低需求越高。比如，一件商品的成本是 50 元，定价为 100 元时，100 人能接受此价格。利润为（100–50）×100=5000 元；定价为 150 元时，有 60 人接受此价格，收入为（150–50）×60=6000 元。但商家不想放弃另外 40 个支付意愿较低的消费者，于是决定用 50 元优惠券来吸引他们，同时对剩下那 60 个价格不敏感的消费者依然维持 150 元的原价销售。此时商家收入为 60×（150–50）+40×（100–50）=8000 元。

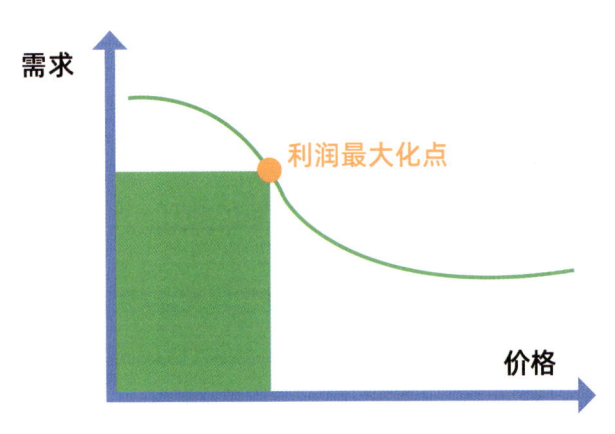

图 7-4 价格和需求模型

这时有人可能会问了，直接降价不是更加简单直接吗？该方法在短期内确实会使销量上升，但弊端是给用户建立了低价的心智，之后再涨价就难了。这种做法甚至还会面临零和博弈，如果该方法有效，竞争者也会效仿，这通常就会引发价格战。如果无效，就浪费了钱，不如把这笔预算应用在改善产品或用品牌广告强化产品形象上。

有人可能又有一个疑问，那优惠券发给了本来就要购买的人群怎么办呢？本身一个用户能挣 50 元，因为发了优惠券，挣不到钱了。所以差异化补贴的核心是对不敏感的用户减少补贴甚至不补贴。敏感度主要看需求价格弹性，它是指需求随价格变化的反应或弹性是多少。弹性系数的计算公式为：$\varepsilon = -$ 需求变动率 $\div$ 价格变动率。这里要特别说明一下弹性的正负。在需求侧，价格弹性的值通常为负数（价格越高，需求越少），但是为了方便说明，我们对价格弹性取负，所以会看到公式中有一个负号。弹性系数越大，营销带来的 GMV 增量效果越明显。

那你想一下有没有价格越高需求反而越高的例子呢？答案是有的。一般发生在品牌知名度高的奢侈品或者高决策产品上。因为价格不是其需求的主要决定因素，服务才是，价格高了之后可以提供更好的服务，所以反而会提高销量。

所以图 7-4 所示的这个模型适合价格敏感度高的产品，不同产品的价格敏感度不一样。根据对价格弹性的研究，产品价格降低 1%，销售额会增长 2.62%。所以我们应很好地利用需求价格弹性，不断测试不同的补贴金额带来的用户增量，从而找到性价比最高的方式。补贴金额除了受对价格敏感的用户影响，还会受产品周期和地域两个维度影响。这里的产品周期维度是指，处于种子期和成长期的产品的价格弹性比处于成熟期或者衰退期的价格弹性高。所以经常在产品处于成长期的时候进行价格下探，使销量快速增长，在成熟期的时候在降低营销成本的前提下保证销量。地域维度是指，不同地区对价格的敏感度不同，一般会按城市和区域甚至更细颗粒度的围栏进行营销策略精细化。

2. 提价

对行业来说，最好的价格策略无疑是提价，一次成功的提价能带来巨大的利润。如果某产品目前的销售利润率是 2%，在销量不变的情况下，价格提升 1% 可使利润率增加 33%，推导过程如表 7-1 所示。

表 7-1 提价前后利润率对比

变量	提价前	提价后
价格	100 元	101 元（提价 1%）
销量	10 个	10 个
收入	1000 元	1010 元
成本	-980 元	-980 元
利润	20 元	30 元（利润率增加 33.33%）

那如何做好提价呢？毕竟不能随便提价，谁也不喜欢涨价。要想提价，前提条件是公司要具备一定的竞争壁垒，能够给用户提供稳定的不可替代的价值，还要拥有一定忠诚度的用户才有提价的可能性。提价要做好以下三点：

（1）提前告知，给用户缓冲期。

（2）最好能够说明理由。如果是因为成本上涨，可以坦诚地告诉用户；如果不是，可以通过产品定制、差异化竞争等形式和理由让顾客接受涨价。

（3）控制好用户可接受提价的幅度。

在提价方面做得比较好的是从 2014 年到 2022 年已经提价六次的网飞。有专家分析称，网飞在不同地区每加价 1~2 美元，就可产生额外 10 亿美元的收入。它是如何做到成功提价的呢？首先是原创内容远超竞争对手。2022 年 1 月，为了能够给用户提供更好的内容体验，网飞对会员价格进行了提升。其次是一直以来提价的幅度都控制在 2 美元以内，因为这是用户可接受的幅度。每次提价，网飞都会至少提前 30 天进行告知，针对新用户立刻提价，对老用户缓慢提价。

7.3.2.4 定价五大战术

根据 CVA 模型，我们知道，成本是价格的下限，顾客对产品的感知是价格的上限。怎么提高消费者心理价格 V，从而更好地移动 A 提升利润空间呢？下面会和读者分享从消费者心理出发的五种定价战术：诱饵法、价格锚点法、捆绑销售法、免费增值法和向上 / 交叉销售，如图 7-5 所示。

诱饵法	参照依赖，多数人对于得失的判断，并不是对绝对差别的判断，而由参照物决定。
价格锚点法	在做决策的时候，人们会不自觉地将特定数值作为起始值，并将其作为价格判断的参照。
捆绑销售法	商家为了降低单个产品的价格敏感度，把多个产品打包进行组合出售，这样消费者购买时，会觉得自己从产品中获得的收益增加了。
免费增值法	通过向用户提供免费内容或者补贴价格，以低成本快速让用户感受到价值
向上/交叉销售	向上销售是在客户过去消费喜好的基础上，提供更高价值的产品或服务，刺激客户更多消费。 交叉销售是发现并满足顾客多种购买需求的营销方式。

图 7-5 定价五大战术

1. 诱饵法

诱饵法是指在多个产品中，用一个价格不合理的产品作为诱饵，引导消费者迅速决定购买公司想要推销的产品。其本质原因可用诺贝尔经济学奖获得者卡尼曼提出的"参照依赖"进行解释：消费者很难在两种不同属性的产品之间做出选择，但是在明显不同的同类产品中，却很容易做出选择，因为多数人对于得失的判断，是由参照物决定的。就像《瑞丽》杂志利用价格诱饵这样提高销量：《瑞丽》杂志有三种定价方式，方式一是售价 99 元/年的电子版；方式二是每年售价 199 元/年的纸质印刷版；方式三是售价 199 元/年的（电子版+印刷版）套餐。其中方式二作为"价格诱饵"，让消费者显而易见地比较出第三种方案太划算了，简直就是白赚了电子版呀！然而，如果去掉中间的"价格诱饵"，消费者就难以比较了，很难算出哪个价值大，从而影响了销量。

2. 价格锚点

沉锚效应是指，当人们需要对某个事件做定量估测时，会将某些特定数值作为起始值，起始值像锚一样制约着估测值。在做决策的时候，人们会不自觉地增加对最初获得信息的重视。简单来说，一些产品存在的意义就是给主推产品的价格做价格锚点，给主推产品做锚点的产品和主推产品差值越大，用户购买欲望越强，如图 7-6 所示。

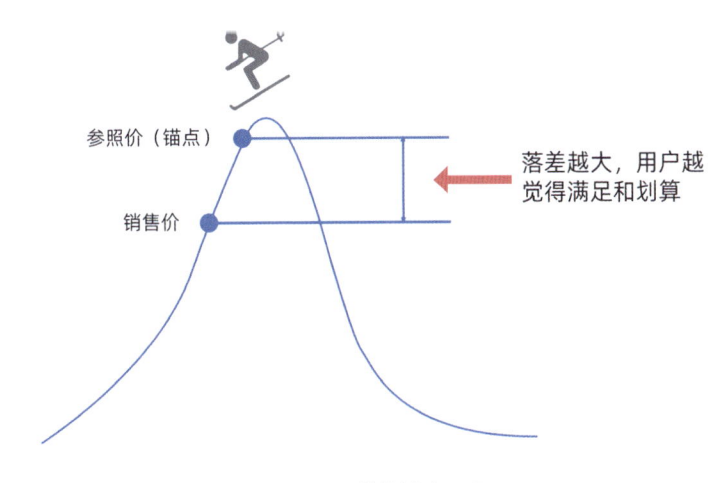

图 7-6 价格锚点原理

爱奇艺视频会员的定价就是应用价格锚点提高 ARPU 值很好的案例，如图 7-7 所示。爱奇艺公司肯定希望用户长时间停留在平台上，所以主推连续包年服务，用连续包季服务和连续包月的价格作为价格锚点。新用户连续包季服务的价格平均每月比主推的包年服务的价格贵 5.1 元。新用户在享受完首月的优惠福利后，连续包月服务的价格平均每月比主推的包年服务的价格贵 13.8 元，在这种情况下用户会选择看似更划算的包年服务。

图 7-7 价格锚点案例

3. 捆绑销售法

捆绑销售法是指，商家为了降低单个产品的价格敏感度，将多款产品打包进行组合出售。这样消费者在购买时，会觉得自己从产品中获得的收益增加了，但不知不觉中付出的钱也更多了，商家实现了利益最大化。产生这种现象的本质是，消费者购买套餐时感受到了"满意化"，这是由诺贝尔经济学奖获得者赫伯特·西蒙提出来的。消费者在购买某个产品时会说服自己，这个产品能满足我们的每一项需求，从而对这个产品心生满意。

通常，捆绑销售法有三种 A+B 的组合方式。A 是指畅销品或者低价产品。第一种 B 可以是新产品，组合后利于推广；第二种 B 可以是清仓品，组合后便于清仓；第三种 B 可以是类似携程的捆绑销售，购买机票默认要捆绑用户看广告，公司从而获得广告收入，常见的还有机票+酒店、机票+保险、机票+服务产品（接送机等）、机票+优惠券等，为不同品类引流或者隐藏部分品类利润。

4. 免费增值法

免费增值法通过向用户提供免费内容或者补贴价格，以低成本快速让用户感受到价值。再利用"所有权依赖症"的心理，增加消费者购买产品的可能，进而提高销量。其背后的原理是行为经济学家理查德·泰勒提出的"禀赋效应"。当一个人一旦拥有了某个物品，这个人对该物品的价值评价，要比没有拥有它之前大大增加。免费增值法通常有以下三种模式。

- 永久免费：不对用户进行收费，但可以通过向第三方广告主售卖广告实现盈利。

- 会员付费：有"永久免费"的基础功能，用户也可以选择付费使用增值服务（例如更高级的功能或更高的数据权限）。
  让会员付费的核心就是找到免费到付费行为转化的关键拐点，找寻的标准是用户完成核心行为多少次后用户的付费意愿度达到拐点。

- 限免：没有"永久免费"的基础版本，在限定的时间或限定功能内免费。常见的方式为提供一定天数的试用期，就像 QuestMobile，能免费体验 7 天。限免的核心是限免天数的制定。天数的制定主要是通过测试找到，在成本可控的条件下测试限免多少天付费转化的性价比最高。

5. 向上销售 / 交叉销售

根据 Forrester 研究公司的研究成果，在电商行业，向顾客进行交叉销售或者向上销售产品所产生的价值肩负起了给电商网站带来 10% ~ 30% 收益的重任。亚马逊在 2006 年曾宣称，公司收益的 35% 都是通过向上销售和交叉销售实现的。对于 SaaS 行业来说，平均每家 SaaS 公司通过交叉销售和向上销售实现了 15% 的 ARR（Annual Recurring Revenue，客户留存率）增长，前 10% 的公司更是实现了 ARR 近三倍的增长（41%）。

向上销售指的是，向顾客销售某一特定产品或服务的升级品、附加品，或者其他用以加强其原有功能或者用途的产品或服务。这里的特定产品或者服务必须具有可延展性，追加的销售标的与原产品或者服务相关甚至相同，有补充、加强或者升级的作用，最终达到刺激用户更多消费的目的。最常见的就是刀片 + 刀架模式，以低廉的价格出售主体产品，再通过耗材和服务获取长期收益。创造这种销售模式的鼻祖是金吉列公司，在没有使用该模式前，公司仅卖出了 168 枚刀片，使用该模式后，创造了年销售 1.3 亿元的巨额收入，类似的还有任天堂的 Switch+ 游戏机卡。还有一种应用场景是，售卖器材 + 耗材，比如素士电吹风机。它在吹风机前面加入了带精油的喷头，不仅解决了女士们经常洗头，头发越吹越干的苦恼，还增加了新的额外收入。一个 80 元的喷头可用 3 个月左右，1 年就能多赚 300 多元。为了更好地卖耗材，电吹风的定价很低，只卖两三百元。卖的器材越多，卖的耗材就越多，收入也就越来越多，解决了相对耐用产品购买频次低的痛点。

交叉销售是一种发现并满足用户多种购买需求的定价战术，可横向进行市场的开拓。即在同一个客户身上挖掘、开拓更多的需求，而不是只满足于客户某次的购买需求。这种销售模式一般分为两大类型，基于订单的交叉销售和基于客户的交叉销售。

基于订单的交叉销售是指在客户购买 A 商品的过程中，基于本次购买行为为其推荐商品 B，时效性非常强，常用于交易行业。

基于客户的交叉销售是基于对用户的分析，适合产品的用户画像比较集中的情况，常用于内容行业或者交易行业推荐本公司或合作品牌的某种特定产品。比如美团外卖交叉销售酒旅业务，从而提高 GMV。

要想做好交叉销售，主要是选对人和做对事，选对人主要是找到交叉销售有潜在需求的人，做对事就是找到产品间的关联性并进行场景化销售。

7.3.3 武器三：营销

一说到营销，大家立刻想到的就是做活动。确实，做一次活动，订单至少能环比上涨 10%～30%，恨不得天天都是节日，但是法定节假日有限，于是各行各业开始造节。一些公司自发将"非约定的日子"，打造成节日来宣传，不断刺激用户的购买需求，从而达到在增强品牌文化价值、强化产品情感传递的同时提高交易额。最常见的就是以头部电商为代表的"双十一"、会员日、"黑五"等。做好造节的关键要素和 5.7 节讲的活动的关键要素基本一致。唯一要特别关注的就是，因为造节是自己搞的气氛，所以一定要端内端外全链路地把节日的氛围感突显出来。氛围一旦烘托起来，订单自然不会少。但是这里要注意，造节虽好，也要控制好造节的频次，否则造节就会成为你增长策略的鸦片，大部分用户会等到有节日优惠的时候再进行购买，一旦造节停止，订单量就会下降，公司只能陷入靠造节续命的怪圈。

除了做活动，平时营销能力场的建设也非常重要。以美团营销场为例，包含场景场、日常营销场和节日活动场的组合，可多元刺激用户需求。场景场可满足用户在不同时段、不同地点都能有匹配的餐品优惠券，比如，同一个用户在工作日的下午会被推送下午茶优惠券，周末会被推送家庭套餐优惠券等。日常营销场对用户来说，可以满足其稳定找优惠的基本需求；对企业来说，既可以精准补贴对价格高敏感的用户来提高 ROI，又可以通过用户主动访问优惠频道的行为来做用户价格敏感度分层，还可以通过用户的"领取"动作来降低企业发券的沉没成本，可谓一箭三雕。节日活动场就是我们常说的活动了，大型活动由于具备流量势能，由商家和平台一起进行补贴，可降低平台的营销费用。

场的建设以优惠券为核心，要想像美团那样补贴费用比竞争对手少但效果却比竞争对手好，需完善以下三个要素。

要素一：券本身的设计，主要需要考虑"用户人群 × 券金额 × 券张数 × 发送时间 × 使用条件 × 券类型"。在这里想和大家分享我们在做券设计时积累的一些经验。一是在测试用户人群的时候我们发现，对高活用户可以适当提高券核销的门槛，降低补贴率，高活用户的券使用频次不但不会降低还能提高每次的订单金额；二是商品本身对订单量的贡献和用户留存率的贡献能达到 30%，即使你负责用户端也要多和商户侧联动，从商品的维度考虑券设计；二是券套餐比较适合高活用户，我们曾经也探索过对中活用户进行价格下探，但结果显示作用不大，在一定范围内，价格下调也不会让更多的中活用户使用券包。

要素二：营销感知。主要做好增加曝光强度、将奖励前置、提高触发密度和明确优惠前后的对比这几件事。曝光强度是指在用户主要了解优惠信息的位置加强曝光。奖励前置是指让用户尽早知道优惠信息，比如美团外卖在菜品详情页就会显示出预估菜品的最低价，而不用等到进入订单页面；新用户在注册页就能看到新手奖励，而不是等到注册成功才能看到。触发密度是指优惠券的出现频次。优惠前后的对比是指让用户了解优惠前后的差额，通常有两种方式。方式一是通过优惠明细告诉用户省了多少钱；方式二是在用户的到手价旁边，增加"门市价""折扣""日常价"，利用价格锚定的心理学效应，让用户了解少花了多少钱。

要素三：易用性。主要做好让用户在获取优惠券时知道为什么能得到，获得优惠券后能否继续使用；当需要使用优惠券时知道为什么能用，为什么不能用这件事。

7.3.4　武器四：提高全链路转化率

存量时代竞争的破局点就是转化率，因为在用户量有限的情况下，单位时间内的转化率往往能成为最后的制胜点，谁掌握了提高转化率的方法，谁就掌握了存量时代的主动权。提高全链路转化率，顾名思义，就是提高每条链路的转化率，笔者重点从前链路和后链路分别进行介绍。

7.3.4.1　前链路四步法框架助你提升转化率

前链路的考核指标主要是 CTR，为了帮助你更好地提升 CTR，笔者以作业帮为例和你分享一下提升前链路的四步法框架，该框架的核心是提炼价值卖点并通过场景化曝光的方式展示给有需求的用户。

案例：作业帮优化资源位样式，实现转化率增长 80 倍

目标：资源位通过价值和服务卖点的抽象，让用户清晰地知道，提供的服务是什么，点击之后可以获取什么样的价值以及优化策略。将不同的班课服务精准推荐给目标用户，从而提高整体转化率，尽快达到预期目标。

关键策略：如图 7-8 所示，主要做好以下 4 步。

```
1 提炼SKU卖点 → 2 寻找转化场景 → 3 定制化设计产品模块 → 4 内容和用户精准匹配

优化点                优化点              优化点                  优化点
提炼不同SKU          根据用户特点和      根据每一个SKU          基于不同用户
各自的卖点和         需求，寻找场景      的特点，建立品         的需求，展示
差异点               化曝光入口          类辨识度，结合         不同的SKU产
                                         用户场景，设计         品形态和素材
                                         不同的产品模块
                                         样式
```

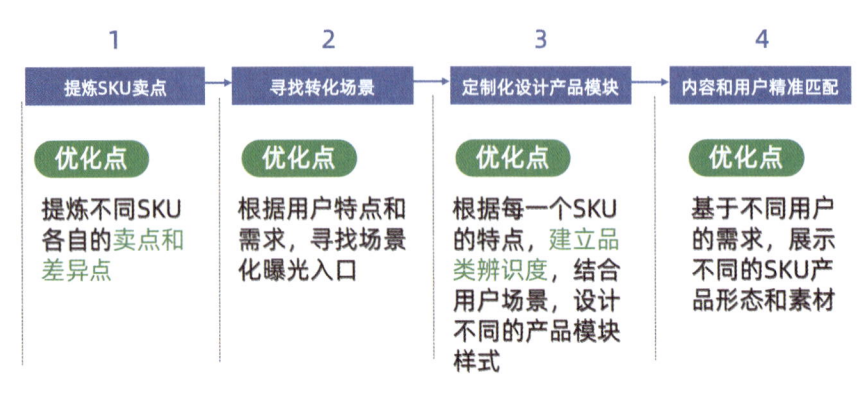

图 7-8 用户转化场景设计流程

1. 提炼 SKU 卖点

将四大品类课程的价值和服务卖点进行抽象，建立品类认知，让用户知道不同品类课程分别能解决什么问题。试听课抽象为 1 元就可以搞定一个知识点；特惠课抽象为暑假长期班限时特惠，原价 399 元，现在只卖 50 元；短训班抽象为礼包课，阶段性解决你的学习问题；帮帮英语抽象为双师模式，带你体验不一样的英语教学法。

2. 寻找转化场景

寻找用户高转化场景入口的核心是找到适合课程推荐的场景。场景是一个拥有一定流量的入口，它既能承载用户当下最强烈的意愿，又能满足用户一般的课程学习需求。基于以上两个思考点，在原来只有首页有曝光入口的前提下，在拍照搜题结果页面新增课程引流入口。新增该入口的一个原因是，用户来拍照搜题页面主要是为了解决某个问题，该场景下用户有需求通过课程进行查漏补缺，第二个原因是，拍照搜题页面目前为第二大流量页面，在此增加入口可使渗透率有所保证。

3. 定制化产品设计模块

根据 SKU 价值卖点的提炼，结合用户场景，设计出了图 7-9 所示的样式。在首页会进行限时限量等营销卡片样式的投放来刺激用户需求，在拍照搜题页会投放常规功能卡片样式将当下需求进行转化。之所以首页和拍照搜题页投放的卡片样式不一样，主要是因为当前需求的强烈程度不同，需求越强越偏向于功能转化。首页的需求没有拍照搜题页的需求强烈，所以会在功能价值的基础上新增营销氛围以促进转化。

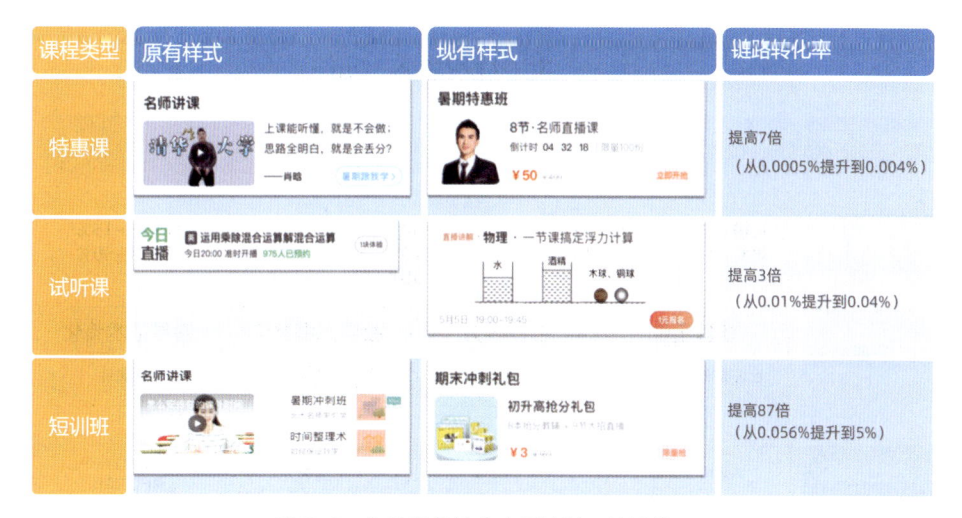

图 7-9 作业帮价值卖点提炼以及关键结果

4. 内容和用户精准匹配

根据近 1 个月的历史搜题记录、当下正在搜题的行为、学习行为等，能获取到用户的课程购买喜好度的信息，在拍照搜题页面可进行相关课程的精准推荐。比如，用户正在搜与浮力相关的问题，那么就可以给他推荐有关浮力的试听课。

利用该转化率框架，特惠课链路转化率提高 7 倍，试听课链路转化率提高 3 倍，其中效果最好的是短训班，链路转化率提高 87 倍。

7.3.4.2 探索新的转化模式提高后链路

后链路就是我们常说的 CVR。除了多场景和用户分层承接外，还要不断探索新的转化模式，突破现有 CVR 的天花板。这里以目前比较火的社群承接方式为大家讲解，类似的还有直播，希望大家能不断探索出新的高转化方式。

一些高决策的产品往往要借助社群的服务让用户更充分地感受到产品的价值，从而促进转化。通常，进群的用户相比于没进群的用户，在 3 个月内的复购次数高 3.6 倍，复购金额累计多 7 倍。可见社群的重要性，那我们怎么做好社群转化呢？如图 7-10 所示，主要关注以下 4 个关键要素。

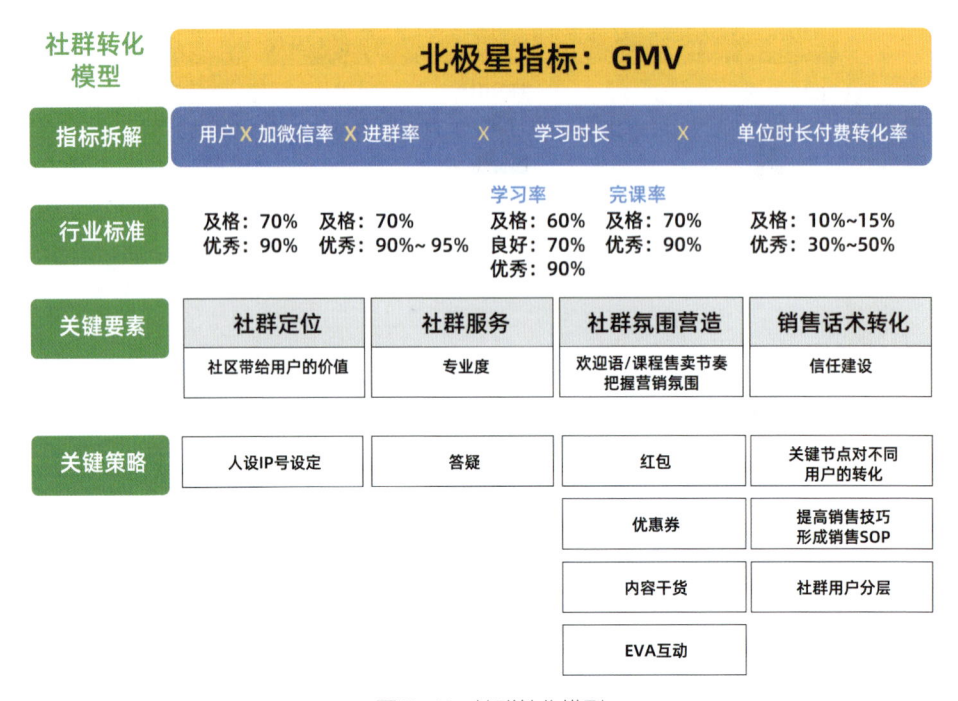

社群转化模型	北极星指标：GMV				
指标拆解	用户 X 加微信率	X 进群率	X 学习时长	X	单位时长付费转化率
行业标准	及格：70% 优秀：90%	及格：70% 优秀：90%~95%	学习率 及格：60% 良好：70% 优秀：90%	完课率 及格：70% 优秀：90%	及格：10%~15% 优秀：30%~50%
关键要素	社群定位 社区带给用户的价值	社群服务 专业度	社群氛围营造 欢迎语/课程售卖节奏 把握营销氛围		销售话术转化 信任建设
关键策略	人设IP号设定	答疑	红包 优惠券 内容干货 EVA互动		关键节点对不同用户的转化 提高销售技巧 形成销售SOP 社群用户分层

图 7-10 社群转化模型

要素一：社群定位（核心）。主要分为两部分，一部分是社群建立的增长目标是拉新、留存还是转化。因为本章主要分享转化相关的内容，所以我们将转化作为重点讲解。另一部分是社群的核心价值定位，是指提供给用户的价值，即从根本上解决用户什么问题，才能让社群持续活跃。如果你的社群定位是传播知识、培养良好的学习习惯，那就要定期更新专业知识内容，社群服务做好学习习惯的引导。如果你是电商平台或者是金融零售，你对社群的定位是优惠福利群，那就做好优惠感知心智的建立，让用户一想到要买性价比高的东西就来这个群看看。

要素二：社群服务。基于社群的定位、做好社群习惯的养成，在增加用户留存的同时，增加后续购买频次。如果你的社群定位为传播知识，社群运营人员要规律性地围绕用户行为习惯做相应的动作，在早晨、中午和晚上发布干货知识；如果你是电商平台或者金融零售，要按时按点发送每天的特价商品、节假日的特殊商品专题或者最新的营销活动信息。

要素三：社群氛围营造。包含营销氛围和社群里互动的氛围，营销氛围是指在关键时间节点通过发放红包和优惠券等方式进行用户转化；社群里的互动氛围是指社群服务人员对群成员的服务。一般200人左右的群的活跃度和忠诚度是最好的，群里一般会有1~3个社群服务人员（产品不同，所需服务人员的数量也不同）、1~3个社群服务人员备用号（防止投诉被微信封号）、5个头部用户号。其中社群服务人员主要服务群里的用户，每个社群人员首先要建立不同的人设，再进行答疑及执行要素二里提到的工作。5个头部用户号主要由社群人员自己运营，用于发故事（邀请使用过产品的人，分享使用过程中的感受），带领用户一起打卡等。

要素四：销售话术转化。主要针对不同用户画像进行不同的话术转化。比如，头部财商公司根据用户画像中的不同职业进行了不同的用户转化。针对宝妈，主打家庭教育的痛点，自己学会了财商知识才能给孩子这方面更好的教育；针对家庭主妇，主打女性要自强的痛点，学习财商不依赖老公，自己在家也能有额外收入；针对白领用户，主打工资收入结构要更合理的痛点，不能只靠工资，未来不确定性强，要有"睡后收入"等。

再比如头部电商行业，会根据用户画像中的业务属性进行不同用户的转化。根据价格敏感度将用户分为三类，针对低价格敏感度群体，无须提供任何优惠策略，主要围绕产品卖点和服务价值输出即可。针对中等价格敏感度群体，要有节奏地为他们建立对品牌与品类的认知，长期引导转化。针对高价格敏感度群体，内容则注重在优惠价格，完成价值感知的包装。

因为社群服务需要人员进行运营，所以比较适合用户价值比较高的交易类产品，考核的关键指标是社群转化率要达到10%~30%，退费率不超过1%，过程指标是入群率要达到60%~80%。如果没有做到，就努力去优化吧。

7.3.5 武器五：精细化运营

在6.6.2节我们介绍了精细化运营的策略，这里重点讲解对付费用户提高交易频次帮助最大的普适策略。表7-2所示的是笔者通过大量实战经验总结出的适合不同人群的精细化运营策略。提高不同人群交易频次的策略不同的主要原因是，用户后续需求的确定性决定其付出的成本，新用户的习惯还未养成，未来购买确定性不足，越是新用户越是希望快速低成本得到奖励。所以我们可以看到，新客和低活用户比较适合满赠、充返和单单省的形式，中活用户比较适合会员和任务的形式，高活用户比较适合券套餐的形式，沉默用户比较适合满赠的形式。在这六种常见的策略里，我们重点讲解需要用户付出高成本的券套餐和会员形式。由于会员形式应用的产品类型广且复杂度相对较高，所以我们在下一小节单独进行讲解。

表 7-2 不同提高交易频次的策略适合的用户

使用策略	充返	满赠	单单省	任务	券套餐	会员
新客	40.26%	48.9%	32%	1.5%	0.22%	0.31%
低活	26.31%	23.3%	32%	27.7%	9.63%	25.73%
中活	20.34%	12%	16%	20.94%	14.78%	27.04%
高活	0.38%	0.2%	6%	26.44%	70.16%	40.04%
沉默	9.97%	22.2%	13%	16.48%	4.14%	5.48%
流失	2.75%	1.1%	1%	6.93%	1.06%	1.04%

注意：表中数字代表不同提高交易频次的策略提高的相对值。

券套餐的核心思想是公司通过合理让渡部分利益，将原本用户采用的被动绑券行为转变成用户根据需要以合理的价格主动购买组合券，锁定高频用户中长期需求，从而通过提高用户购买频次达到提高用户价值的目的。一个使用了券套餐的头部 O2O 公司，交易频次相对提升了 116.84%（购买前 30 天频次为 2.91 次，购买后 30 天频次为 3.25 次），用户的留存率同时也相应有了提升。要想达到和上例一样好甚至更好的效果，要解决以下两个用户动机问题和一个触达能力问题：

问题一：用户为什么会买券套餐？

当一个人决定是否购买产品的时候，决策资本往往来自两个账户，一个是经济学账户，另一个是心理账户。所以针对这个问题，可以沿着这两个点思考券套餐的策略。

针对经济学账户，定价要相对合理，应使用户的购买门槛和券套餐收益达到平衡。

为了更好地转化和降低券补贴成本，还可以针对不同人群推出适合的个性化套餐。

针对心理账户，要做好三个关键点：场景化的包装，主要以周卡、月卡、假日优惠等营销方式进行包装；优惠感知强烈，比如一单回本、不回本包退；合适的引导场景，一般在交易收银台支付时展示转化效果比较好。

问题二：用户买完券套餐为什么会继续用产品？

在解决好问题一的驱动下，构建了沉没成本。所谓沉没成本是指，如果人们已为某种商品或劳务支付过成本，那么便会增加对该商品或劳务的使用频率。假设用户不相应增加频次，那一定达不到用户当初决定购买时预期达到的效果，换言之，我花了12元买了3张券，用户会惦记还有3张券没有使用，因为少用1次就亏了。

7.3.6 武器六：付费会员

付费会员的运作机制是客户承诺用"大量行为"换取"低价"，平台用"优惠"换取"复购"，提前锁定用户长期购买机会，同时实现对用户的分层运营。旧版的星巴克会员就是典型的例子。办理会员需要购买一张卡，里面包含若干张价值略高于购卡费用的咖啡兑换券，其本质就是让会员一次做一定量的消费并筛选出真正对星巴克有频繁需求的客户，后期可以针对付费会员进行精准营销。但像航司这类低频高单价的高决策产品，由于高客单价目标用户相对低客单价用户受众相对较窄，如果再推出付费会员，那受众会变得极小，所以不适合付费会员策略。从权益角度来说，用户付出了金钱成本，如果不能得到相对独特的权益，会员的价值感没有体现出来，那就会影响续费。

如何做好付费会员策略呢？从0到1阶段和等级会员的思路一致，不过在等级会员的基础上要加入定价策略，本小节就不进行额外讲解了；另一个是付费会员策略搭建成功后如何针对会员评估体系中常见的三个指标进行优化，这是本小节的讲解重点。指标优化的思考是根据底层BJ Fogg模型来解释用户为什么会办理会员，即围绕着用户感受到的会员价值大于会员费进行思考。

1. 会员渗透率

主要通过场景化引流和社交裂变这两种手段来提升会员渗透率，从而解决用户没看到会员策略的问题。通常，行业内会员的渗透率能达到20%~35%。

手段一：场景化引流。场景化引流主要有两种手段，一种是从内部流量找到将非付费用户转化为付费用户的场景，另一种是不断拓展外部合作渠道。内部流量转化的核心思路是按用户生命旅途进行拆解，在不打扰用户主流程的原则下基于场景化解决方案（场景痛点+权益解决方案进行会员搭售）进行付费转化。如图7-11所示的优酷的案例，在首页，在用户对会员认知度不高的情况下通过会员折扣权益进行优惠刺激。当用户选到自己喜欢看的视频进入观影的详情页场景下，通过更好的观影体验的功能特权，如专属影片、清晰度高、音质好、跳广告和离线下载等来促进会员转化。当用户带着办理会员的一定意愿度进入会员页时，收拢用户旅途上的散点权益，打造稳定的用户心智，让用户感受到购买会员物超所值，即可加速用户办理会员的决策。

用户旅途	首页	详情页	会员页
场景痛点	对会员认知度不高，需要一定刺激	更好的观影体验（专属影片、清晰度高、音质好、跳广告等）	有办理会员的意愿，希望物超所值
权益感知	折扣	权益好	权益丰富
截图			

图 7-11 场景化引流案例

除了像优酷那样的线上自有渠道，线下渠道和外部渠道的拓展也不能忽略。线下渠道就像盒马鲜生一样，在盒马鲜生线下店，会有易拉宝引导用户办理会员，从而享受线上到店的双重权益。外部渠道拓展是指通过各种联合会员进行拓展，联合会员的鼻祖是京东和爱奇艺的联合。

手段二：社交裂变。主要是指通过拼团、转介绍、场景化营销进行社交裂变，如图 7-12 所示。其中场景化营销用得最多，其转化及留存效果好。原因是，场景化营销基于会员核心权益价值分享，能让用户深刻地感知到会员带来的好处。

图 7-12　社交裂变的三种玩法

2. 会员转化率

用户看到可以加入会员后为什么没有进行转化？基于指标优化的核心原则是，应该让用户感受到会员价值和降低首单的购买阻力。让用户感受到会员价值有权益感知的场景化包装（如一单回本等）手段；降低首单购买阻力有试用、首月优惠/低价体验会员权益 x 天、会员优惠低于会员费随时退、先享权益后付费等。

（1）权益感知。通过一单回本等方式增加用户权益获得感。大家购买付费会员的核心动力是能让自己省钱。就像肯德基亲子卡，一开卡就能享受"免费"获得套餐的权益，权益的价值感和确定性都非常强。如果把充满权益感知的"买卡即享"换成"再付 10 元立享 68 元亲子桶"，哪怕只是 10 元钱，用户也会考虑亲子桶里有什么，钱花得是不是物超所值，一下就增加了用户办理会员的购买决策成本，看似一个小小的文案，背后却是权益感知对会员转化的大学问。

（2）试用。为了打消用户购买会员的顾虑，为其提供不需要支付任何费用就可以在一定时间内免费享有的会员权益。

（3）首月优惠/低价体验会员权益 x 天。例如，脉脉利用紧迫感增加会员的付费率，超过一定时间，购买会员不再享有优惠价格。

（4）会员优惠低于会员费随时退。比如支付宝推出的轻会员，用户由于种种原因不再想继续使用会员卡了，只要使用轻会员优惠的金额低于会员费，用户就可以收到会员费减去已使用优惠的金额。这看似是商家少赚钱了，但其实是保护了消费者的利益，只要会员效果好，加入会员的用户自然会多。就像美团团购最早推出的随时退权益一样，当时其他团购平台的核心盈利来自消费者未消费的金额，但是美团坚持用户第一的原则，该权益上线后订单量猛增。

（5）先享权益后付费。为了进一步降低用户加入会员的阻力，盒马鲜生联合花呗推出先使用1年后再付款的特权。

3. 老会员的续费

前面分享了让新用户转化为付费会员的策略，那如何让新付费会员变为老会员后持续进行续费呢？答案就是让新会员认可会员价值并愿意一直享受下去，基于该原则，有如下四种手段。

手段一：权益体感（最核心）。主要体现在两个方面——权益本身真正解决了用户的痛点，权益的易用性强。

手段二：触达提醒。在关键时间点以失去会员权益为抓手进行触达。关键时间点是指根据会员状态（到期前和已到期）进行续费提醒，到期前的时间节点还应根据产品是低频的还是高频的设置不同的时间。如果是低频产品，在到期前1~3个月进行提醒，如果是高频产品，在到期前1个月内进行提醒。常用的抓手是续费给予一定优惠，比如知识星球在一定时间内可8折续费。会员过期后，利用用户厌恶损失心理，以产品上积累的数据为抓手，不续费会员将失去各项权利。比如，QQ音乐，通过用户常听的歌曲进行情感化挽回。

手段三：自动续费。自动续费现在已经是会员的标配了，利用一个限时且稍低的订阅价格，吸引用户以低成本购买体验。但应注意以下两点，一是不能强制开启自动续费功能，二是提供取消自动续费的提示。我们做增长一定要追求长期价值，不能为了短期的目标让用户被动续费而影响了产品口碑，以至于不能进行良性增长。

手段四：会员日。通过该手段可增加用户对会员的认知，从而进行心智的培养，一般以周或者月为时间跨度进行。

7.3.7　武器七：情感化

情感化是指用户为了获得某种情绪或者价值，而愿意额外支付的价格，常见于以下三个场景。

场景一是通过对内容的渲染或者营销氛围促进转化，减少产品选购时的内耗从而刺激转化。这里以情感计算在淘宝 UGC（User Generated Content）的应用为例进行说明。当时淘宝每天都会产生千万级的评论，消费者在购买商品的时候希望通过评论来了解其他用户对该商品的看法，但是他们很难浏览全部评论，所以如何高效地帮助用户理解其他用户对商品的观点是一个需要解决的问题。一些正向情感的评论对销售量的提升有很大的帮助。团队采用的关键策略是对用户产生的 UGC 做情感理解，并基于评论中对商品属性的情感倾向，结合情感知识及用户个性化观点推荐，进行汇总并展示。结果成交笔数增长 0.31%，成交金额增长 0.7%。

场景二是陪伴价值。比如，腾讯全民 K 歌利用 AI 赋能礼物制作，根据不同主播打造情感化的专属礼物，情感化礼物的转化率比非情感化礼物的转化率高 5 倍。

场景三是稀缺性价值。比如，限量版球鞋就会比普通的球鞋贵。

第 8 章
增长作战地图之用户召回四步走

终于到用户召回的讲解了。这里所说的召回是指产品生命周期处于种子期、成长期和成熟期的用户，如果产品生命周期已经处于衰退期，召回用户的价值已经不大了。召回是做增长时经常被忽略但的确是一个很好的突破口，尤其是现在所处的存量竞争时代。某头部教育公司，就是因为认真优化了召回策略，最终召回了 30% 的用户付费。也就是说，在 100 个流失的人里面又有 30 个人进行了付费，召回用户的成本仅是拉新成本的 1/5。我们有什么理由不做好召回工作呢？尤其是针对高决策产品更要做好召回工作，因为这是你和竞争对手在获客成本上拉开差距的关键。

8.1 召回的顶层设计

影响用户召回效果的要素有很多，我们很容易陷入散点化的局部细节中，那如何系统化地找到全局收益最大的部分而不是散点化地选择最优方案呢？召回的顶层设计是关键。顶层设计主要由四大部分组成，包含召回目标的制定及指标的量化、基于底层模型的召回四步走、设计实现北极星指标的策略途径及做好策略途径的关键要素、提高召回效率的增长中台。

召回的北极星指标应该在满足制约条件的情况下做好业务的增长。召回的指标约束条件就是召回的成本不能超过拉新的成本，召回用户的成本一般是拉新成本的 1/4。故而，最终召回的北极星指标是满足召回用户的 ROI 大于拉新用户 ROI 近 4 倍的召回用户数。

可将北极星指标进行如下拆解：（覆盖流失新用户 + 覆盖流失老用户）× 不同渠道到达率 × 召回转化率（CTR × CVR）。还要注意不同渠道造成的负反馈情况，以消息推送渠道为例，负反馈就是用户关闭消息推送甚至卸载 App 的情况。

8.2 召回用户四步走

有了北极星指标，如何很好地完成指标呢？你需要按照图 8-1 所示的四步进行操作，它以用户画像为基础，以用户流失原因分析为核心，选择合适的方式（触达时问、触达渠道、触达方式和承接方式）并做好推送频率的控制。

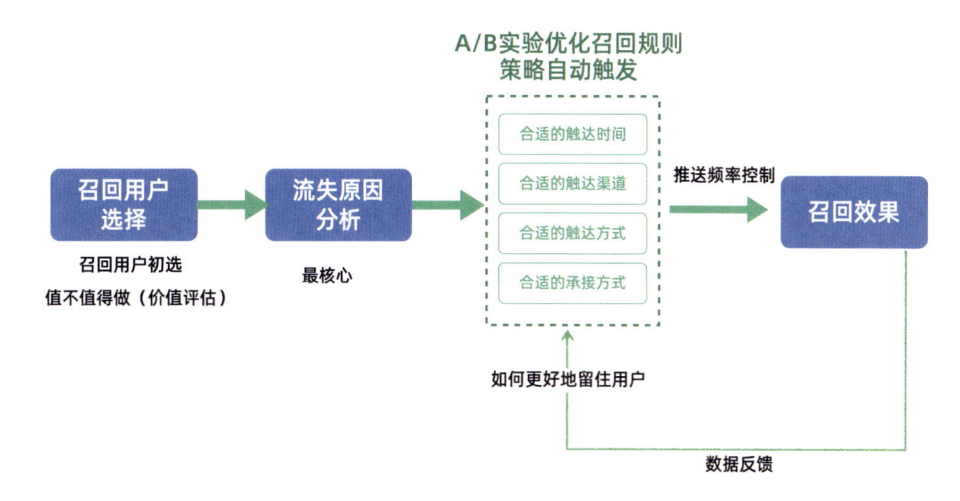

图 8-1 召回用户四步走

应用这四步操作的时候应该特别注意以下两点。

一是，选择召回画像时，一定要做好召回对象的价值评估。经常会有做增长的小伙伴选择召回对象时过于精细化，导致样本选取过少，没有对业务大目标产生影响。要想对大目标产生影响，结合召回率和转化率对整体目标贡献进行估算，选择的精细化人群一般至少是几万人。

二是，大家做用户召回的时候很容易陷入不停发消息的"坑"里，那是远古产品经理的流量曝光思维，它适合粗放式增长的时代。我们更应该追求产品全局最优解的思维，因为即使是不同的召回内容，用户频繁被触达，到达一定的触达频次后，不但召回效果不显著，甚至还会造成关闭推送消息甚至卸载 App 的现象。要控制频次，主要应在以下两个维度进行设置。

单日被同类素材召回触达上限：3 次。这个数字具体是 3 还是多少取决于你自己的业务，应找到超过一定数值召回率就会降低的点。

整个生命周期触达用户的次数的上限为 $3 \times A+1$ 次，其中 $A =$（用户流失时间 − 首次访问时间）÷ 策略干预周，A 的值一般在 1~2 之间，不应大于 2。

8.2.1 第一步：召回用户选择

首选是选对人。先进行召回用户的初选，再根据第一步选出的用户进行价值评估，最终决定是否召回该用户。先看召回用户的初选。由于数据和精细化产品能力是随着时间的积累不断完善的，所以在产品的不同时期有不同选择召回用户的方法和召回用户的侧重点，如图 8-2 所示。

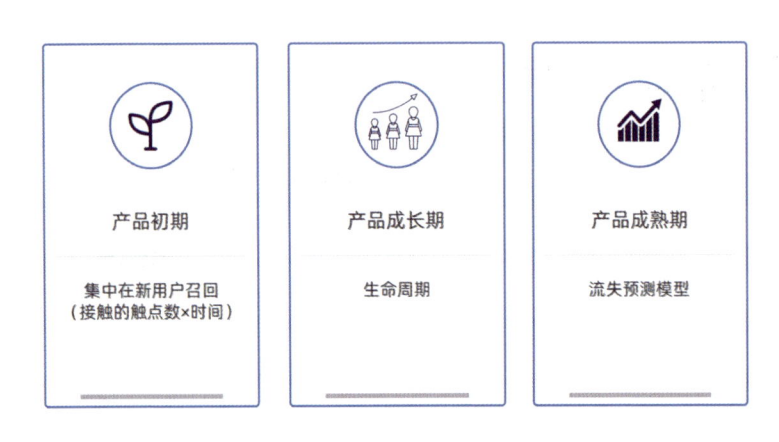

产品初期	产品成长期	产品成熟期
集中在新用户召回（接触的触点数×时间）	生命周期	流失预测模型

图 8-2　不同时期的用户召回

1. 产品初期

在产品初期，主要是在流失预警期对潜在用户的召回，可将接触的触点数和时间这两个维度作为筛选召回用户的主要判断依据。因为召回的操作是先粗后细，所以开始时是以时间为维度进行召回的。用户距离上一次登录时间越短，一般越容易召回，针对快过召回黄金期的用户可以适当加大召回补贴力度。比如，某头部教育公司，针对流失一天的用户，利用内容进行召回；针对流失三天的用户，为其赠送课程优惠；对离开六天的用户，会加大优惠券的补贴力度，因为用户流失 7 天后就很难被召回了。

说完了时间维度，再讲解一下触点数。从大盘来看，用户接触的触点越多、频次越多，越容易召回；参与节点数越多、离开时间越短的新用户越好召回。但是值得注意的是，从不同类型产品的反馈数据来看，用户接触的触点数越多、触达频次越多的用户的召回概率不一定大于频次和触点数少于他的用户。召回是一个比较复杂的行为模型，前期由于数据能力和产品能力的限制，还要追求对业务总目标影响大，要尽量覆盖更多的用户，故而一般先不用做得特别精细。后期肯定是越精细越好，越精细越能提高召回效率，还可以降低成本，比如针对召回概率高的用户可以适当降低补贴。

2. 产品成长期

在这个时期主要对依据用户生命周期分层的两大类用户进行召回。

有流失风险的用户。系统会自动启动预警机制，并针对不同用户、不同流失原因启动不同的召回策略。如果召回用户样本过大，我们优先召回高价值的中概率用户（根据用户召回的难易程度分为高概率、中概率和低概率），因为召回高概率的用户不差这点儿时间，晚一点儿也能成功，我们要使整体收益最大化。我们还需要通过 A/B 实验不断迭代升级召回策略库，从而不断提高召回效率。

流失用户。流失用户分为流失轻度用户、流失中度用户和流失重度用户。对该类用户的召回有两大路径：路径一，按预警策略库召回；路径二，用 A/B 实验探索新的召回策略，实现不同用户的高效召回。

当预警策略和新的流失召回策略生效后，应持续观察较之前活跃的相关指标变化，是否会产生二次流失？召回的最终目标是召回的用户持续在产品中保持活跃。如果用户回流表现稳定，则会变回成活跃用户；如果召回用户未留存或者第一次未召回，那还会进入第二次召回，进行循环反复召回；当这个用户的召回成本大于他的贡献成本时，我们认为此用户在该产品阶段不值得或者是留不住的用户，后续就不再对该用户反复召回了，可把这类用户从召回池移到流失池。与其对一个爱答不理的用户费心，不如看看真心爱你的用户群，那个对你爱答不理的用户没准在你变强（品牌热度和美誉度高）的时候自己就回来了。

3. 产品成熟期

在用户数据有了一定积累后，可搭建流失预警模型和复活概率模型进行用户召回，这比人工智能判断的效率更高，目前对潜在流失用户的召回准确率能做到 60% ~ 90%。

通常用机器学习的方式来构建两种模型，一种是利用概率回归模型预测用户未来的流失概率，另一种是借助生存模型做流失风险的预测。模型不是负责增长的人重点需要掌握的，你只需告诉工程师流失召回特征及权重，和工程师一起找到模型中不同特征的最优权重，从而提高模型的准确率（在算法认为对的样本里面，有多少确实是对的）、召回率（本来是对的样本，算法找出来了多少对的）和 F 值（2× 准确率 ×

召回率）÷（准确率＋召回率）。工程师会基于流失召回特征和权重搭建模型，表 8-1 所示的是某头部生活平台应用概率回归模型梳理的流失召回特征，主要包括用户行为数据、用户业务数据（价格因素和体验因素）和用户基础数据这几大方面。

表 8-1 某头部生活平台梳理的流失召回特征

分类	子类	流失召回特征	
用户行为数据	消费行为	累计完单数	首次完单距今天的天数
		末次完单距今天的天数	用户首次完单距今天的完单频次
		用户最近一次完单时间	——
	线上访问	平均/沉默前一周累计访问外卖 App 次数	平均/沉默前一周累计访问购物车次数
		平均/沉默前一周累计加购次数	平均/沉默前一周累计搜索次数
		平均/沉默前一周累计访问店铺次数	平均/沉默前一周累计访问菜品页次数
用户业务数据（价格因素）	完单价格	平均/沉默前一周单均 GMV	平均/沉默前一周均商家补贴
		平均/沉默前一周均消费者补贴	平均/沉默前一周单均应付
		平均/沉默前一周单均实付	平均/沉默前一周均配送费
		平均/沉默前一周单均商家/消费者补贴率	平均/沉默前一周单均餐费
	券策略	平均/沉默前一周绑券面额	平均/沉默前一周绑券抵扣率
		平均/沉默前一周绑券门槛	——
	消费习惯	平均/沉默前一周单均菜品 SKU 个数	平均/沉默前一周单均菜品单价
		平均/沉默前一周单均超过 20 元的菜品订单比例	平均/沉默前一周单均超过 30 元的菜品订单比例
用户业务数据（体验因素）	实际体验	平均/沉默前一周完单 ETA（预计到达时间）	平均/沉默前一周最长 ETA	平均/沉默前一周完单 ETA 方差/标准差	平均/沉默前一周最长完单 ATA（实际到达时间）
		完单 ATA 方差/标准差	平均超时时间	最长超时时间	完单超时方差/标准差	平均 ATA/ETA 比例	最大 ATA/ETA 比例
	特定体验	沉默前一单完单 ETA	沉默前一单完单 ATA	沉默前一单超时时间	

续表

		流失召回特征	
用户基础数据	自身属性	性别	年龄段
		商旅人士概率	旅游人士概率
	消费能力	低购买力概率	消费能力指数
		消费能力指数排名	补贴敏感度

此外，从时间节点上可划分为三个阶段：用户整个完单阶段（即开城至今的全部时间）、用户开始沉默前 7 天（沉默定义为在流失窗口期 40 天内无任何完单行为）和用户回流期前 7 天（对于未回流用户，定义为回流观察期结束的前七天）。通过观察用户在不同阶段行为特征的变化，预测其回流行为。后续也会不断优化用户流失预警模型，比如用户流失的定义是 14 天内未下单，那就以大于等于 14 天未下单的用户为正向样本，其他为负向样本，不断进行模型训练来预测未来周期（14 天）不会下单的用户。我们搭建流失预警模型时除了利用好自身的数据，还需要利用好第三方全网的数据，比如第三方同类产品的安装率。

8.2.2 第二步：流失原因分析

根据第一步选出要召回的用户后就可以针对用户流失的原因进行分析了。流失原因分析是召回用户最核心的部分，只有看清用户流失的原因并且定义好其流失问题才能对症下药，高效召回用户。用户流失原因的定义是最难的部分，下面我们以美团外卖为例帮助读者理解一个好的用户流失原因定义的标准。要想做得像美团一样好，我们日常需要多做用户调研，提高对用户的洞察力，同时还要加深对业务的理解。美团外卖用户的一个流失原因的定义是用户进店后菜品选择太少，仅针对这个笼统的原因，我们不能制定相应的策略，所以这个流失原因的定义不合格，因为它没有给出菜品少的一个准确定义。此时我们需要做的应该是更精准地去描述：制作一张坐标图，横坐标表示商家的菜品数，纵坐标表示流失率。发现菜品数量是 20 时，纵坐标的值有质的变化。此时，我们就可以给出准确的用户流失原因，即商家平均可售菜品少于 20 个。如此分析后，召回策略也就清晰了：短期策略是尽可能多地召回用户所选的同类店铺，且需保证召回店铺的可售菜品超过 20 个，长期策略是让商家平均可售菜品多于 20 个。

用户是复杂的，流失的原因也不会只有一个，这也是笔者提到的，为什么到了后期需要进行建模分析。在前期没有建模的时候，针对多种原因导致用户流失的，一般选取时间距离现在最近的作为流失原因。

8.2.3　第三步：进行 A/B 实验优化召回策略

通过前两步已经确认了要召回哪些高价值用户，分析出了高价值用户流失的原因。那在什么时间、用什么方式、以什么样的渠道触达用户，触达用户后用什么样的方式承接效果最佳，这需要针对以下五个方面不断进行 A/B 实验进行测试，从而找出召回的最优策略。

8.2.3.1　合适的触达时间

在不同时间节点召回用户的成功概率大大不同，所以我们要把握好图 8-3 所示的三个关键时间点进行召回。时间节点选择得好，召回转化率能提升 20% ~ 150%。

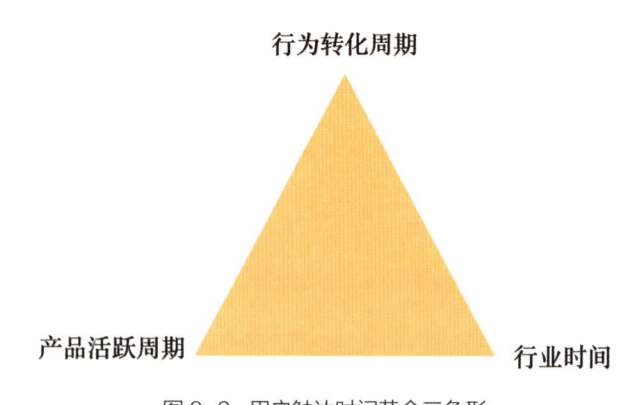

图 8-3　用户触达时间黄金三角形

1. 行业时间

行业时间主要指以月度为维度看行业旺季，不同行业的旺季不一样。如果产品没有明显的周期性特点，那可以不考虑这一点。贷款行业一般春节前是旺季；年轻用户多的产品则寒暑假是旺季，比如，B 站、游戏等；教育行业在期末考试前，尤其是暑假考试前是旺季；医美行业的旺季一般是三月到四月。把握好时间点，尤其对于之前不好召回的用户，在该时间点由于自身需求旺盛会大幅提高召回的成功率。

2. 行为转化周期

行为转化周期就是用户最有可能被召回的时间，这个召回时间的计算在前面章节进行过讲解，这里不再赘述。

3. 产品活跃周期

产品活跃周期以小时为单位分析用户活跃的时间分布，在这个时间做召回，用户打开率比较高。这种分析方法可尽量排除策略的干扰，看用户自然的转化时间。图 8-4 所示的是我们通过一个工具看到的用户活跃时间段，最活跃的时间段是 21:00 ~ 23:00。

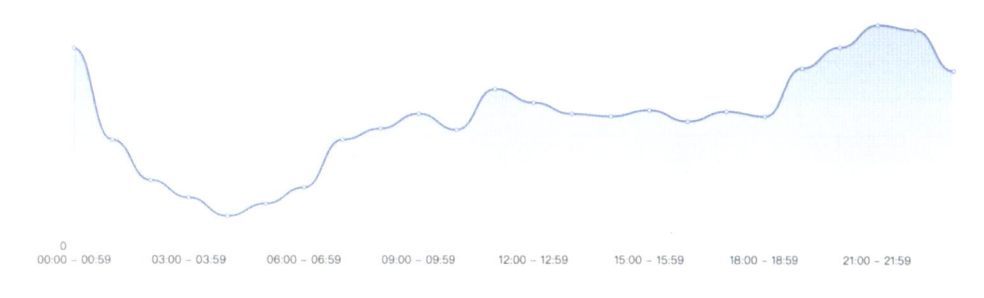

图 8-4 产品活跃周期

8.2.3.2 合适的触达渠道

掌握触达用户的三个黄金时间点就成功地把握住了天时，那如何发挥地利——渠道优势呢？选择合适渠道的时候主要问自己五个问题：本次触达需要哪些渠道？这些渠道分别能够召回多少用户？优先测试的渠道是哪一个？转化效果最好的触达方式是哪一种？根据数据反馈效果，补发测试怎么做？

首先简单介绍一下图 8-5 所示的九大渠道，后续重点讲解消息推送、短信、电话这三种最常用的召回渠道。

召回用户的九大渠道示意图中包含以下信息：

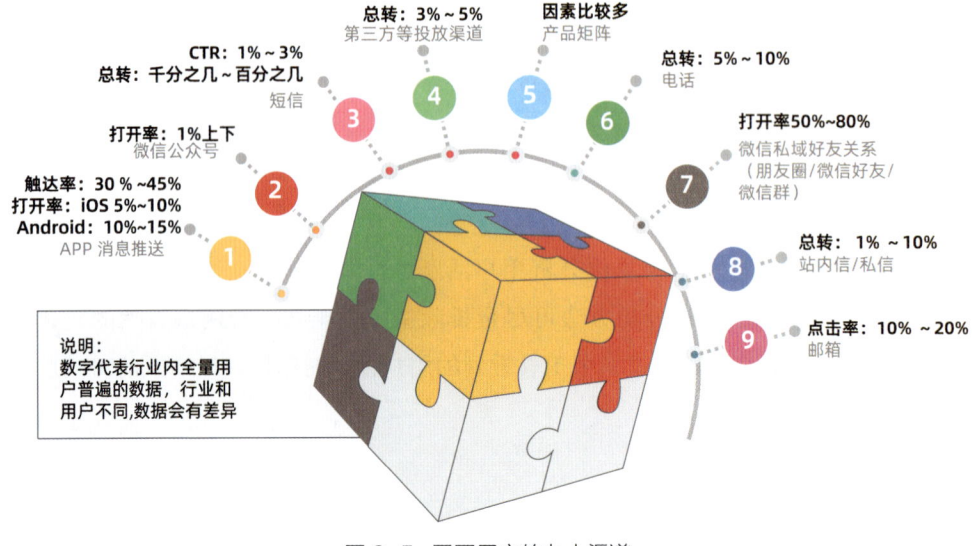

- ① APP 消息推送：触达率 30%~45%，打开率 iOS 5%~10%，Android 10%~15%
- ② 微信公众号：打开率 1%上下
- ③ 短信：CTR 1%~3%，总转：千分之几~百分之几
- ④ 第三方等投放渠道：总转 3%~5%
- ⑤ 产品矩阵：因素比较多
- ⑥ 电话：总转 5%~10%
- ⑦ 微信私域好友关系（朋友圈/微信好友/微信群）：打开率 50%~80%
- ⑧ 站内信/私信：总转 1%~10%
- ⑨ 邮箱：点击率 10%~20%

说明：数字代表行业内全量用户普遍的数据，行业和用户不同,数据会有差异

图 8-5　召回用户的九大渠道

1. 消息推送

消息推送的优势主要是针对已下载 App 的用户来说的，触达率和打开率相对其他渠道比较高且无成本。例如，今日头条早期，40% 的用户都是通过消息推送召回的。衡量一个好的消息推送渠道主要看四个数据，分别是到达率（消息成功发送到的用户数 ÷ 发送总量）、触达率（收到消息推送的人数 ÷ 发送成功的人数）、消息推送开启率和消息推送点击率。消息推送供应商的消息发送成功率大约在 90% 以上的水平，影响发送成功率的主要因素是消息推送服务的选择。消息推送触达率大约在 30% ~ 45%，影响触达率的关键因素是消息推送开启率，消息推送开启率一般在 50% ~ 90% 不等。读者可以向趣头条学习，将任务体系和消息推送开启率相结合，可以做到 90% 的开启率。点击率在 5% ~ 15% 不等。

消息推送的到达率是消息推送链条的起点，所以其服务的选择非常重要，要想选择好的推送服务，我们应该简单了解一下其实现方式。

Android 系统的消息推送的实现方式主要有三种：自定义实现、厂商通道实现和第三方推送服务实现。

自定义实现。它具有技术开发成本低、通知显示样式支持自定义和安全性高三大优点。但是它的缺点也很明显，到达率是三种方式里最低的，因为它需要自定义的客户端有进程存活，才能实时触达，这个是很难满足召回需求的。

厂商通道实现。华为、小米和OPPO等厂商均提供了消息推送服务，推送消息首先被发送到厂商指定的推送服务器，然后由厂商服务器根据客户端的连接状态择机发送到手机的系统推送服务，再由这个服务分发到指定的应用。它的到达率是这三种方式中最高的（但在实际应用中发现也不能100%到达）。因为应用不必再强调自身的保活，即便App在被系统杀死的状态下，推送的通知消息也仍可以到达，毕竟手机厂商的推送服务在自家的手机上属于系统级别，这意味着系统不会真的杀死自家的推送服务，所以到达率较高。但是它有以下三个缺点。一是，技术相对复杂，主要体现在需要对接多个厂商上。因为每个厂商只维护自己品牌手机系统中的推送服务，因此在技术上常需要集成所有的厂商通道，而且在客户端启动的时候，要根据不同机型初始化对应的推送SDK。二是，通知的样式基本上不能定制，只支持通知栏消息推送这种单一样式。三是，数据统计相对没那么准确，一旦客户端处于被杀死的状态，当通知到达时，客户端没有被拉活，无法感知通知到达。也就是说，客户端无法做通知到达的统计，只能等待通知被用户点击，拉起客户端后才能发送通知的点击统计。

第三方推送服务。比较有名的是极光推送、友盟推送等，另外，"BAT"都有自己的推送服务，如阿里的移动推送、腾讯的信鸽、百度的云推送。第三方推送服务使用长连接的方式，这种方式和自定义长连接类似，要求客户端的保活能力比较好，否则到达率低，也存在占用内存和消耗电量的问题。但是在集成了第三方推送SDK的应用之间，可以互相拉起，传递推送消息，这在一定程度上提高了推送的到达率。之所以说是在"一定程度上"，是因为推送到达的前提是至少有一个集成了第三方推送SDK的应用存活，才能拉起其他应用。比如你接入了友盟推送，而恰好今日头条也接入了友盟。有一天你的App被杀死了，但这时用户启动了今日头条，那么推送系统也就会通过共享的推送通道顺便把你的消息推送到手机上，然后还可能把你的进程也唤醒（被"保活"了）。第三方推送服务的优点是开发成本较低。因为通道聚合，接入成本低，到达率处于三种服务方式中间的位置。但它有以下两个缺点。一是，大概率延迟，因为你交给第三方进行消息推送，所以要跟很多其他家App的消息一起排队。假设某家App因为做活动，在短时间内将大量消息推送给平台，那么这个平台上的其他App就有可能受到牵连，使推送延迟变长。二是，因为用的是别人的服务器，所以安全性低。

对于消息推送的三种方式，读者可以根据自己的情况进行选择。如果你是第一次接入，建议可以先选择接入第三方，因为这种方式接入成本低、开发快，到达率也相对较高。选择第三方服务的标准主要看规模和市场份额，因为规模和市场份额越大，"保活"和"互拉"的能力就越强，到达率就越高。然后再按用户使用机型的占比选择接入厂商，继续提高推送消息的到达率。

2. 短信

短信召回的优势主要体现在可召回已经卸载了 App 的用户，它面向的用户相对较多，能将用户从离线状态拉回产品在线状态，形成转化。但是美中不足的是，它有一定成本。衡量效果主要看三项指标，到达率、CTR 和 CVR。优秀的到达率在 90% 以上，一般的 CTR 在 1% ~ 3%，优秀的 CTR 在 5% ~ 10%，短信召回的转化率整体在千分之几~百分之几。特别说明，行业 CTR 和 CVR 也受产品频次影响，一般低决策产品的数值相对较高。

3. 电话召回

由于电话召回成本比较高，所以一般适用于高决策产品，主要针对大客户和重点客户，也就是高价值的用户。在使用消息推送和短信方式召回失败的时候，可选取电话召回的方式。电话召回分为人工外呼和智能电话外呼两种形式，为了降低成本，常用机器人智能外呼，整体转化率在 5% ~ 10%。

了解了渠道特点，就可以根据召回用户数和转化效果进行渠道的选择。通常不是选择一种渠道而是进行组合选择，但组合渠道的触达率也不一定能做到 100%，所以需要对想触达而未触达的用户进行渠道补发，同时不断进行 A/B 实验，找到触达用户最高效的方式。例如，某头部电商流失用户逐月增加，原来尝试过使用短信和消息推送等方式进行召回，现在想尝试一下智能外呼渠道对召回率是否有帮助。他们采取的策略是，针对使用消息推送和短信方式未能成功转化的用户直接通过智能外呼进行触达，结果召回率提升了 13.2%，人均 GMV 增加 15.7%，足以见得组合触达的效果。

8.2.3.3 合适的触达方式

有了触达时间的"天时"，也有了触达渠道的"地利"，接下来就是最重要的选择触发方式的"人和"了。合适的方式主要是指针对用户流失原因对症下的"药"，该"药"通过图 8-6 所示的四大策略可解决好召回用户的激活和转化。

图 8-6　激活策略

策略一：社交关系

王者荣耀，利用好友社交关系进行用户召回，召回率提升 135%。一般来说，不同好友对玩家的影响力程度是有差异的，影响力大的更容易召回玩家。基于该原则，在召回好友排序的时候，腾讯游戏引入了"亲密度"的概念，亲密度的高低主要取决于两个维度，与好友互动的行为频繁程度和时间衰减，即与好友互动越频繁，互动时间越近，亲密度越高，优先召回亲密度高的用户。

策略二：活动

此策略尤其针对离开产品很久不好召回的用户。将活动和时间势能进行结合，通常能取得奇效，主要原因是，通过多个渠道进行产品价值曝光可加深用户认知，同时还有充足的营销预算。比如，饿了么巧借淘宝"双十一"活动，两年内的 MAU 首次超过美团，主要原因是其不仅借助了阿里生态的力量——"双十一"主会场流量、手机淘宝优惠专区等流量入口，更是利用了线上商家微信朋友圈私域流量和线下商家的流量进行"囤券"玩法，联合星巴克等大牌商家，推出可多次使用的电子卡券包，从而激活了之前沉睡的用户。

策略三：精细化

召回策略遵循"先粗后细"的原则，根据不同时期精细化选择召回的用户后，还要针对不同类型的用户选择不同的召回策略，找到针对不同用户的抓手。针对同一类型的用户也要进行不同策略的精细化实验。比如，滴滴出行针对 28 天沉默且累计完单 1 单的用户先进行券类型的测试，发现金额券比折扣券效果更好后，再精细化进行券定价的测试，测出 3 元是最佳金额，从而达到保持召回效率的同时，降低用户召回成本。

策略四：核心价值

此策略主要基于产品高留存的核心价值对用户进行召回，让之前经历过与预期不符的用户再次感受到产品的价值而重新爱上产品，持续保持活跃。

8.2.3.4 合适的承接方式

进行用户转化承接的优化也万万不能忽视，思路和 5.5.2.5 节介绍的承接策略一致，这里重点强调一下之前没有提及的缩短路径策略。比如，一个电商公司，通过短信的方式召回用户，将召回短信的链接从 H5 变为小程序，最终召回的成交转化率提高了 5%。因为要在短信里点击链接，大部分用户需要经历两步才能到达承接转化的落地页。第一步是选择是否用浏览器打开，第二步是进入浏览器，大多数用户会收到安全提示，这让用户认为链接不安全，从而影响用户的转化。

8.2.3.5 合理的推送频率

将上述四个方面做到最佳也不能高枕无忧，还要找到合理的推送频率。因为召回的效果会随着推送消息数量的增多出现边际效应而递减，所以合理的推送数量对召回用户很有帮助。一定要注意发送的频次不宜过多，以免引起用户反感，甚至卸载 App。

8.2.4 第四步：召回效果

接下来我们要进行效果的合理评估。因为在对流失用户的召回过程中，对同一个用户，可能会进行二次召回、三次召回，甚至四次召回的触达，所以需要对每一次召回的数据做记录，用于方案的迭代和优化。召回数据的记录有以下两个关键点：一是，监控各召回渠道的效果数据，如，模板消息一次召回、短信二次召回分别对应的人群、内容、召回效果。二是，进行内容对比测试，对同组人群做 A/B 实验，分组测试不同的召回效果，可清晰地知道哪类人群对该内容感兴趣，哪类人群对该内容不感兴趣。针对对内容感兴趣的人群，将好的内容沉淀到召回规则里。对内容不感兴趣的人群，总结原因并沉淀认知，优化策略后进行下一次实验。

8.3 召回增长中台搭建方法论

由于召回是规模化的一系列运营增长工作，如果总是靠人工操作的话，不仅成本高、效率低下，还会损伤用户体验，此时你需要根据召回用户四步走搭建本书所附

拉页中所示的 个召回中台。召回中台的搭建主要分为以下两个关键阶段。

第一阶段：MVP 闭环，实现规模化用户召回

通过人工方式，使用用户分层、策略管理和中控三大模块的基础功能，可实现对指定人群通过指定渠道在规定时间发送召回内容。

用户分层模块主要选择指定用户进行召回，从而实现精细化运营。策略管理模块主要进行召回策略的配置，从而实现基于选择召回的对象在哪些渠道、以什么样的触达方式（即时触达、定时触达、周期触达还是事件触达）、用什么样的触达内容（社交关系、活动、产品核心功能）以及点击打开后与触达内容相对应的承接页。中控模块主要通过内容过滤、时机限制和频次限制等来做整体的召回控局。

第二阶段：从人工到智能化

根据第一阶段积累的数据，可以利用算法做智能召回，召回和拉新一样都是追求人群和触达物料最优解的过程。

用户分层模块。根据召回/复活概率模型对高召回人群实现智能圈选。

策略管理模块。根据所选择的人群，自动进行触达物料的智能匹配，以提高召回转化率。如果是交易型产品，还可以通过智能补贴模型将召回成本做到最低。

中控模块主要解决的业务场景如下。当有多个业务场景时，用户可能会被不同场景筛选出来，消息推送有疲劳度控制，为了减少对用户的打扰，当一个用户今天已经收到运营 A 的推送消息后，运营 B 的推送消息就不能再发送，所以就需要中控模块进行全局配置。首先会有用户疲劳度的约束，配置不同类型的用户一周最多能接受召回信息的上限，从而将召回效果放到最大。本模块主要有三个子模块，分别为频次限制、时机限制、内容过滤。

前端展示的召回承接页非常重要，要做到召回点击的物料和点击后的内容一致，具备"所见即所得"的能力。

第 9 章
B 端产品和 C 端产品增长异同

不知大家有没有注意到，近两年，劳动力成本在提升，人口红利在消失，整个产业结构发生了巨大变化，赋能公司"降本"的 B 端产品变得越来越重要。但随着 B 端公司的火爆，竞争也日益激烈，导致 B 端公司陷入获客成本日益增长的烦恼中。根据 2019 年 ProfitWell 对上千家基于订阅业务的公司进行的调研发现，与 6 年前相比，B 端公司的获客成本增加了近 70%，C 端公司的获客成本增加了 60% 以上。

本章将通过方法论和案例相结合的方式讲解 B 端产品增长陷入窘境的现象。虽然国内市面上成功的 B 端产品增长的方法论并不多，但 B 端产品和 C 端产品增长的底层思路是一样的，那如何灵活地将 C 端产品的增长方法应用在自己的 B 端产品中呢？B 端产品独有的增长策略是什么？接下来的阐述会给你提供方法和思路，帮助你解决遇到的问题以及缓解找不到成功 B 端产品案例的苦恼。

9.1 B 端产品增长模式的变迁

我们最早了解到的老牌 SaaS 产品是 Oracle、Cisco，它们都是以 SLG（Sales-led Growth，销售主导）模式为主导进行获客的。但你有没有注意到，从 2019 年开始，无论在国内还是在国外，二级市场都异常关注 PLG（Product-led Growth，产品主导）模式。受到二级市场的传导，Zoom 在 2020 年市值一度达到 1200 亿美元。即使是同样的线上存储业务，由于 Dropbox 更关注产品自发性的增长和销售体系的结合，市值确实比使用传统销售方法的 Box 高 4 倍。

二级市场之所以这么关注 PLG 模式，主要有两个原因，一是商业效率高，二是 B 端产品使用者的话语权越来越大。我们以 ARK 木头姐的基金公司报告来说明为什么 PLG 模式的商业效率高。该报告通过对比传统的 SaaS 公司和使用 PLG 模式的 SaaS 公司的获客成本回本时间发现，传统的 SaaS 公司要两年回本，但使用 PLG 模式的 SaaS 公司只要 8 个月就可以回本。于是得出结论：PLG 模式非常明显地缩短了获客成本回本时间。获客成本回本时间指的是，假如你花了 100 元钱去获客，大概用多长时间，能从客户身上把这 100 元钱赚回来。不管是花钱雇销售团队，还是花钱打广告获客，如果能很快把这些钱拿回来，就可以用这些钱去获取更多的客户，也可以用来做研发，整个公司的运营效率会明显提升，而且人工的效率肯定比不上网络的效率。通过 PLG 模式获取用户的方式，能够像 C 端产品那样有非常快速的数据积累，并产生网络效应，形成品牌优势，让你的用户快速增长起来，打破大家对 SaaS 业务增长的认知——原来 SaaS 产品也可以像 C 端产品一般急速增长。

9.1.1 销售主导的 SLG 模式

SLG 模式最早被用来作为 SaaS 服务的增长推广方式，模式较重，比较偏向于主动找客户去"推"，就是我要把产品推销到客户那里去，客户偏被动接受。随着劳动力成本的升高和存量竞争越来越白热化，会产生获客成本高、获取用户效率低等问题。

9.1.2 产品主导的 PLG 模式

为了更好地客服 SLG 模式的弱点，演变出了 PLG 模式。该模式的特点是将产品作为帮助我们传播增长的渠道，让客户裂变出更多客户，这样可以减少销售团队的人数，让精简的销售团队把精力放在大客户的获取上。总体来说，降低了获客成本，提升了获客效率。

虽然 PLG 模式很好，但目前适用的产品类型有限，且要满足以下两个条件：

（1）从决策视角来看，用户自身就能做出购买决策，也可以作为啦啦队去购买决策者那里美言，影响最终购买决策者购买产品。最适合双边或者多边的产品。

（2）从使用成本来看，用户可快速上手，能快速感受到产品的核心价值，从而为后续转化做好铺垫。

综合上面两个条件，目前市面上有四类常见的使用 PLG 模式的 SaaS 产品。

第一类是办公协作类的产品。这是 PLG 模式中最常见的类型，例如，Slack、Zoom 和飞书。这类产品本身自带网络效应，用户需要邀请其他用户一起来使用，邀请到的用户使用免费版感受到产品的价值后，他们会继续发起邀请。在这样的传播机制下，会有越来越多的小伙伴使用产品，增长的飞轮就转起来了。

第二类是客户愿意主动阅读文档梳理产品功能，而不愿意听销售人员推销的产品，例如 GitHub。

第三类是服务中小公司的 SaaS 产品，比如，Shopify、Surveymonkey、Wix 等，因为动用销售团队服务这类目标公司不太划算。

第四类是各种各样专业细分的 SaaS 产品，比如，用于数据分析的软件 Amplitude，用于客服的软件 Intercom 等。

总之，PLG 模式的产品的商业效率更高。如果你的产品满足 PLG 模式产品的使用条件，可以考虑是否有转化增长模式的可能性。比如，解决客户体验管理的 SaaS 系统的体验家，最早是纯 SLG 模式的，投入人力成本高，而且转化效果一般。后来它转型成了 PLG 模式的，营收增加数倍，原因是将原来低效的点对点销售变成了面状网络销售。

9.2　B 端用户和 C 端用户的差异

随着 PLG 模式的流行，我们可以灵活地将用于 C 端产品增长的方法应用在 B 端产品中。应用的前提是了解用户和客户的主要差异点，才能真正领悟 B 端产品增长策略和 C 端产品增长策略异同的精髓，如图 9-1 所示。

图 9-1　B 端用户和 C 端用户的异同

1. 决策主体

C 端用户是个人做决策，使用、决策、购买都是自己做；而 B 端用户是集体做决策，需要参考业务、研发、财务、管理等多方意见，而且使用者和购买者不是同一个人，这需要多方谈判、投标才能采纳某一方的意见。首先要解决的一点是，让公司中的员工喜欢用你的产品，随后他们作为你的拥护者在公司里帮你推广这个产品，然后向上驱动以影响决策者，最后达到所有人都愿意使用你的产品的最终效果。

2. 用户使用

C端用户在意的是满足用户使用需求，而且需求通用性强。B端用户更多的是通过生产工具进行行业赋能。它们解决的问题的不同决定了难点的不同。C端公司主要难在高并发的用户量预测上，比如，淘宝通过每一次的"双十一"进行压力演练，现已达到每秒成交60万笔交易；B端公司难在大客户情况不尽相同，同一个客户不同角色的需求不仅不一样，而且还来回变化。比如，之前钉钉做行程码的时候，只有一晚上的时间，需求提出方是卫健委、公安局、交警、秘书处、市政府、大数据局的领导，非常难以同时满足各方的需求。所以满足B端客户的需求就是满足最核心需求的最大公约数。当时钉钉抓住了最核心的需求：杭州人民在尽快复工复产过程中需要一个健康凭证来证明自己是安全的、健康的。其中需要的数据包括有没有去过疫区、有没有被医院确诊、有没有和被确诊人员密切接触过、有没有进入疾控中心等。当时的设计是，如果满足任何一个条件，行程码就变红。由于C端用户的需求通用性强，B端用户的需求要满足最大公约数，所以拉新的时候，B端公司一般不能像C端公司那样面向所有用户进行爆发式增长，一般都是一个区域或者一个行业进行单点突破拉新。

3. 转化方式

C端用户主要以超预期的用户体验为核心进行转化，B端产品最打动客户的是降本增效，从内部提升流程效率到外部增效，赋能上下游生态加快业务的流转。

4. 迁移成本

B端用户比C端用户的迁移成本高，主要有三个原因，分别是使用习惯，数据资产造成的沉没成本及出于自身安全考虑。

（1）使用习惯：举一个钉钉的例子。钉钉2021年1月发布了6.0版本，此版本发布后被骂得很惨。因为钉钉做了几项改变，没有兼容以前的旧习惯。比如，以前PC端的搜索框是放在左边的，现在放到了正中间，代表了钉钉搜索的升级，告诉用户可以搜索一切东西。但是B端用户有使用惯性，不易改变，钉钉没有遵守B端产品的设计需平滑过渡的原则。所以B端用户和C端用户有一个很大的差异，C端用户更喜欢每天的迭代更新，B端用户更喜欢平稳。

（2）数据资产：还以钉钉为例。有一个钉钉的老客户，他们公司全套的管理模块，包括人事、财务、行政、IT资产领用等都在钉钉上，员工的日报、周报数据也全在里面，所以数据很难进行迁移，因为一旦迁移，公司在钉钉上购买的这套管理体系以及积累的数据就会全部消失，那就很难管理了。

（3）安全：安全是 B 端公司的第一准则。在 Salesforce 内部，每一位高管都有一个公开的年度计划，其中第一条就是安全。C 端用户和 B 端用户出现安全问题的后果是完全不一样的。以头部生活服务公司为例，点外卖的时候如果支付不成功，你当时会很生气，但是在软件 bug 修复后你大概率还会继续使用该软件。但对于 B 端用户，例如头部直播服务公司，用户在使用直播服务的时候经常黑屏、突然间卡顿，那以后它还会继续和这家直播服务公司签约吗？

因为使用习惯、数据资产和安全等因素，一旦 B 端用户选择你，基本不会更换，而且会有滚雪球效应。随着客户公司自身的增长，B 端用户还可以向它的客户销售更多的功能，单个用户的付费会持续增加。所以，B 端用户的留存和从其那里获取收入相对 C 端用户容易但获客相对较难。

9.3　如何将 C 端产品的增长套路应用到 B 端产品中

将 C 端产品的增长经验用在 B 端产品上是大势所趋。C 端产品的增长数据更完整，迭代更快，这个经验对于销售周期较长、数据成熟度更低的 B 端产品来说可谓是降维打击。因为 B 端产品的增长的底层思维方式其实和 C 端产品的一样，所以 B 端产品和 C 端产品的大部分增长策略是一致的，区别来自 B 端用户和 C 端用户的差异，B 端产品和 C 端产品通用的策略在前面的章节已经讲过，后面重点讲 B 端产品独有的增长方式。

9.3.1　B 端用户增长之拉新

根据 B 端用户和 C 端用户的不同，我们知道，一旦 B 端用户找寻到满足服务的产品，很少会迁移到新产品，所以要快速拉新进行市场抢占。图 9-2 所示的是笔者独家总结的做好 B 端用户拉新的 12 大武器。笔者认为较有杀伤力的是武器 4 和武器 9，因为它们将 B 端用户的增长升华到要站在为上下游赋能和与企业共创产生新增量上。打造利益共同体的核心原则做拉新增长，将行业做大是最能打动 B 端用户的。

B端用户拉新的12大武器

- 武器1：公域流量获取 信息流、KOL、SEM、百度竞价等的投放
- 武器2：地推
- 武器3：场景化拉新
- 武器4：和企业共创，挖掘产品核心功能
- 武器5：直播课、讲座课等快速让用户感受到产品价值
- 武器6：内容营销
- 武器7：城市合伙人、客户转介绍等分销玩法
- 武器8：线上+线下联动会销
- 武器9：内外横向纵向合作，建立生态共赢
- 武器10：任务宝裂变
- 武器11：社群裂变
- 武器12：打造私域流量产品矩阵 视频号、公众号等，尤其是红利期的视频号

图 9-2　B 端用户拉新的 12 大武器

9.3.1.1　武器 1：公域流量获取

C 端公司和 B 端公司在公域流量获取上主要有以下两个不同点。一是，C 端公司是直接获取用户，B 端公司由于用户决策周期长，一般是先获取一个线索，后续再进行转化。二是，C 端公司获取用户的渠道更加垂直。比如，GrowingIO 做投放时会以知乎作为主要渠道，针对该人群生产偏工作中的具体实操、职场成长等务实的内容，从而得到更多用户的阅读和长尾的搜索。

9.3.1.2　武器 2：地推

地推主要是在线下目标人群集中的地方进行面对面宣传，通过路演、发传单、做活动等方式来获取用户。B 端产品和 C 端产品相比还有一个不同，大部分 B 端产品的区域性更明显，所以在地推的时候要对商圈进行逐一突破，打造商圈里的标杆。比如，一个头部 SaaS 餐饮软件，当时把北京划分为 100 个商圈。如果商圈中的一个标杆用户（影响力高的商户）觉得该产品不错，那么就能带动商圈中的其余商户一起使用。传统行业中做得比较好的案例是信用卡，互联网公司中做得比较好的是美团团购的章鱼计划。通过对行业优秀案例的观察，笔者归纳出要想做好地推需要重点做好以下三件事：第一，精准找到目标人群；第二，在宣传语/传单设计中，突出产品卖点、体现公信力，给人信任感；第三，线上和线下联动，制造声量。

9.3.1.3 武器3：场景化拉新

真正能带来产品持续增长的是基于产品核心功能的自传播，通常可以按人群和邻近行业这两个维度进行深挖。以美团收银 SaaS 为例。首先，开发了智能分析功能，该功能对中小型商家非常重要。比如，该功能可帮助分析哪个菜品今天销量好，套餐带来的营销效果为什么不好等，均能给商家提供指导意见。然后，针对大型连锁商家急需解决的资金归集和智能化资金调拨问题开发了相应的功能。因为对大中小型公司都精准解决了用户痛点问题，所以达到了很好的产品自传播效果。除了满足不同客户需求进行拉新，后期还不断开拓新行业的解决方案进行场景化垂直拉新，比如，餐饮解决方案、酒旅解决方案等。

9.3.1.4 武器4：和企业共创，挖掘产品核心功能

钉钉在这方面做得很好。"共创"是钉钉的看家本领，这套理论是陈航在创建钉钉时沿用至今的产品方法论，而且是贯穿钉钉全部业务的最高法则。陈航认为，钉钉在解决公司问题的时候，必须做到和这些公司近距离接触、观察，甚至亲身熟悉公司的工作流程，以切实感受它们的需求和痛点，从而做到产品自传播。

因为各行各业的信息化、数字化需求不一样，所以钉钉能做的不是教用户怎么自我管理，而是为其提供更多的 API（应用程序接口）或者低代码能力，以更好地进行生态建设。截至 2021 年，钉钉已经开放了 1300 多个 API，并通过低代码能力在 3 个月内新增了 38 万个应用，满足了不同公司的个性化和深度化需求。

9.3.1.5 武器5：内容营销

"内容"代表行业话语权的制高点，具有长期流量势能，应该坚定不移地长期投入。为什么 SaaS 做内容如此有效？因为做 SaaS 产品其实就是做 SaaS 行业，产品是工具，行业知识是灵魂，知识本身承担着如何高效利用产品赋能业务的重大责任。所以行业知识的深度是公司展示专业性、建立信任，从而引导用户转化的有效抓手。

根据 CMI 2018 年发布的数据来看，B2B 最有效的 6 种内容形式是：社交媒体内容、客户标杆案例包装、行业解决方案、视频、电子书/白皮书/期刊、书籍等。

社交媒体内容：主要通过客观公正的商业和科技报道建立公司的权威性。

客户标杆案例包装：主要有两大应用场景。一是，公司主动将客户成功案例的

内容进行包装，打造标杆效应，目的是告诉潜在用户你们的业务相似，遇到的问题也相似，它的问题能很好地解决，你的问题同样也能解决，从而影响潜在用户进行购买转化。中小型公司都有自己的圈子，能自发地进行传播。比如，微信刚做小程序的时候，会提前找一些公司合作，一起打造标杆，然后进行内容案例包装。二是，打造客户间分享的场所——内容社区，让客户成为拉新的有生力量，使用产品的客户非常渴望与他人分享产品体验中的故事，内容社区能提供一个能够让他们热情分享的平台，从而影响潜在客户。

行业解决方案、视频、电子书/白皮书/期刊、书籍：主要以这些形式作为抓手进行高质量用户拉新。用户为了领取资料，就需要注册登录，注册的时候会留下姓名、联系方式和公司等线索信息，以便日后进行转化。如果能保证内容稳定的周期性，可以采取用户订阅+推送的模式，因为和客户的接触点越多，关系越紧密，客户价值就越高。比如，HubSpot通过官网以博客文章、专题电子书等形式提供优质内容并开展线上公开课，向用户传授专业的市场和营销知识，在用户下载的时候即可获取用户的线索信息，依靠此方式它不仅获取了58万+的免费流量，而且转化率也是其他方式的三倍。

内容营销最大的瓶颈是生产问题。内容的贡献者在开始时是自己的团队成员，后续通过邀请标杆客户成为内容贡献者来解决生产瓶颈问题。可人家为什么要费时费力为你贡献内容呢？靠的是佣金，形成了内容营销联盟。为满足B端公司希望通过各种内容对SaaS客户进行教育（使其了解SaaS产品的价值）从而获取用户的目的，同时为了回报教育者（内容创作者），可给予一定的报酬。比如，在Shopify学习板块的博客、课程、社区中，如果客户通过内容作者的转发链接进行了注册并完成付费，作者即可获得佣金，金额为两个月的订购费。

9.3.1.6 武器6：线上+线下联动会销

会销一般有如下两种方式。

1. 自己举办或者赞助行业峰会等

如果公司自己有能力，那么可以自己举办活动，就像Google每年都要举办开发者大会，可增加开发者的关注度和品牌曝光度。如果公司规模不大，可以投入一定比例的营销预算进行赞助，选择比较有影响力或者潜在客户都会关注和参与的一些活动，以便快速获取大量高质量的客户线索。比如，做公司咨询的人经常参加或者赞助培训杂志大会、培博会和培训经理人俱乐部等。

2. 沙龙培训

公司还可以给客户提供有价值的课程和相应的分享，以帮助客户提升在自己相关业务领域的知识和能力。比如，钉钉和打卡助手都做了线下沙龙培训，来帮助客户熟悉软件、提升管理技能。

以上两种活动方式要想达到好的效果，要注意以下三个关键点。

第一，让潜在用户和现有客户进行沟通。

可以通过现场问答、产品使用者案例分享、午餐会等方式让潜在购买者和现有产品使用者在会场上有交流的机会。因为潜在用户更相信现有客户的感受，借此判断用该产品是否能真的解决问题。会议中可以没有主题演讲，可以没有产品介绍，但是只要有产品使用者和潜在用户的交流就能保证产品购买的转化。比如，Salesforce 举办迷你"城市之旅"巡回活动，去掉了内容设计和演讲报告，只保留了鸡尾酒会，成本是之前标准活动的 1/10，但产生的效果几乎相同。

第二，活动地点的选择。

B 端产品一般希望给用户专业和高品质服务的认知，所以公司一般会将会议地点选在五星级酒店或者一流餐厅。

第三，沉淀活动 SOP。

沉淀活动 SOP 有以下两个目的。一个是将活动效果最大化，另一个是活动安排体现产品品牌的专业度。先看活动效果最大化。会前线上预热聚集流量；会中除了进行线下讲座，也可以进行线上直播，并引导相关人员将干货分享到朋友圈进行内容裂变；会后将干货沉淀到公众号，以加强曝光密度，每个环节都充分做好线上和线下的联动。再看活动安排体现产品品牌的专业度。试想一下，用户来参加活动，找不到会议地点，参加完会议，想深入了解该公司，却发现相关资料发完了，这将给潜在客户留下多么不专业的印象。

9.3.1.7 武器 9：内外横向纵向合作，建立生态共赢

要内外横向纵向合作，建立起一个生态系统，常见的有如下几种方式。

方式一：对外收购。在企业服务领域中，好的收购是做乘法而非简单做加法。好的收购通常发生在两家制造相近产品的企业之间，其中并购一方体量很大、客户数量庞大，这样收购之后就相当于给收购母体增加了一个杠杆、一个乘数，通过交叉营销、数据整合、渠道整合，产生乘法的放大效应。如果在两家客户重合度比较高的产品的企业间发生收购，这种收购多半是做加法，就是买收入，通常对于收购方来讲，对竞争壁垒提升不多。当然也有收购是做减法，只是为了消灭竞争对手。

Salesforce 就是通过越来越大的收购来保持增速的公司之一。根据 Salesforce 财报，在截至 2020 年 1 月的财年中，Salesforce 收入增长了 29%，比上一财年增速更快。但如果没有计入它花 157 亿美金收购的 Tableau 的贡献，则其收入仅增长 23%，低于上一财年的增速。

方式二：对外产业链进行上下游合作，为上下游公司赋能。因为同客异业和上下游公司几乎不存在竞争关系，所以可以找到一个比较好的契合点开始合作，尤其是跟知名产品的企业合作时，能达到有机会曝光给更多潜在客户及在拉新的同时提升产品知名度的目的。

方式三：对内进行内部生态整合，B 端公司利用好内部的资源是王道。比如，钉钉借助阿里妈妈进行推广。阿里旗下有一个叫阿里妈妈的平台，阿里妈妈有一个针对商家培训的组织，叫万堂书院，和商家的关系比较紧密，钉钉就是利用这个组织进行推广的。推广方式是将自己的权益和万堂书院的直通车权益进行生态整合，商家使用钉钉返还直通车红包，而且红包平均高达 1000 ~ 2000 元，最高奖励高至万元，对商家来讲，这是非常具有诱惑性的。

其余的私域产品矩阵的搭建武器和 C 端产品相同，这里就不再额外进行讲解了。增长武器不是独立的，希望读者能根据需要选择适合自己产品的策略，以在产品不同时期灵活组合使用，达到 1+1>2 的效果。

9.3.2　B 端用户增长之留存

关于留存策略，C 端公司和 B 端公司差不多，只是购买者和使用者不同造成了 B 端公司和 C 端公司使用的策略略有不同，下面依次进行讲解。

9.3.2.1 区别策略一：引导多个角色达到 Aha 时刻

B 端公司中的角色多了一个购买决策角色。B 端公司的 Aha 时刻是要分别找到使用者和购买者的 Aha 时刻并产生联系，以图 9-3 所示的 Slack 为例帮助大家进行理解。

个人用户的Aha时刻 → 团队的Aha时刻 → 团队策划者的Aha时刻 → 付费客户的Aha时刻

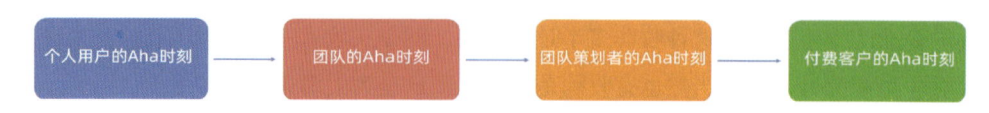

图 9-3 B 端公司中各角色的 Aha 时刻

假如，个人注册了 Slack 之后，发现给别人发消息效率挺高的，这就是个人的 Aha 时刻。当用户觉得好用后，就会邀请团队里的其他人加入，然后大家都使用 Slack，整个团队提升了效率，这就是一个团队的 Aha 时刻。该团队会推荐团队决策者进行购买，决策者看到了团队使用这个软件带来的效率提升，也听见了团队成员对这个产品的赞扬，这就是团队策划者的 Aha 时刻。最终进行了购买，这就是付费客户的 Aha 时刻。

9.3.2.2 区别策略二：内容搭建

B 端产品和 C 端产品内容搭建的区别是，B 端产品的内容更讲究行业深度，而 C 端产品的内容则是有趣好玩。常用的手段就是搭建培训社区、比如，阿里云栖社区、帆软社区等。这样做的好处有很多，搭建了一个用户交流的平台，提高产品活跃度的同时也将自己产品的内容形成有效沉淀，快速解决用户在使用产品的过程中碰到的问题。

9.3.2.3 区别策略三：生态化

一个公司在产业链中是很难独立存在的，这是 B 端业务的特点。B 端业务和产业上下游连接越紧密，给用户带来的价值越多，用户就越离不开你。B 端公司做留存最重要的意义就是帮助生态圈中的公司成功。

9.3.3 B 端用户增长之付费用户增长

通过 B 端用户和 C 端用户的差异性我们知道，B 端产品决策成本高，尤其是大客户决策成本更高，由此造成了在付费用户增长方面，B 端公司和 C 端公司的策略有所不同。

9.3.3.1 策略：全流程转化促进付费用户增长

由于客户决策成本高，所以在流程转化上要借助销售团队。产品团队主要对销售线索的数量和质量负责，销售团队主要对付费转化负责。根据 SaaS 模式的不同，销售团队根据不同的线索等级以及不同等级对应的线索分数会采取不同的转化策略。如果是 PLG 模式的，线索等级是质量最高的 A 级，那么可以先用产品自然引导，未转化的再进行人工引导。如果是 SLA 模式的，优先转化线索质量分高的用户。线索等级如何衡量呢，我们可以通过表 9-1 来判断。

表 9-1 线索等级的衡量

线索等级	线索定义	线索分数
A	PQL：产品合格线索	
B	SQL：销售合格线索	
C	MQL：市场合格线索	
D	不合格：一定周期内不回销售消息/直接挂断电话的	

1. 线索等级

分为四个等级，从高到低依次是 A~D，和线索定义依次对应。

2. 线索定义

MQL（Marketing Qualified Leads，市场合格线索），对公司的产品感兴趣的用户，通常通过产品的关键行为进行判断，比如访问网站文章、下载白皮书、关注公众号等。

SQL（Sales Qualified Leads，销售合格线索），在 MQL 的基础上和产品有了更深层次的互动并留下联系方式的用户，互动的行为一般是指询问在线客服问题、参加线下的一些会议等。

PQL（Product Qualified Leads，产品合格线索），使用产品并达到预期效果，很有可能成为付费用户的潜在客户。较 SQL 访问的功能更多，使用频率更高。

3. 线索分数

为了更好地提高转化效率，我们在线索等级的基础上再根据下面的公式进行线索分数的计算：

线索分数 = 权重系数 1 × 用户基础信息因子（主要是渠道质量等）+ 权重系数 2 × 行为因子 + 权重系数 3 × 业务因子（主要是指公司规模）。

权重系数的制定主要以对目标的贡献度进行衡量。根据数据归纳，我们知道用户行为对转化的影响比较大，所以它在线索分数中的权重也应该比较大。行为因子的制定，在前期可以根据销售的经验进行选取，等到后期用户积累到一定数量后，可以根据数据模型看一下转化率高的用户有哪些行为。其实线索分数的制定和用户画像的分层原理一样。

线索分数制定好了就可以根据线索分数进行资源分配了。如果线索等级是 D 级，则直接放弃。等级达到 C 级以上（包含 C 级）可跟进质量的线索后，再基于公司的整体运营策略进行分流，将线索分发到线索库（部门公海），从公海到销售私海的分配有主动和被动两种方式。被动分配是根据不同的线索质量将线索分配给不同等级的销售人员，高质量线索分配给高水平的销售人员，鼓励销售人员将个人的业务水平提到最高。主动分配是指销售人员将当天分配的资源超水平跟进完之后，还有精力的可以去公海池捞。线索跟进的时候要明确销售人员跟进的 SOP 流程、话术、线索状态（待跟进、联系中、未明确意向、明确意向、预约支付、成交），如图 9-4 所示。

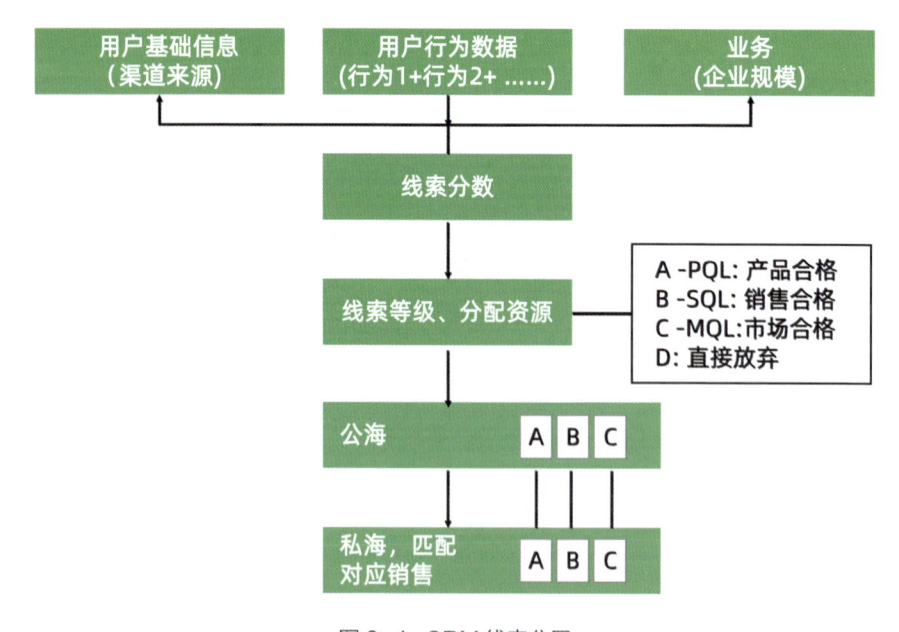

图 9-4 CRM 线索分层

9.3.3.2 策略二：收入模式——定价

麦肯锡公司针对全球 1200 家公司的一份研究报告表明，在保持需求不变的情况下，SaaS 产品提价 1%，收入提升高可达 11%。定价没搞好，基于付费用户的增长做得再好，收入的提高也有限。价格定高了会影响用户转化率，价格定低了利润空间不大，但对公司的长期影响却很大，是决定公司变现天花板的重要因素。

市面上按用户、核心功能、使用量以及三种方式组合的排列导致定价模式众多，让你选得头疼。可以简单地通过两个步骤找到适合你的定价模式，先找到你的价值指标，再根据你的细分用户特征进行细分定价。

9.3.4 B 端用户增长之用户召回

B 端用户召回和 C 端用户召回的方法大体上是相同的，具体可见第 8 章的讲解，唯一不同的就是召回哪个角色更高效。是否高效可从两个维度进行说明，一个是召回的角色是事情的关键决策者或者是有能力撬动真正的决策的角色，另外一个就是召回哪个角色的成本更低。

我们以图 9-5 所示的让美团停用 POS 机的商户恢复活跃为例，深入理解一下如何选择适合的召回角色。我们先根据决策力对四个关键角色进行排序。

- 商户角色：最具有决策力的角色。
- BD 角色：具有杠杆效应，可以说服商户使用 POS 机。
- 服务员：能作为啦啦队角色，间接影响商户。
- 消费者：消费者如果需求强烈也能影响商户。

再从 BD 到商户到服务员再到消费者来看召回成本，伴随着群体规模扩大，召回成本逐渐增加。

所以综合以上两点，通过 BD 角色对 POS 机商户进行召回是效率最高的方式，主要采取的措施是通过给 BD 奖励，让 BD 对商户进行 POS 机培训以及 POS 机价值宣讲。

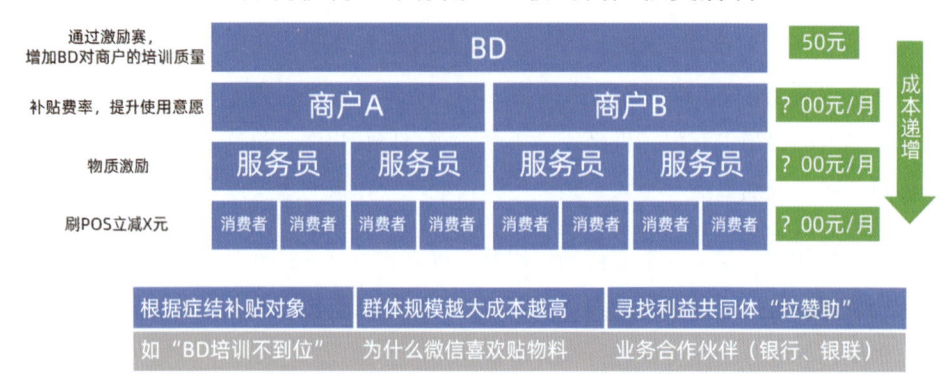

图 9-5 如何使得停用 POS 机的商户恢复活跃

尾 声

"要刮东风了,华生。这种风在英国还从来没有刮过。这股风会很冷,很厉害,华生。这阵风来,我们好多人可能就会凋谢。但这依然是上帝的风。风暴过去后,更加纯洁,更加美好、更强大的国土将屹立在阳光之下。"——夏洛克·福尔摩斯

只要我们不断地学习并沉淀自己的知识体系,就会在危机中育新机,于变局中开新局。彩虹和风雨共生,机遇和挑战并存。请积极拥抱做增长最好的时代吧,增长的时代由你我共同书写!